中央高校建设世界一流大学（学科）和特色发展引导专
本成果受到中国人民大学2022年度"中央高校建设世
展引导专项资金"支持

经管文库·管理类

前沿·学术·经典

地方政府土地出让行为研究：基于微观土地交易数据分析视角

The Research on Local Government Land Transfer Behavior: Based on the Analysis of Micro level Land Transaction Data

杨继东 著

经济管理出版社

ECONOMY & MANAGEMENT PUBLISHING HOUSE

图书在版编目（ＣＩＰ）数据

地方政府土地出让行为研究：基于微观土地交易数据分析视角 / 杨继东著 . -- 北京：经济管理出版社，2023.6

ISBN 978-7-5096-9074-1

Ⅰ.①地…　Ⅱ.①杨…　Ⅲ.①地方政府－土地制度－财政制度－研究－中国　Ⅳ.① F321.1

中国国家版本馆 CIP 数据核字 (2023) 第 104482 号

组稿编辑：杨国强
责任编辑：杨国强
责任印制：黄章平
责任校对：陈　颖

出版发行：经济管理出版社
　　　　　（北京市海淀区北蜂窝 8 号中雅大厦 A 座 11 层 100038）
网　　　址：www.E-mp.com.cn
电　　　话：（010）51915602
印　　　刷：唐山玺诚印务有限公司
经　　　销：新华书店
开　　　本：710 mm × 1000 mm/16
印　　　张：19.25
字　　　数：350 千字
版　　　次：2023 年 6 月第 1 版　2023 年 6 月第 1 次印刷
书　　　号：ISBN 978-7-5096-9074-1
定　　　价：98.00 元

土地是一种重要的资源，生产和生活都离不开土地资源的支撑。随着中国工业化和城市化的快速发展，土地资源配置变得日益重要。地方政府低价出让工业用地，高价出让商住用地的"以地谋发展"的供地策略，在中国经济高速增长的过程中扮演了重要角色。随着传统"土地财政"力量的衰微，未来中国土地资源如何配置，地方政府在土地资源配置中扮演何种角色，土地资源配置又会对中国经济高质量发展产生哪些影响？本书试图从经济学分析的视角，基于微观土地交易数据，讨论土地资源配置的影响因素及其福利后果。

基于中国特殊的土地制度——农村土地集体所有、城市土地国有，各级地方政府垄断了土地一级市场的供应，本书试图着重研究地方政府行为对土地出让的影响。现有文献对中国土地出让问题的研究，主要利用各种年鉴提供的总量数据进行研究，但作为总量数据的年鉴数据存在以下几个重要问题。第一，年鉴数据没有提供详细的土地用途数据，大多数年份都按照出让方式提供土地出让信息，因此不能详细区分工业和住宅用地出让，更不能细分工业用地使用的行业类别。第二，年鉴数据没有提供具体项目使用方向，比较粗线条地提供了工业用地、商住用地等使用分类，很难具体研究某个类型土地的具体使用方向和配置效率，导致深入分析土地出让问题面临挑战。比如，由于没有提供工业用地具体使用方向，年鉴的总量数据很难用来分析土地招商引资问题。第三，年鉴数据也没有提供宗地出让的具体价格等信息。然而，随着中国工业化和城市化的推进，土地作为生产要素的重要性不但没有下降，反而逐渐上升。具体研究宗地配置效率变成了一个非常重要的问题。

本书利用土地市场网（https://www.landchina.com/）提供的微观土地交易数据，深入研究地方政府土地出让行为。微观土地交易数据提供了丰富的土地出让信息，包括出让地块位置、出让时间、出让方式、出让面积、出让价格、土地用途、土地使用权人等详细的土地出让信息。利用这些丰富的微观信息，可以更加深入地讨论地方政府土地出让行为及其对我国经济发展的影响，为继续深入推进土地要素市场化改革提供理论支持和政策建议。

基于上述目标，本书围绕微观土地交易数据视角下的土地出让问题，对地方政府土地出让的配置效率、影响因素和经济后果，以及提高土地资源配置效率的政策等问题进行深入研究。

第一章是导论，讨论了地方政府土地出让问题研究的背景和意义、研究思路、研究方法、主要结果和本书的结构。

第二章基于中国土地市场网提供的微观土地交易数据，对中国土地出让的事实特征进行了初步分析。

第三章构建了一个简单的理论模型。模型同时考察地方政府的工业用地出让和商服用地出让行为，论证了地方政府的供地策略：低价出让工业用地，高价出让商服用地。

第四章从企业所有制角度研究土地出让。研究结果发现：相比于非国有企业，国有企业更容易通过协议出让的方式获得土地；规模大、效率高、缴税多的国企有更高的概率协议拿地。假设工业用地出让能够反映地区招商引资情况，工业用地出让的行业结构差异和地区结构差异，是生产投资在地理空间上的映射，可以在一定程度上表征该地区未来产业发展的趋势，据此可以讨论中国产业转型升级。

第五至第七章分别从学习效应、产业政策和制度环境的分析视角，重点分析了工业用地出让的影响因素。

第八章研究了高铁开通对土地出让的影响。从地方政府土地出让行为的视角，为高铁建设的经济社会效益评估、高铁对区域经济增长及分配效应等问题的研究，提供了初步的经验证据。

第九章利用理论模型以及中国省级土地出让的面板数据，全面考察了土地市场化对产业结构调整和经济增长的影响。研究结果发现：土地市场化显著提高了产业结构合理化水平，土地市场化水平每提高1个标准差，反映产业结构不合理程度的泰尔指数降低0.01，是其年均变化值的66.7%；土地市场化影响产业结构合理化的关键机制是其提高了竞争效率，降低了资源错配程度；土地市场化在改善产业结构的同时，促进了经济增长，推动了经济高质量发展。因此，土地要素供给的市场化进程是中国产业结构不断优化和GDP快速增长的重要推动力。为进一步推动产业结构升级、实现经济高质量发展，中国应继续大力推进土地市场化改革。

　　第十至第十一章更加专注政策分析。党的十九大报告明确提出，完善产权制度和要素市场化配置是深化经济体制改革的核心。进一步加快土地要素市场化配置，既有利于节约土地资源，又能切实推动经济体制改革、促进经济高质量发展。

　　综上所述，共计十一章内容。第一至第三章主要是研究背景、基本事实和基本理论分析。第四章通过使用企业数据和土地出让匹配数据，研究土地资源配置效率的影响因素。第五至第七章围绕工业用地出让行业的结构特征，讨论学习效应、产业政策和制度环境对土地出让的影响，并从土地出让的变化去分析未来中国产业升级的潜力。第八至第九章主要关注土地出让的后果。第十至第十一章聚焦政策建议。第十章梳理了中国土地要素市场化的体制和机制问题，第十一章具体分析工业用地进一步市场化的政策建议。

目　录

第一章 导　　论

第一节　研究背景

城市土地出让问题已经成为决策层和学术界关心的一个焦点。一方面，土地出让与土地财政密切相关，地方政府通过土地出让收入弥补财政支出缺口，支撑了城市的建设和发展；另一方面，土地出让能够影响土地价格波动，地价波动不仅会影响地方政府的支出压力，而且可能产生强烈的金融风险，因为地方政府通过土地抵押撬动了巨额信贷。由于我国城市建设用地供应特点是中央进行总量调控，而地方政府（特别是市级、县级政府）是土地具体出让的操笔者。地方政府行为对城市土地供应具有重大的影响。厘清中国土地出让问题的一个关键是弄清楚地方政府土地出让的行为和动机。

在学术界，已有很多研究关注地方政府土地出让行为。这些研究又分为两个视角：政府竞争视角和土地财政视角。政府竞争视角的理论基础来自官员的"晋升激励"（周黎安等，2007），给定官员更重视辖区内经济增长，为了促进经济增长，地方政府往往会竞相出让土地，以吸引资本流入和投资。因此，这类研究也被称为"土地引资"假说。但是，这种观点往往只能解释土地总体出让面积或出让金的变化（张莉等，2011），没有解释土地出让结构差异以及变化。

土地财政视角将土地出让视为地方政府解决财政困境的手段，这包括"以地生财"和"以地生税"两种解释。"以地生财"强调土地出让金是地方政府获得财政收入的重要来源（刘守英等和蒋省三，2005；Chen 和 Kung，2015）。"以地生税"理论认为，土地出让会带来相关的税收收入，从而能够缓解地方政府的财政缺口压力（周飞舟，2006、2007、2010；陶然等，2007；曹广忠等，2007）。

除此之外，范剑勇和莫家伟（2014）考虑了地方政府债务与工业用地之间的关系。雷潇雨和龚六堂（2014）基于 186 个地级市 2003~2008 年的数据讨论了土地出让对城镇化和工业化的影响。郑思齐等（2014）利用 35 个大中城市的数据考察了土地出让、城市建设和土地价格三者之间互动的机制。

杨其静等（2014）分析了工业用地出让对经济增长的影响。赵文哲和杨继东（2015）考察了财政压力与土地出让方式的关系。余靖雯等（2015）分析了政治周期对土地出让的影响。

综观现有文献，本书可以发现，尽管侧重点不尽相同，但大部分研究都认为地方政府的财政缺口（或财政压力）对地方政府的土地出让行为（数量、价格）具有正向的影响。同时，现有的研究仍然存在几个突出的问题：

首先，这些研究主要依赖于从各种统计年鉴上获取的宏观土地统计数据，这给实证部分的因果关系识别带来了困难。比如赵文哲和杨继东（2015）文中假定协议出让形式对应于工业用地出让，但实际上由于没有与每一笔土地出让相匹配的信息，因此这只能是一种"最好的猜测"。

其次，几乎所有的相关文献都是直接利用当年城市实际土地出让总额或面积作为被解释变量。土地市场是一个双边市场，其成交结果既取决于地方政府的供地决策，也受到开发商"拿地"意愿的影响。事实上，根据国土资源部的数据，从2010年到2013年，地方政府实际的供地量均小于计划供地量，而2012年后，地方政府招拍挂出让中"流拍"频现。考虑到这种情况，开发商实际购买的土地很可能低于政府希望出让的土地量，因此现有研究中的实际出让量可能并不是政府土地出让意愿的良好测度。

最后，在研究方法层面存在进一步改进的空间。例如，简单的用地方政府财政压力的指标对土地出让变量做回归可能面临内生性的问题，可能存在某种不可观测的变量同时对政府财政状况和土地市场产生影响，从而导致虚假的因果推断。关于土地出让的影响因素问题，需要提供更加科学和严谨的评估。

第二节　研究内容

为了解决现有研究中存在的问题，本书尝试在数据、理论和实证分析方面进行创新。

第一，在数据方面，本书通过土地市场网收集了超过100万条城市土地出让的微观数据。微观数据可以观察到每一宗土地的出让详细信息，包括宗地出让类型、来源、面积和价格等。利用土地微观数据，本书可以更准确识别土地出让的影响因素及其微观机制，并对地方政府土地出让行为进行更为精细的刻画和研究。

第二，在理论方面，本书从多个角度研究地方政府土地出让的影响因素。例如本书试从一般均衡的角度对地方政府土地出让进行分析。通过综合考虑地方政府工业用地和商住用地出让，研究地方政府土地出让行为及其机制，分析中国城市建设用地出让的事实、规律及其背后反映的政府行为。

第三，在实证方面，通过识别土地出让过程中的因果关系为土地出让问题提供坚实的经验证据。例如，本书利用双重差分方法的因果识别策略，更严格地考察地产业政策对地方政府土地出让行为的影响。通过微观数据和严格计量分析的结合，可以系统评估地方政府土地出让行为的影响因素和经济后果。由此，本书可以更加严谨地识别经济增长压力、财政压力与土地出让行为的关系，并在很大程度上避免内生性的问题。

总体来说，本书关于地方政府土地出让研究的主要研究内容和研究框架如图 1-1 所示。

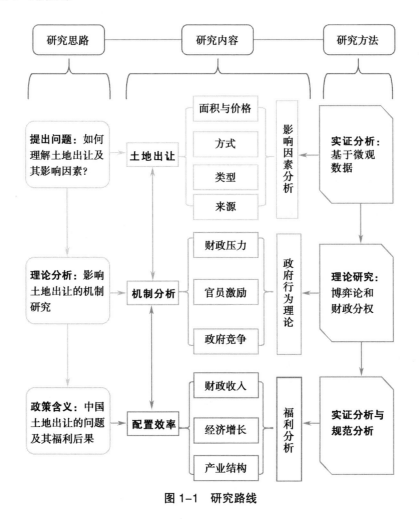

图 1-1　研究路线

首先，通过微观土地出让数据，详细区分不同来源、用途、出让方式和用地行业等方面的土地出让，针对不同类别土地的异质性进行具体特征事实分析，进而得到影响地方政府土地出让的初步机制分析。例如，不同类型土地出让的影响因素是不同的：地方政府出让工业用地，一般会采用较低的价格出让，吸引企业进行投资，从而扩大税源和推动经济增长；出让商服和住宅用地，则能带来较高的土地出让金收入，从而作为"第二财政"支持地方政府财政支出。

其次，本书试图构造一个一般均衡模型分析研究地方政府土地出让的内生机制。本书构建一个微观跨期决策模型，分析在财政分权和二元土地结构制度下政府的最优土地出让行为及均衡的土地出让结构。在本书的模型中，地方政府面临着用地指标和财政缺口双重约束，通过调整不同类型土地的出让结构实现收益最大化。不同于现有研究仅讨论地方政府获得土地出让金这种"以地生财"渠道，本书模型还考虑了地方政府出让工业用地获取工业税收的"以地引资"渠道，即压低工业用地价格吸引工业资本。为了补偿"以地引资"渠道的"损失"，地方政府倾向于增加"以地生财"渠道的收益。因此，地方政府在两种渠道间的权衡形成了均衡的土地出让结构，即地方政府增加工业用地供给，会相应增加商服用地作为对冲。

最后，深入分析地方政府土地出让行为的福利后果。本书通过对工业用地出让的研究发现，地方政府增加工业用地的出让面积，可显著地拉动当地非房地产城镇固定资产投资、工业增加值、GDP 和财政收入；但是，若地方政府以协议出让工业用地的方式吸引投资，将会显著地抑制上述拉动作用。

第三节　研究方法

本书从土地市场网收集了中国土地交易微观数据，数据中包含该宗地出让面积、出让方式、交易总价、用地类型、用地来源、使用年限和竞买人等重要信息（参见 http：//www.landchina.com/）。本书初始收集到的有效信息超过 200 万条（2007~2019 年）。本书目标是聚焦于地方政府土地出让行为，利用微观土地出让数据，通过区分不同类型、来源、用途的土地出让，具体分析地方政府土地出让行为的影响因素、微观机制和福利后果。

第一，本书对土地交易的影响因素进行实证研究。利用微观数据，通过区分不同类别的土地出让，可以从不同角度研究地方政府土地出让的影响因素。本书在实证研究中考察以下两个模型。

在城市层面考察影响城市土地出让的因素：

$$land_{ct}=\alpha+\beta_1 Pol_{c\,(t-1)}+\beta_2 Government_{c\,(t-1)}+\lambda X+\varphi_c+\theta_t+\varepsilon_{it}$$

其中，c 代表城市，t 代表年份（$t-1$ 表示滞后一期）。被解释变量 land 是地方政府土地出让。利用微观数据，本书可以形成地方政府不同用途的土地出让，如工业用地、商业用地和住宅用地，分别对不同类型土地进行研究。关键的解释变量是地方政府特征（Gorerment）、制度环境特征（Pol）、官员特征等。政府行为主要关注财政压力和增长压力。X 表示控制变量的集合，ε 为随机扰动项。

同时，基于微观土地的交易总体作为观测值进行研究。进一步利用微观宗地交易数据考察土地出让的影响因素。考虑如下方程：

$$land_{ict}=\alpha+\delta transfer\_type_{ict}+\beta_1 Pol_{c\,(t-1)}+\beta_2 Government_{c\,(t-1)}+\lambda X_{ict}+\varphi_c+\theta_t+\varepsilon_{it}$$

与城市层面分析不同，被解释变量是城市 c 在 t 年出让的每一宗土地 i。一方面，本书可以用城市层面的特征对微观数据进行回归；另一方面，这里可以考察不同出让方式（transfer_type）对每宗土地出让的影响。

第二，进行理论机制分析。例如，在财政分权和二元土地所有制结构下，地方政府在激烈的辖区竞争中低价出让工业用地招商引资，积累工业资本促进经济增长并扩大动态税基，同时提高商服用地出让价格对冲工业用地低价的损失。本书按照地方政府"以地生财"和"以地引资"假说构建用地指标和财政缺口双重约束下地方政府最优土地出让决策模型，内生地方政府工业用地和商业用地之间的"横向补贴"。基于代表性地方政府的土地均衡分析，本书前期研究发现，地方政府出让的工业用地越多，商服用地的出让也越多。

第三，通过实证分析和规范分析研究地方政府土地出让的后果。例如，前期研究发现，地方政府出让廉价工业用地的竞争，不仅导致土地资源浪费，还可能通过影响产业集聚影响企业生产率提高，进而影响了地区经济增长和产业结构。本书从地区产业升级、产业结构变化角度，研究了土地出让的福利后果。

第四节　研究结果

本书最大的特色是通过基于微观土地出让数据的实证分析，为已有土地出让行为理论提供更加坚实的证据。主要的研究结论如下：

第一，"土地财政"对带动中国地方政府的融资和投资行为起到了重要作用，伴随着传统土地财政模式的衰竭，需要科学评估"土地财政"的作用和地方政府的行为，深刻总结过去"以地谋发展"的经验，探索中国经济新时代下土地出让的新规律。地方政府土地出让行为的科学研究，不仅有利于丰富中国特色社会主义经济学，同时支撑地方政府在新的历史条件下实现新的"土地谋发展"。本书研究发现，经济增长压力和财政压力是影响土地出让的重要因素，在保增长压力下，地方政府土地资源配置效率下降（参见第三至第五章）。随着土地制度变革和集约用地要求的强化，地方政府土地出让行为亟须转型。本书的研究结果有力支撑了"多规合一"的合理性，经济社会发展规划应是在空间管制规划所确定的框架内编制和运行的，而不是将经济社会发展规划作为空间管制规划的基础。否则，空间管制规划在实施期限、稳定性以及发挥其应有的功能和作用方面都将难以落实。地方政府在面临较大的增长压力和财政压力条件下，很可能为了追求短期利益而牺牲经济发展的长远规划。

第二，进一步加强从一般均衡角度理解地方政府土地出让行为，土地出让需要考虑不同用地类型的差异、不同影响因素的差异、短期后果和长期后果的差异。土地是地方政府掌握的重要发展资源，地方政府土地出让往往是综合考虑的结果。根据本书的研究，从不同用地类型看，需要从工业用地和商住用地相统一的均衡角度，分析不同类型土地出让。地方政府土地出让存在显著的两手策略，即通过低价出让工业用地招商引资，高价出让商住用地弥补财政缺口，实现以地谋发展。从土地资源配置效率的影响因素看，经济增长压力和财政压力对土地资源配置可能具有不同的影响。经济增长压力导致工业用地低价出让，但低价出让带来了较大的财政压力。适当降低经济增长目标，可缓解地方政府的财政压力。从土地出让的使用权人看，不同类型的使用权人用地也存在一定差异，相较而言，国有企业的拿地成本较低，这可能有利于短期内稳定地方经济增长，但长期效果有待于进一步检验。需要考虑土地出让的短期和长期影响（参见第四章）。

第三，用地结构是产业结构在空间上的映射，能够反映地方政府新增投资的方向，用好土地资源有利于地方政府产业转型升级。利用土地出让的微观数据，本书构造了分省、分行业的工业用地面积和宗数指标，构造反映地方政府转型升级的测度方法，研究发现，加强行业间学习和地区之间的学习，合理使用产业政策，改善制度环境，有利于推动土地资源优化配置。例如，通过整理中央和省级政府"十一五""十二五"两个五年规划提及的重点产业，使用2007～2014年工业土地出让微观数据，检验了重点产业政策对土地资源空间配置的影响。结果发现：①重点产业政策容易引发资源空间配置扭曲。在空间分布上，重点产业政策导致相关产业的地理熵指数增加21%。②地方政府间竞争是导致重点产业政策引发资源空间配置扭曲的重要原因。地方政府竞争越激烈，地方保护主义越强，资源空间配置扭曲越严重，且重点产业政策引发的资源空间配置扭曲存在显著的政治周期性。

第四，通过大力改善营商环境驱动产业转型升级。伴随着制造业成本上升和低端制造业需求下降，对于需要跨越中等收入陷阱的中国而言，亟待推动产业结构转型升级。本书研究制度环境对土地出让的影响，发现改善营商环境，特别是改善政府与市场之间的关系，完善产权制度，可能是推动中国产业转型升级最有力的抓手之一。在国家层面，进一步改善中国整体营商环境，加大产权和合同保护力度，构建中国整体营商环境优势，发挥制度比较优势，推动中国产业升级。理论研究表明，在当前国际竞争中，不同国家除了传统的资本、劳动和资源禀赋的比较优势外，营商环境对一国的生产至关重要，通过优化整体营商环境，发挥制度比较优势，可以提升中国整体产业升级的进程。在地方政府层面，不同地区之间仍然存在营商环境差异，而且从发展趋势看，地区之间的营商环境差异并没有随时间变化而显著缩小。应该进一步加强相对落后地区的营商环境建设。在营商环境较好的地区，进一步发展制度依赖程度较高的行业，具有比较优势。如果对制度依赖较强的行业，在制度较弱区域投资选址，虽然可通过其他条件弥补营商环境缺失，但却容易造成资源的浪费。从不同制度维度看，可以把营商环境划分为两个维度：纵向维度的国家和企业间的产权保护制度，横向维度的企业和企业之间的契约履行制度。纵向维度的产权制度对行业投资结构和产业升级的影响更大。而这种纵向制度的实质是正确处理政府和市场之间的关系，政府发挥好保护企业产权的职能。本书研究表明，进一步完善政府与市场之间的关系，对于推动中国产业转型升级至关重要。

第五，进一步推进土地出让市场化改革，让市场在资源配置中起决定性作用。研究发现，土地财政使得政府更多采用招标和拍卖方式供地，减少供地数量且供应较分散；而增长压力促使政府较多采用挂牌方式供地，增加供地数量且供应较集中。土地的策略性供给导致房价上涨，其中招拍方式出让比重越高、供地越少且越分散时房价上涨越快；较为倚重土地财政，或者对房地产投资依赖较少的城市，供地策略对房价的推动作用相对更强，从而导致房价涨幅出现严重分化。

利用理论模型以及中国省级土地出让的面板数据，全面考察了土地市场化对产业结构调整和经济增长的影响。研究结果发现：①土地市场化显著提高了产业结构合理化水平，土地市场化水平每提高1个标准差，反映产业结构不合理程度的泰尔指数降低0.01，是其年均变化值的66.7%；②土地市场化影响产业结构合理化的关键机制是其提高了竞争效率，降低了资源错配程度；③土地市场化在改善产业结构的同时，促进了经济增长，推动了经济高质量发展。因此，土地要素供给的市场化进程是中国产业结构不断优化和GDP 快速增长的重要推动力。为进一步推动产业结构升级、实现经济高质量发展，中国应继续大力推进土地市场化改革。

第五节　关键创新

第一，本书最大特色是收集了超过 100 万条宗地出让信息，可以进行深入细致的土地研究。本书实证分析主要基于微观土地出让数据。微观数据可以提供更加具体的土地用途、来源、出让方式信息，从而可以更为细致地研究土地出让。

第二，由于本书获取微观数据后，可以区分不同类型土地出让的结构，进而可以从一般均衡的角度出发，分析不同类型土地出让的互动关系。这是已有基于土地年鉴的研究无法实现的。

第三，除了研究地方政府土地出让的动机，本书基于微观数据，还细致地考察了工业、商业和住宅用地出让的影响因素及其带来的福利后果。特别是基于工业用地出让丰富的结构信息，本书研究了产业政策、制度环境等因素对产业转型升级的影响，为中国实现经济高质量发展提供理论支持。

第六节　全书结构安排

第一至第三章主要是研究背景、基本事实和基本理论分析。

第四章通过使用企业数据和土地出让匹配数据，研究土地资源配置效率的影响因素。

第五至第七章围绕工业用地出让的行业结构，讨论学习效应、产业政策和制度环境对土地出让的影响，并从土地出让的变化去分析未来中国产业升级的潜力。

第八至第九章主要关注土地出让的后果。高铁开通、地方政府策略性供地会不同程度影响土地价格。而进一步推进土地要素市场化配置，有利于经济高质量发展。

第十至第十一章聚焦政策建议。梳理了中国土地要素市场化配置面临的体制和机制问题，提出了工业用地进一步市场化的政策建议。

参考文献

[1] 曹广忠，袁飞，陶然. 土地财政、产业结构演变与税收超常规增长 [J]. 中国工业经济，2007（12）.

[2] 范剑勇，莫家伟. 地方债务、土地市场与地区工业增长 [J]. 经济研究，2014（1）.

[3] 蒋省三，刘守英，李青. 土地制度改革与国民经济成长 [J]. 管理世界，2007（9）.

[4] 雷潇雨，龚六堂. 基于土地出让的工业化与城镇化 [J]. 管理世界，2014（9）.

[5] 刘守英，蒋省三. 土地融资与财政和金融风险——来自东部一个发达地区的个案 [J]. 中国土地科学，2005（10）.

[6] 陶然，苏福兵，陆曦，朱昱铭. 经济增长能够带来晋升吗？——对晋升锦标竞赛理论的逻辑挑战与省级实证估计 [J]. 管理世界，2010（12）.

[7] 陶然，袁飞，曹广忠. 区域竞争、土地出让与地方财政效应：基于1999-2003年中国地级城市面板数据的分析 [J]. 世界经济，2007（10）.

[8] 余靖雯，肖洁，龚六堂. 政治周期与地方政府土地出让行为 [J]. 经济研究，2015（2）.

[9] 张莉，王贤彬，徐现祥. 财政激励、晋升激励与地方官员的土地出让行为 [J]. 中国工业经济，2011（4）.

[10] 周飞舟. 分税制十年：制度及其影响 [J]. 中国社会科学，2006（6）.

[11] 周飞舟. 大兴土木：土地财政与地方政府行为 [J]. 经济社会体制比较，2010（3）.

[12] 周黎安. 中国地方官员的晋升锦标赛模式研究 [J]. 经济研究，2007（7）.

[13] 赵文哲，杨继东. 地方政府财政缺口与土地出让方式：基于地方政府与国有企业互利行为的解释 [J]. 管理世界，2015（4）.

[14] 郑思齐，孙伟增，吴璟，武赟. "以地生财，以财养地"——中国特色城市建设投融资模式研究 [J]. 经济研究，2014（8）.

[15] Chen, Ting and James Kai-sing Kung. Political Resource Curse under Authoritarianism: Evidence from China Manuscript [D]. Hong Kong University of Science and Technology, 2015.

第二章　微观土地交易数据视角下的土地出让

第一节　我国土地交易市场的发展

　　国有土地有偿使用最早可以追溯到 1980 年。正式确立收取土地使用权出让金制度，结束单一行政划拨供地制度是在 1990 年。20 世纪 90 年代以前，不存在地方政府低价出让工业用地行为，但在 90 年代以后，这一问题开始出现。孔凡文（1993）指出，当时地方政府低价出让或免费出让土地现象突出，并且协议出让土地量大，协议出让占 90% 以上。1994 年分税制改革之后，这一现象愈演愈烈，虽经中央三令五申，要求土地出让透明化、市场化，但地方政府低价供地行为仍屡禁不止。2001 年 12 月，中国正式加入世界贸易组织（WTO）后，为适应新形势要求和市场经济建设的现实需求，加速了土地市场化配置的进程。完善土地价格市场形成机制，以实现土地交易的公平、公开、公正为目标，中国政府颁布了土地交易市场化的一系列法规文件。2002 年 5 月 9 日，国土资源部第 11 号令发布《招标拍卖挂牌出让国有土地使用权规定》，对招标拍卖挂牌出让国有土地使用权范围、程序以及法律责任等作了明确规范，要求自 2002 年 7 月 1 日起，经营性用地一律实行招标拍卖挂牌出让。

　　实际上，2002 年以后，除了划拨用地外，工业用地出让主要有两类方式：协议出让和招拍挂出让（也称公开市场方式出让）。协议出让指政府以协议方式将国有土地使用权在一定年限内出让给土地使用者，并由土地使用者向政府支付土地出让金的行为。相关法规明确规定，对于同一块工业用地，当且仅当只有一个意向用地者时，市县地方政府方可采取协议方式出让。招拍挂属于公开市场出让，分为招标、拍卖、挂牌，需要在土地交易中心和互联网发布出让信息。尽管法规要求工业用地也要招拍挂出让，但在执行过程中，协议出让大量存在，土地出让廉价竞争仍然比较普遍。为了抑制工业用地廉价竞争，2007 年后，随着《国务院关于加强土地调控有关问题的通知》（国发〔2006〕31号，以下简称国务院31号文件）、《全国工业用地出让最低价标准》实施，工业用地压价竞争、低成本过度扩张受到遏制。通过工业用地出让数据发现，协议出让宗数的比例逐年降低，2007年这一比例高达72%，2008年骤降为21%，2009年为16.5%。

因此，20世纪90年代，中国土地交易市场开始发展。从全国范围看，90年代国有建设用地土地出让仍然以划拨为主。1994年分税制改革后，地方政府财政压力增大，土地成为地方政府的重要资源，2002年，土地出让制度发生重大变化。2002年5月9日，国土资源部签发11号文件《招标拍卖挂牌出让国有土地使用权规定》，针对沿用多年的土地协议出让方式易滋生腐败、造成暗箱操作、导致国有资产流失等问题，11号文件要求从2002年7月1日起，所有经营性开发的项目用地都必须通过招标、拍卖或挂牌方式进行公开交易。此举被业界称为新一轮"土地革命"的开始。招拍挂制度使土地供应有计划、有节制，使土地价值显化，避免国有土地资产的流失。招拍挂制度之后，一些法规和政策相继出台。2004年7月，根据国土资源部、监察部2004年第71号文件规定，2004年8月31日起，所有六类土地全部实行公开的土地出让制度，采取公开招标、公开拍卖、公开挂牌的方式出让土地。2008年1月3日，国土资源部正式公布了《土地登记办法》，这一办法于2008年2月1日起施行。《物权法》《土地管理法》（2004年第二次修订）等一系列土地法律法规的接连实施，要求对我国土地权利的主体进行界定，以有效保护土地权利人的合法权益。2009年，五部委联合发文，明确提出规范土地出让收入分期缴纳期限，原则上不超过一年，首次缴付比例不得低于全部土地出让价款的50%。这一政策标志着宽松的土地政策已经终止，要求地方政府停止放宽土地出让金缴纳期限，有利于土地市场的降温。2011年国土资源部积极探索"限房价竞地价"土地出让制度，要求优质地块出让之前，一定要做好研判和评估，严防出让价格异常，特别是异常高价地。此举被认为将限制高价"地王"再现。

第二节　微观土地出让数据简介

本书从土地市场网收集了2007~2015年中国全部土地交易出让结果公告数据。出让结果中包含该地块所在区县、具体地址、出让面积、出让方式、交易总价、用地类型、用地来源、使用年限和竞买人等重要信息（参见http://www.landchina.com/），网站登记的观察值数共有1549504条记录，去掉重复值共有 1549498 条观察值，进一步删除出让总价① 和面积② 异常的样本后获得 1548824 条记录。市县级政府土地主管部门必须及时将各宗土地的出让计划以及细化的地段、地块信息发布在中国土地市场网（http：//www.landchina.com，以下简称"市场网"）。

本书通过加总微观数据获得每一年全国土地供应、出让和招拍挂出让的宗数、收入和面积数据，并把该数据和基于相应年份《中国国土资源年鉴》以及《中国国土资源公报》公布的相应指标进行了对比。公开的宏观数据主要公布了土地供应、出让和招拍挂出让的总收入和面积等指标。例如，2015 年土地供应总量为 53.36 万公顷，出让面积为 22.14 万公顷，合同总价为 2.98 万亿元，其中招拍挂出让面积为 20.44 万公顷，出让价款为 2.86 万亿元③（参见国土资源部 2014 中国国土资源公报，第 7 页）。对照结果如图 2-1~ 图 2-3 所示。

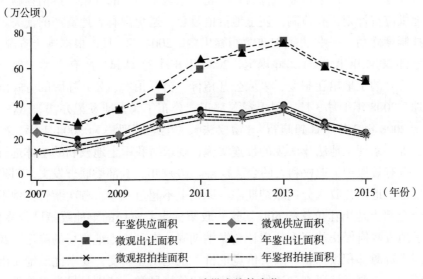

图 2-1　土地供应趋势变化

---

① 主要删除了出让金额超过 255 亿元以及非经营性用地超过 10 亿元的观察值。

② 主要删除了面积超过 500 公顷和土地等级小于三级的面积超过 264 公顷的观察值。

③ 值得注意的是，这个统计口径和财政部公布的有差别。财政部的数据分别是全国土地出让收入 3.36 万亿元，招拍挂和协议出让价款 2.98 万亿元。财政部的数据包含其他土地收入，例如 2014 年补缴的土地价款 0.15 万亿元；划拨土地收入 0.11 万亿元；出租土地等其他收入 0.13 万亿元。

（万亿元）

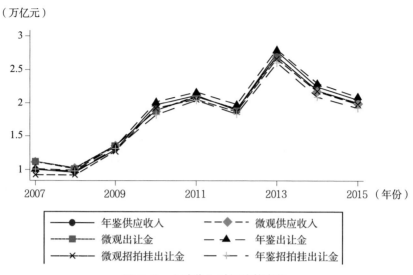

图 2-2　土地收入时间趋势变化

（亿宗）

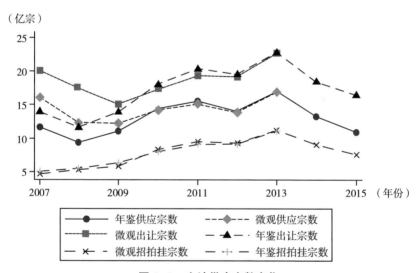

图 2-3　土地供应宗数变化

可以看出，不管通过何种方式供应的土地，微观加总和年鉴的数据在 2007~2015 年的绝对数量和相对走势都保持了高度一致，而从土地供应宗数看，2007~2015 年通过招拍挂供应的微观加总土地数量以及 2009~2015 年的其他方式供应的微观加总土地数量同样与年鉴数据高度吻合，但分别加上协议出让和划拨数量后，2007 年和 2008 年的两种指标数据出现了一定偏差，但其他年份仍然高度吻合。原因可能在于规范公布的前两年未得到有效实行，导致非招拍挂出让的土地出现了大量漏登的现象或年鉴数据的偏差，如表 2-1 所示。总体上看，本书收集的微观数据是可靠的。

表 2-1　土地出让面积统计

分类标准	类别	观察值数量（条）	占比（%）
土地用途	工业用地	320952	20.72
	商服用地	221071	14.27
	住宅用地	644727	41.63
	其他用地	362074	23.38
出让方式	划拨	372794	24.07
	协议出让	462802	29.88
	招拍挂出让	707410	45.67
	其他方式	5818	0.38
所属产业	第一产业	15346	0.99
	第二产业	298577	19.28
	第三产业	1107767	71.52
	其他产业	127134	8.21
土地来源	现有建设用地	741301	47.86
	新增建设用地	663614	42.85
	新增建设用地（来自存量库）	143909	9.29
所在行政区划	非市本级	1247380	80.54
	市本级	301444	19.46
土地等级	一级	269834	17.42
	二级	173828	11.22
	三级	223299	14.42
	四级	153463	9.91
	五级	81473	5.26
	五级以上	421786	27.23
	其他等级	225141	14.54
受让人性质	非企业	785097	50.69
	企业	763727	49.31

续表

分类标准	类别	观察值数量（条）	占比（%）
面积	小于 1 亩	449756	29.04
	1~10 亩	356600	23.02
	10~100 亩	591187	38.17
	100 亩以上	147863	9.55
	其他	3418	0.22
交易金额	无偿	126323	8.16
	无偿~1 万元	193853	12.52
	1 万~10 万元	185194	11.96
	10 万~100 万元	215108	13.89
	100 万~1000 万元	372014	24.02
	1000 万~1 亿元	215613	13.92
	1 亿元以上	240719	15.54
	其他	192819	12.45
所属板块	东部	523622	33.81
	中部	398924	25.76
	西部	492168	31.78
	东北	134110	8.66

第三节　土地供应数量的事实特征

根据微观土地交易数据提供的信息，本书试图总结土地市场的一些事实特征。

一、土地市场表现出一定的周期性特点

从年度的趋势看，针对 2008 年金融危机的"四万亿计划"的实施是土地供应的分水岭，2009 年前的土地供应回落明显，而后则一路高升，2013 年达到峰值，之后土地供应量明显下降，如图 2-4 所示。这表明，刺激计划后，不仅中国信贷市场出现扩容，土地供应也有所加快。这表现在，一方面，通过工业用地出让，承载刺激计划后的投资扩张；另一方面，刺激计划

后引发的信贷扩张，资产价格上涨，导致住宅用地出让出现大幅上涨。

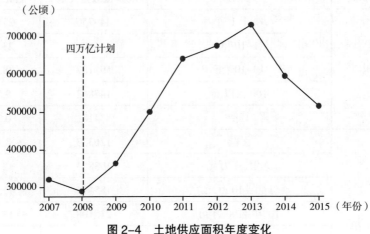

图 2-4　土地供应面积年度变化

季度性的土地供应周期同样体现了"四万亿计划"的影响，同时，年内的土地供应周期在金融危机前后出现了变化，具体表现为"四万亿计划"之前第二季度和第四季度的土地供应水平相对较高，而后每年的土地供应逐季度增加，第四季度往往达到最高点，如图 2-5 所示。

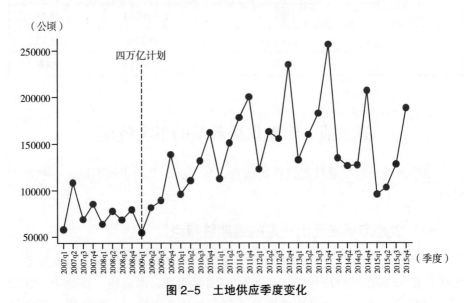

图 2-5　土地供应季度变化

从分月的土地供应总量看，土地市场供应有较明显的周期性，最明显的特征是每个季度末土地供应量明显增加，如图 2-6 所示。进一步看，2009 年前，每年 6 月和 12 月的土地供应量是两个峰值，而 2009 年后，年中的峰值不再明显，12 月供应的土地数量显著增加，2009~2015 年 12 月供应的土地面积约占对应全年土地供应数量的平均 15% 左右，说明土地市场存在"突击供应"的现象。

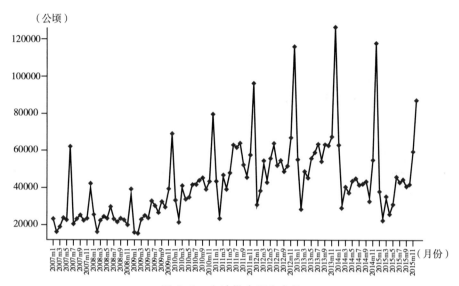

图 2-6　土地供应月度变化

二、不同用途土地供应存在显著差异

根据土地的用途，本书把土地划分为工业、商服、住宅和其他类型用地①。前三类用地代表了城市用地的总体方向。图 2-7 和图 2-8 主要描述了基于微观数据加总后，2007~2015 年各类土地出让收入和出让面积随时间变化情况②。数据进一步反映了以下事实：

第一，从土地出让收入看，2009 年开始，土地出让收入有了大幅增长。2007 年和 2008 年不足 1 万亿元，2013 年土地出让收入超过 4 万亿元。土地出让收入的增长主要来自商业用地出让收入的大幅增长。

第二，2009 年后，工业用地出让面积呈现了较大幅度增长。这与本书之前的研究发现是一致的。杨继东和杨其静（2016）发现，刺激计划导致工业用地出让增加，特别是金融危机冲击下增长压力较大的城市工业用地增长更快。

---

① 具体参见 stata 划分的原始 code，本书根据数据的初始用途进行了一定归类，比如商服用地在数据中的用途可能是餐饮用地。其他类型是指无法归入上述三类用途，比如学校用地或机关用地。

② 本书利用各省 CPI 指数以 2007 年为基期对价格进行了消涨。

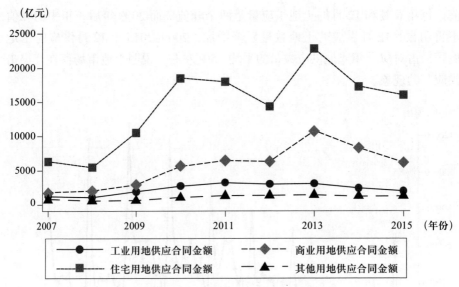

图 2-7 不同类型土地供应金额

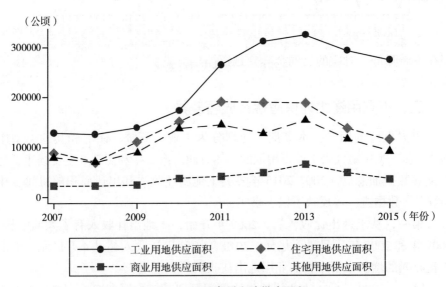

图 2-8 不同类型土地供应面积

第三，土地出让收入主要来自住宅用地，但住宅用地出让面积相对稳定。因此，住宅用地出让收入的增长主要来自土地交易价格的不断提高。

三、土地供应方式的市场化程度不断提高

相对于劳动力和资本市场，中国的土地市场化进程相对落后，即大量土

地供应并非通过招拍挂出让，1993~1999 年全国协议出让土地宗数占有偿出让宗数的 88.5%（郭坚翔，2004），因而土地价格在很长一段时间内并不存在或者不能反映土地的市场租金。进入 21 世纪后，随着土地市场规模的迅速扩大，地方土地出让，尤其是协议出让中的腐败和土地浪费问题愈发严重（Cai 等，2013）。为了应对这些问题，自 20 世纪 90 年代中后期开始，在分税制改革后地方政府迫切需要提高土地转让收入的背景下，中央连续出台一系列文件要求推行土地出让方式的市场化改革，取得了明显成效。国土部在 2002 年 4 月和 2007 年 11 月分别实施了《招标拍卖挂牌出让国有土地使用权规定》和《招标拍卖挂牌出让国有建设用地使用权规定》，前者明确要求"商业、旅游、娱乐和商品住宅等各类经营性用地，必须以招标、拍卖或者挂牌方式进行公开交易"，后者进一步规定"工业、商业、旅游、娱乐和商品住宅等经营性用地以及同一宗地有两个以上意向用地者的，应当以招标、拍卖或者挂牌方式出让"。这标志着除了非工业用地以外，地方政府为了招商引资往往刻意压低价格的工业用地也必须通过招拍挂方式转让。

2009 年后，划拨和招拍挂出让的土地面积有了显著提高，2013 年达到峰值并开始降低（见图 2-9），而划拨供应的土地面积相对招拍挂出让方式供应的土地面积呈现出"增长快、减少慢"的特点。同时，协议出让的土地面积在不断降低。对应的合同金额则是招拍挂出让金占主导地位，同样经历了 2009 年后的出让金额增长和 2013 年后的下降两个阶段（见图 2-10）。相对而言，划拨和协议出让的土地收入基本可以忽略。

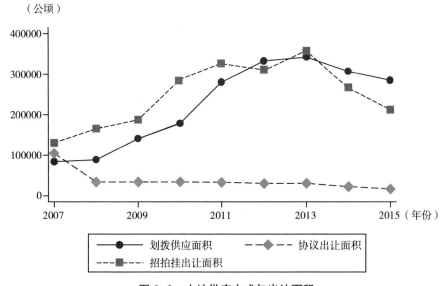

图 2-9　土地供应方式与出让面积

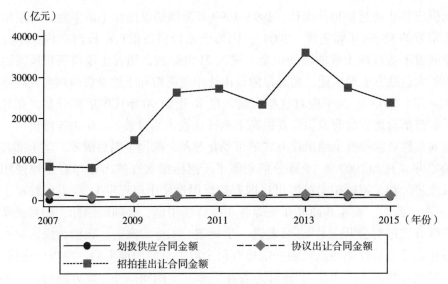

图 2-10　土地供应与出让金额

　　进入 21 世纪以来，土地出让方式中的招拍挂占比不断上升，尤其在 2007 年后，招拍挂已经成为中国城市土地出让的主要形式，截至 2015 年底，招拍挂出让的土地面积和金额已经分别超过总土地出让的 92% 和 95%，如图 2-11 所示。可见，中国土地出让的市场化改革政策已经基本落实，2007 年后的土地价格已经基本能够忠实地反映其价值，为土地价值的相关研究奠定了基础。

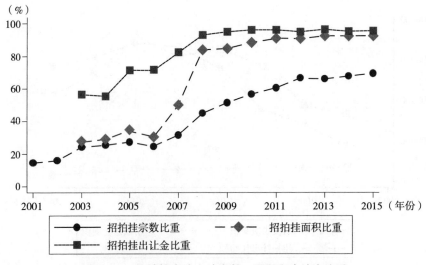

图 2-11　招拍挂出让土地宗教、面积和出让金比重

更具体地看，挂牌出让的土地占总出让面积的比重在 2007 年大幅提高，之后稳定在 80% 左右，表明挂牌出让已经成为市场化土地出让的主要形式，如图 2-12 所示。Cai 等（2013）认为，与拍卖出让相比，由于挂牌出让本质上是一种两阶段拍卖，两个阶段间可以提供更多的寻租空间，因此地方政府更倾向于利用挂牌方式出让热门土地，这成为土地腐败的证据。但同时拍卖出让的土地面积也在稳定提高，从 2007 年的 6% 提高到 2015 年的 10%，表明土地出让的透明化程度有所改善。同时，招标出让的土地占比越来越低，从 2007 年的 3.4% 降至 2015 年的 0.5%。

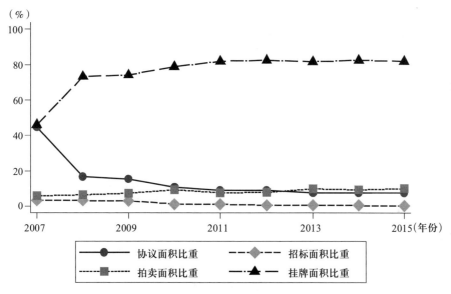

图 2-12　不同土地出让方式面积占比

四、不同产业土地供应存在显著差异

第三产业用地面积是第二产业的 4 倍左右，但合同金额为 13 倍，表明第三产业用地的合同收入是土地供应收入的主要来源，如图 2-13 所示。

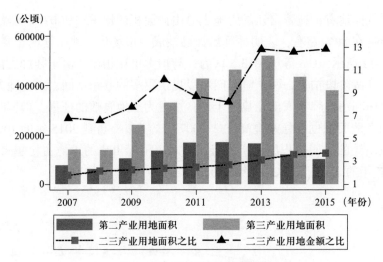

图 2-13　不同产业用地情况

房地产业用地面积仅占 20% 左右，但合同金额约占 75%，表明房地产在土地出让中的重要作用，如图 2-14 所示。

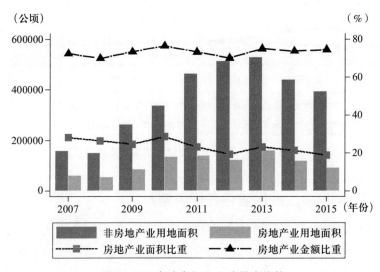

图 2-14　房地产行业土地供应趋势

五、分土地来源看，2011 年后新增建设用地占比呈现增加趋势

从土地来源的角度看，2009 年前，存量建设用地与新增建设用地的供应面积大致相当，但 2009 年后，新增建设用地成为土地供应的主要来源，到 2012 年趋于稳定，占比保持在 70% 以上，非现有建设用地的供应比重则持

续提高（见图 2-15）。同样地，市本级的土地供应比重在不断降低，表明我国建成区的开发空间已经相对有限，城市外围地区仍然保持着相对高速的土地城镇化进程。

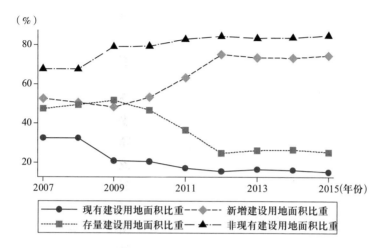

图 2-15　土地来源与土地出让

值得注意的是，尽管市本级的土地供应面积在迅速减少，至 2015 年不足 1/4，但相应合同金额的比重却保持在 50% 左右（见图 2-16），表明市本级的土地价值远远高于城市外围地区，大量研究指出，地方政府面临着增加土地出让收入和招商引资的双重目标（陶然等，2007；郑思齐等，2014），因此其可能采取了"高价出让市本级土地增加财政收入，低价出让非市本级土地招商引资"的策略。

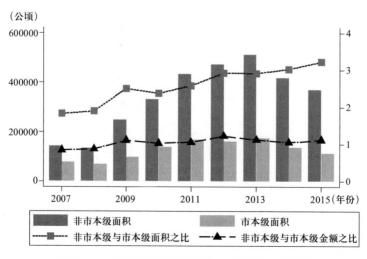

图 2-16　土地来源与土地出让：基于市本级分析

六、分地区看，土地供应呈现出区域不均衡的特征

本书统计了分地区土地供应面积占比趋势变化。2007 ～ 2015 年，东部地区土地供应面积占比不断下降，中西部地区土地供应面积占比增加，如图 2-17 所示。这种趋势可能与土地供给政策偏向中西部有关。

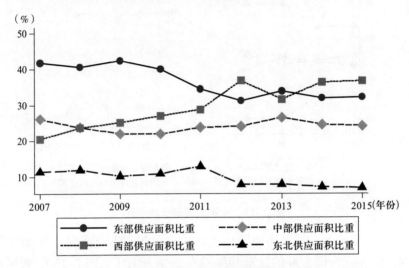

图 2-17　不同地区土地供应

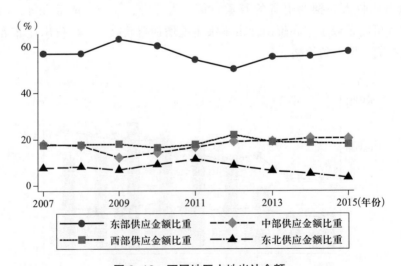

图 2-18　不同地区土地出让金额

2008 年后，企业获得的土地供应量大幅提高，由来自企业的土地供应收入也相应提高，占比超过 95%（见图 2-19）。这可归因于"四万亿计划"使

得各地政府通过土地供应进行大规模招商引资。

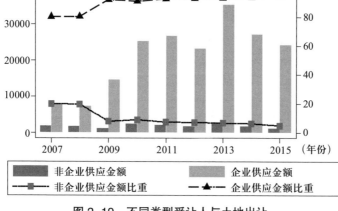

图 2-19　不同类型受让人与土地出让

第四节　土地供应价格的事实特征

根据供应方式划分，以上的观察值主要分为三大类供应方式：划拨、协议出让和招拍挂出让，其中出让方式的宗数占比为 76%。在统计中，本书将受让人名称中含有"集团""公司"或"厂"的划分为非公益性受让人，其他为公益性受让人，发现非公益性受让人中有 56% 以上通过出让方式获得土地使用权，而公益性受让人的这个比例仅为 28%。尽管划拨是非常值得关注的问题，但由于划拨土地主要集中于公益事业和国家重点工程建设上，无法反映土地的市场化运行机制，因此在价格分析中，本书主要关注招拍挂出让的土地1170212宗。为了排除缺失值和异常值的影响，本书删去了出让金额缺失或小于1万元、面积缺失或小于0.01公顷的观察值共291962宗。另外，本书对每个城市土地单价最低和最高的各10个观察值进行了缩尾处理。经过以上处理，最终本书获得了878250宗土地出让的观察值，进一步根据土地特征对土地价格进行了统计，如表2-2所示。

表2-2　土地价格描述统计

分类标准	类别	观察值数	平均值	标准差	最小值	最大值
土地用途	工业用地	313105	171.84	215.96	0.49	104302.90
	商服用地	181149	1401.21	3946.14	0.24	266842.90
	住宅用地	321798	1649.00	2998.92	0.25	133156.60
	其他	62198	268.00	607.21	0.30	79852.23
出让方式	协议出让	205254	311.92	1293.98	0.24	126147.70
	招标出让	8527	1884.38	6167.15	0.75	266842.90
	拍卖出让	88860	1607.91	2708.84	0.69	133156.60
	挂牌出让	575609	759.35	2232.60	0.49	217699.90
所属产业	第一产业	8428	147.51	274.30	3.17	16620.84
	第二产业	262813	185.93	393.86	0.25	112922.10
	第三产业	529405	1362.43	3070.25	0.36	266842.90
	其他	77604	259.50	1166.78	0.24	235039.30
土地来源	现有	379107	1078.50	3407.97	0.24	266842.90
	新增	430454	607.78	1736.39	0.30	143768.40
	新增（库存量）	68689	1185.33	3200.87	0.53	140011.30
所在行政区划	非市本级	708441	568.03	1328.84	0.24	133156.60
	市本级	169809	1386.26	3787.94	0.25	266842.90
土地等级	一级	139700	938.95	2749.15	0.65	182560.80
	二级	96923	928.08	3258.65	0.65	266842.90
	三级	129913	744.81	2645.00	0.65	266842.90
	四级	96323	845.10	2568.28	0.53	217699.90

续表

分类标准	类别	观察值数	平均值	标准差	最小值	最大值
土地等级	五级	52371	1068.54	3263.44	0.25	140011.30
	五级及以上	246076	867.95	2383.28	0.24	133375.50
	其他	116944	417.85	954.47	0.30	96374.64
受让人性质	非企业	232948	635.86	1789.32	0.24	131467.10
	企业	645302	804.56	2347.36	0.25	266842.90
面积	小于 1 亩	134726	875.64	3059.68	10.00	133156.60
	1~10 亩	233973	817.43	2864.87	1.78	217699.90
	10~100 亩	420595	914.61	2950.68	0.53	266842.90
	100 亩以上	88956	719.19	2053.13	0.24	135404.50
出让金	1 万 ~10 万元	104318	42.46	82.54	0.24	999.56
	10 万 ~100 万元	190343	92.94	172.09	0.30	9903.76
	100 万 ~1000 万元	348001	185.39	277.71	2.24	91281.67
	1000 万 ~1 亿元	195250	510.35	735.22	6.85	133156.60
	1 亿元以上	40338	2741.91	5306.34	29.46	266842.90
所属板块	东部	335871	1146.99	3607.31	0.24	266842.90
	中部	228535	601.08	1191.61	0.65	32761.94
	西部	231661	538.18	1289.23	0.53	54397.79
	东北	82183	620.25	1402.49	0.49	38191.21
与区县政府距离	0~5 千米	315464	960.06	2451.13	0.30	266842.90
	5~10 千米	158276	944.68	3005.70	0.24	266842.90
	10~20 千米	190818	765.90	2609.61	0.49	266842.90
	20~50 千米	154143	567.35	1817.27	0.53	138580.60
	50~100 千米	26511	410.37	1855.75	0.95	117637.40
	其他	33038	536.40	2328.39	0.88	126239.40
合计		878250	790.71	2307.10	0.24	266842.90

　　可以看出，2007~2015 年出让的土地价格呈现出以下异质性特征：商服和住宅用地的价格明显高于工业用地价格；招标出让和拍卖出让高于挂牌出让的土地价格，而协议出让的土地价格最低；第三产业的土地价格又显著高于一二产业；现有和新增来自库存量的土地价格高于新增土地价格；出让给企业、位于市本级的土地价格分别高于出让给非企业和非市本级土地价格；面积小于 1 亩和位于 10~100 亩的土地价格高于其他面积的土地价格；土地价格随着出让总金额增加以及与区县政府距离缩短而提高；东部地区出让的土地价格大幅高于中西部和东北地区。

　　2007~2015 年土地价格翻了一番，整体呈现出上涨趋势，但 2010~2012 年，土地出让价格有所下跌（见图 2-20、图 2-21）。这是因为，土地出让中，尽管住宅用地价格不断上涨，但是工业用地价格基本维持平稳。

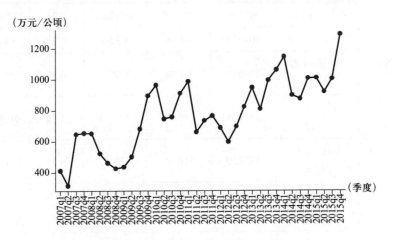

图 2-20　2007~2015 年土地价格的季度波动

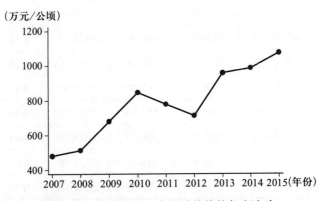

图 2-21　2007~2015 年土地价格的年度波动

工业用地和其他用途土地的价格水平较为稳定，但商业用地的价格增长超过了一倍，由 1000 万元 / 公顷提高到了超过 2000 万元 / 公顷，其中商业用地的价格增长速度又高于住宅用地，如图 2-22 所示。

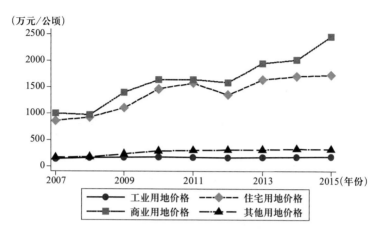

图 2-22 不同类型土地价格变化

2007~2015 年，土地价格呈上涨趋势，增长的主要原因是其中招标出让的土地价格增长幅度和波动较大，拍卖出让次之，挂牌和协议出让的土地价格波动最小，如图 2-23 所示。

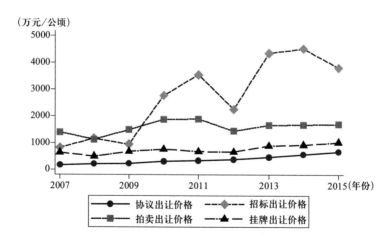

图 2-23 不同出让方式土地价格对比

2007~2015，年不同产业用地与不同用途土地价格的增长趋势较为一致，第三产业的土地价格增长幅度最大，一二产业的土地价格较为稳定，增幅很小，如图 2-24 所示。

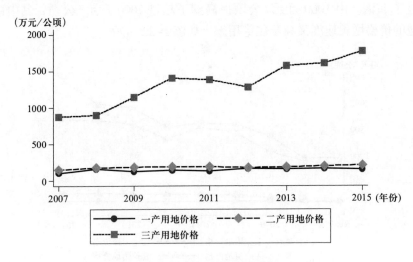

图 2-24　不同产业用地价格

从土地来源看，现有建设用地（包括现有建设用地和来自库存量的新增建设用地）的价格增幅略高于新增建设用地，具体来看，来自库存量的新增建设用地价格增长最快，现有建设用地次之，而新增建设用地的价格增长不明显，如图 2-25 所示。

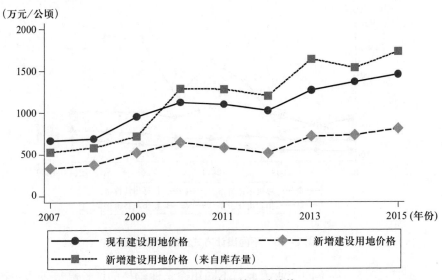

图 2-25　不同来源的土地价格

市本级的用地价格增长显著高于非市本级用地价格，同时与市政府距离越近的土地价格增长越快，如图 2-26、图 2-27 所示。这两个特征共同体现了城市核心区土地的稀缺性对价格的正向影响。

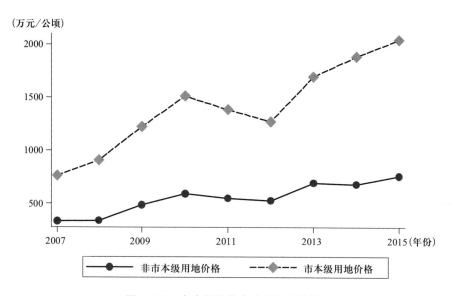

图 2-26　市本级和非市本级土地价格

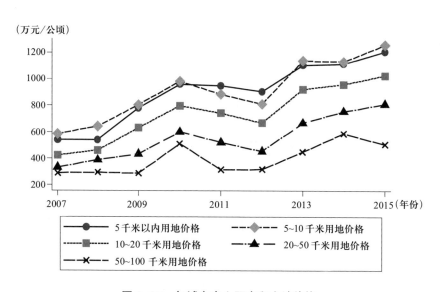

图 2-27　与城市中心距离和土地价格

本书区分了不同类型土地使用权人之间的用地价格差异。企业用地和非企业用地价格都有了显著增长，但这两种类型的土地价格差异性并不大，如图 2-28 所示。

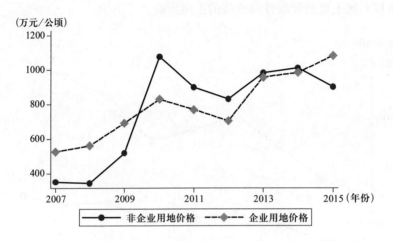

图 2-28　不同类型受让人与土地价格

分板块看，东部用地的价格增长速度最快，中西部次之，且中部地区土地价格增速在 2010 年后超过了西部地区，而东北地区的土地价格在 2011 年后出现了持续下跌，如图 2-29 所示。

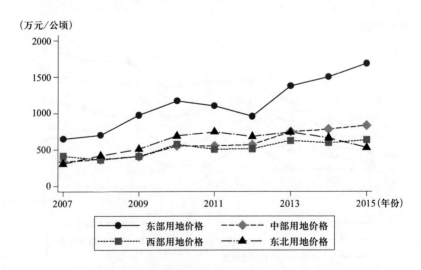

图 2-29　不同地区土地价格

从地块面积看，大于 100 亩的土地价格增长最快，10~100 亩增速次之，而面积在 10 亩以下的地块价格在 2007~2011 年快速增长之后保持相对稳定，如图 2-30 所示。按照出让金看，出让金高于 1 亿元的土地价格增长速度最快，1000 万 ~1 亿元的土地价格增长速度次之，而出让金小于 1000 万元的土地价格相对比较稳定，如图 2-31 所示。

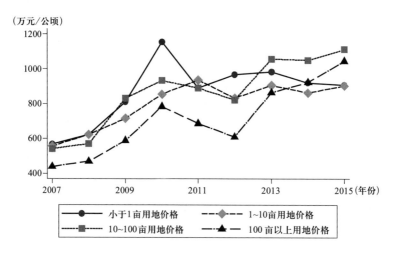

图 2-30 出让地块规模与土地价格

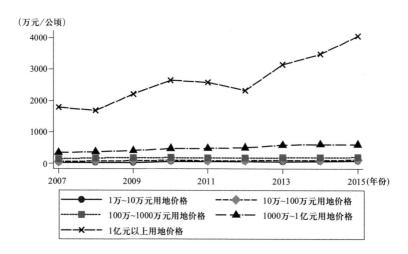

图 2-31 出让金总价与土地价格

分城市看，位于省会城市的土地价格多数高于本省其他城市的价格，同时地价的总体分布基本与胡焕庸线的分界一致，胡焕庸线东南的土地价格整体高于西北地区。

第三章　地方政府土地出让策略的均衡分析

第一节　引言

　　在各种生产要素中，土地要素流动性最弱，在我国工业化和城镇化驱动的经济增长模式下，非农建设用地的稀缺性也越来越高，土地资源的配置方式，配置效率已经在最基本的层面上影响了中国的经济结构。我国现行的土地管理制度是农村土地归集体所有、城市土地归国家所有的"二元土地所有制"。在此土地制度下，农业用地的非农建设用地（含商服用地、工业用地和住宅用地三种类型）须由城市当局将农业用地由农村集体所有变更为国家所有，然后将国有土地的使用权出让给支付了土地使用费用的使用者。这样，作为国家代理人的地方政府就成为城乡土地流转的唯一中介，也是国有土地一级市场的完全垄断者。理论上，国有土地出让金归国家所有，但在现实中，大部分的国有土地出让金并未上缴至中央政府，地方政府实际上独占出让国有土地的剩余索取权。地方政府配置土地动机、行为及其后果便是一个极为重要的发展问题。

　　学术界对中国地方政府土地出让行为已经有了大量的实证研究，但很少将商服用地的出让行为单列，作为一个专门的问题加以深入研究。这显然与近年来商服用地出让行为产生的经济效应不匹配。在新近研究商服用地的文献中，学者们虽然意识到商服用地和工业用地的出让行为存在较大差异，但并没有将二者置于逻辑一致的框架内加以系统性研究，对二者之间相互关系的分析以实证研究为主，对相关机制的揭示仍然不足。同时，本书不得不指出，既有关于土地的研究面临着一个同性问题，即采用的数据与所研究的问题严重不匹配，使得工业用地和商业用地出让行为之间的相关关系更为模糊不清。

　　对于掌握土地配置权的地方政府而言，不同类型土地出让具有不同的经济含义。出让商服用地具有经济和政治的双重考虑。不同于第二产业（特别是工业）可以通过技术进步和提高生产效率集约式发展，商业服务业的成长受限于商业设施用地——即商服用地的供给。商服用地的配置具有独特的经济效应。首先，与工业用地相比，在商服用地以上发展出的商业服务业具有较强的地域垄断性和稀缺性，选址范围不及工业用地广泛，那么按照级差地租理论，商服用地的地租通常高于工业土地，出让商服用地的收益会高于工业用地。其次，与住宅用地相比，出让商服用地还可增加就业机会，维护社会稳定，带动区域消费市场成长，而住宅用地并无此效应。

鉴于商服用地既有财富效应，又有增长和就业效应，出让商服用地已经成为地方政府不得不严肃思考的问题。在中国式财政联邦主义体制下，当地方政府存在较强的财政收入增长冲动时，特别是在当今地方政府普遍面临着严峻的财政收支缺口的情况下，地方政府存在增加商服用地出让规模的激励，这很可能在微观层面上影响着中国的经济结构调整方式。本书关心的问题是，商服用地与同在政府主导下的工业用地出让有什么关系？

针对现有研究的不足，本书按照如下两方面的内容展开：第一，本书设立一个理性的代表性地方政府，构建一个微观跨期决策模型，分析在财政分权和二元土地结构制度下该政府的最优土地出让行为及均衡的土地出让结构。在本书的模型中，地方政府面临着用地指标和财政缺口双重约束，通过调整不同类型土地的出让结构实现收益最大化。不同于现有研究仅讨论地方政府获得土地出让金这种"以地生财"渠道，本书的模型还考虑了地方政府出让工业用地获取工业税收的"以地引资"渠道，即压低工业用地价格吸引工业资本。为了补偿"以地引资"渠道的"损失"，地方政府倾向于增加"以地生财"渠道的收益。因此，地方政府在两种渠道之间的权衡形成了均衡的土地出让结构，这也构成了本书的研究假说，即地方政府增加工业用地供给，会相应增加商服用地作为对冲。本书希望通过构建这一均衡模型，弥补既有研究地方政府不同类型土地的行为缺乏微观解释的局限。

第二，本书采用实证分析模型对本书的假说进行实证检验。为了克服现有研究通常采用混合数据无法真实反映土地出让信息的局限，本书从混合土地出让数据中分离出商服用地和工业用地数据，可以更准确地刻画地方政府的土地出让行为，以便更准确地检验本书的假说。据本书所知，采用细分的土地数据在相关研究领域尚属首次。

本书从"中国土地市场网"收集了 2007~2012 年 249 个地级市商服用地交易数据，采用土地出让宗数、面积、出让金及其占财政收入的比重等多个变量刻画地方政府的土地出让行为。实证结果显示，地方政府出让工业用地越多，会相应地增加商服用地的出让，与理论假说的预期高度一致。

第二节 土地出让策略的文献综述

所谓的地方政府"以地生财"渠道和"以地引资"渠道，都可以追溯至我国分权改革（Qian 和 Weingast，1997；Weingast，1995；张军，2008；李猛和沈坤荣，2010；杨其静，2010）。中国现行的财税制度肇始于1994年1月1日起推行的"分税制"财政体制，即根据事权与财权相结合的原则，将税种统一划分为中央税、地方税、中央与地方共享税，同时形成了中央和地方两套税收管理制度。对地方政府而言，分税制改革使其承担了更多的财政支出义务，但财政收入来源却大为缩减。由于财政支出的惯性作用，以及地方发展的支出所需，地方政府必然会想方设法扩大财政收入。一些学者研究了中国式财政分权制度、地方竞争与土地财政之间的相互关系（卢洪友等，2011；吴群和李永乐，2010；孙秀林和周飞舟，2013）。孔善广（2007）认为地方政府扩大财源的途径之一是扩大地方可独享的收入来源，如城镇土地使用税、房产税、耕地占用税、土地增值税、国有土地有偿使用收入等，这些收入大部分与土地有关，亦即通过"经营土地"和"经营城市"，尤其是以招拍挂的方式高价出让商住用地增加土地收入，因此可将这种现象称为"以地生财"（周飞舟，2010；罗必良，2010）。实证研究也为土地财政假说提供了一定的经验支持。如陶然等（2009）提出，地方政府积极发展商住用地有利于增加地方税收；曹广忠等（2007）认为，协议出让土地增强了一些企业的盈利能力和纳税能力，从而带动相关产业发展。

早期文献在研究非农土地的出让行为时，基本上都隐含着一个假设，即非农土地是同质的，忽略了非农土地在现实中至少可细分为工业用地、商服用地和住宅用地等不同类型。而不同类型的土地对地方政府收入的贡献存在明显的差异，如果笼统地将非农建设用地混合在一起，显然会丢失很多重要的信息。新近研究更多地关注不同类型土地的出让行为及其背后地方政府的行为差别。总体而言，对细分土地的研究较为集中在工业用地上，也有少部分对比研究地方政府工业用地和商服用地出让行为的差异，或是研究商服用地和工业用地之间的关系。李学文和卢新海（2012）利用省县市级土地协议出让和招拍挂出让的非平衡面板数据（1996~2007年）构造面板向量自回归（PVAR）模型，实证结果显示，不同方式出让的土地价格具有不同的自相关性，认为地方政府追求土地财政，对工业用地和商住用地出让采取差别化策略。梁若冰和韩文博（2011）以协议出让面积作为工业用地的代理变量，以招牌挂作为商住用地的代理变量，采用控制固定效应的空间自回归模型对

2003~2008 年我国地级市面板数据进行了分析，发现不仅人均协议出让面积和人均招拍挂出让面积对人均实际 GDP 增长率具有显著的正向影响，而且周边城市的人均招拍挂出让面积对辖区的经济增长有显著正影响，但周边城市的人均协议出让面积对本市经济增长具有显著的负效应，说明土地出让对于地区增长有着正向促进作用，同时该变量在地区间存在空间互动效应。

这些研究有助于本书了解地方政府的土地出让行为，识别因素之间的相关关系，但仍留下了较大的空间供进一步研究。首先，据本书所知，绝大多数关注土地出让的实证研究采用的是《中国国土资源年鉴》所提供的省级层面的商服用地、住宅用地和工业用地的混合数据，数据结构决定了这些文献无论其声称的研究对象是工业用地、商服用地还是住宅用地，其实都是混合的总体土地。数据的准确性问题使得实证研究结果有待考证，并且省级层面的数据有悖于中国地方政府土地出让的事实，即市县层级政府掌握着我国大部分的土地出让权，省级层面的数据显然不能反映土地出让的真实信息。仅从数据看，现有研究对商服用地加以专门研究尚属空白。其次，在用地指标约束下，地方政府出让工业用地和商服用地并不是简单的相关关系，二者之间存在不可忽视的内生性，"以地生财"假说并不能充分刻画地方政府的土地出让行为。

实际上，工业用地和商服用地之间存在"横向补贴"现象（陶然等，2009）。这种现象的制度性根源是现阶段我国的辖区竞争体制，即地方政府在招商引资竞争中为产业资本提供财税优惠政策和基础设施服务等已经趋同化，廉价的工业用地已经成为地方政府吸纳工业项目的重要谈判筹码。地方政府的这种行为被学术界提炼为"以地引资"假说（张莉等，2011；范剑勇和莫家伟，2014）。该假说认为，地方政府出让土地不仅是为了土地出让收入，而且以廉价工业土地作为招商引资的谈判筹码，加速辖区资本存量积累从而刺激产业发展，达到扩大税基和刺激经济增长的目的，或者增加地方官员晋升的可能性。但分税制改革后，地方政府又承担着增加财政收入压力。工业用地出让价格如此背离市场价值，其代价是政府牺牲了巨大的财政收入。为了弥补工业用地低价出让的短期"损失"，地方政府倾向于从别的渠道获得补偿。虽然工业项目投资达产后，工业税收可以在一定程度上弥补地方政府前期廉价出让工业用地的损失，但工业税收是未来的收入流，不仅面临着产业的不确定性，还具有时间成本，与地方官员的任期制存在内在冲突。对地方政府而言，提高商服用地的出让价格，增加商服用地的出让收入弥补工业用地的出让损失，是一种风险低、见效快的对冲方式，形成了以商业用地出让收益补偿低价工业用地出让损失的"横向补贴"格局。这种现象最直接的表现莫过于见诸报端的工业用地"零地价"出让，同时商业用地出让价格记录不断刷新出现的"地王"。本书在全国多地的实地调研中发现现实情况虽然不常像新闻那样极端，但这种现象极为普遍，一些地区工业用地的实际出让价格仅为政府指导价的 20%，远低于土地的真实市场价格。[①]

第三节　土地出让策略的基本模型

基于现有研究关于地方政府出让土地的"以地生财"和"以地引资"假说，以及商服用地和工业用地出让之间的"横向补贴"现象，本书用一个代表性地方政府的最优土地出让决策模型，刻画工业用地和商服用地之间的互动关系。由于地方政府出让工业用地的全部收入包括当期的工业用地出让金和投资达成后的未来工业税收，因此本书构建一个两期模型来考察地方政府的跨期土地配置决策。本书用 l_{it} 和 l_{ct} 表示地方政府出让的工业用地和商服用地面积，对应 p_{it} 和 p_{ct} 表示两种土地的出让价格，下标 $t=1$，2，表示时期 1 和时期 2。G_1 和 G_2 表示各期地方政府的土地收入。那么地方政府的决策空间可以表述为表 3–1。

表 3–1　地方政府出让土地的 2X2 模型

	工业用地	商服用地	组间均衡条件
时期 1	(l_{i1}, p_{i1})	(l_{c1}, p_{c1})	$\frac{\partial G_1}{\partial l_{i1}}=\frac{\partial G_1}{\partial l_{c1}}$
时期 2	(l_{i2}, p_{i2})	(l_{c2}, p_{c2})	$\frac{\partial G_2}{\partial l_{i2}}=\frac{\partial G_2}{\partial l_{c2}}$
跨期均衡条件	$\frac{\partial G_1}{\partial l_{i1}}=\frac{\partial G_2}{\partial l_{i2}}$	$\frac{\partial G_1}{\partial l_{c1}}=\frac{\partial G_2}{\partial l_{c2}}$	

在第 1 期，地方政府收入来自两个渠道。一是"以地生财"渠道，即出让工业用地和商服用地分别获得工业用地和商服用地出让金，总金额等于

[①] 2010 年以来，本书与多地政府进行了座谈交流和实地调研，包括北京市，重庆市，河北省廊坊市、石家庄市和保定市、湖北省武汉市和宜昌市、湖南省长沙市和株洲市、云南省曲靖市和临沧市、广东深圳市和东莞市、浙江省宁波市和金华市、福建省厦门市、吉林省延边朝鲜族自治州、四川省资阳市和德阳市、山东省日照市和陕西省咸阳市等不同地理位置和经济发展水平的地方政府。座谈对象通常地方政府行政负责人或分管经济的干部，调研对象包括发改委经（工）信委、国土局、商务局、经济开发区、税务局和开发区管委会等。这些部门分别负责一地辖区内的发展规划、项目审批、招商引资和税收等政策和事务，均与当地的土地配置方式密切相关。为了对政府部门干部提供的信息进行交叉印证，本书还与当地企业进行了座谈。

$l_{i1}p_{i1}+l_{c1}p_{c1}$。需要说明的是，本书假设土地出让金是当期一次性收入，虽然出让商服用地开发后也有后续的收入，如经营性税费，但相比于土地出让金，经营性税费总量偏少且征税成本高，对地方政府财政收入的贡献远不及工业税收，本模型将其忽略不计。二是"以地引资"渠道，即出让工业用地招商引资后工业项目为地方政府贡献的工业税收。假设出让 l_{i1} 能够创造 n 单位的工业就业岗位和承载 k_1l_{i1} 资本投资。其中，k 为单位工业土地的投资强度。[①]这里本书为了简便，假设工业投资金是工业用地的线性函数。

假设工业生产采用 C-D 生产技术，并且将工业产品的价格标准化为 1，则 l_{i1} 的工业用地能够产生的工业产值为 $An^{\alpha}(kl_{i1})^{\beta}$。其中，$\alpha$ 和 β 分别为劳动和资本的产出弹性，设 $0<\alpha$、$\beta<1$ 且 $\alpha+\beta<1$，即不存在规模报酬递增。政府设定的工业产出边际税率为 τ，且在分税制下地方政府的工业税收分成比为 δ，那么时期 1 地方政府的土地出让收入

$$G_1=l_{i1}p_{i1}+l_{c1}p_{c1}+\tau\delta An^{\alpha}k^{\beta}l_{i1}^{\beta} \tag{3-1}$$

式（3-1）反映了地方政府配置土地的两种收入渠道，$l_{i1}p_{i1}+l_{c1}p_{c1}$ 表示"以地生财"，$\tau\delta An^{\alpha}k^{\beta}l_{i1}^{\beta}$ 反映的是"以地引资"。为了方便表述，令 $\Omega=\tau\delta An^{\alpha}k^{\beta}$，则 $G_1=l_{i1}p_{i1}+l_{c1}p_{c1}+\Omega l_{i1}^{\beta}$。

类似地，暂不考虑资本的时间成本和工业生产技术的进步，时期 2 地方政府的土地出让收入

$$G_2=l_{i2}p_{i2}+l_{c2}p_{c2}+\Omega(l_{i1}^{\beta}+l_{i2}^{\beta}) \tag{3-2}$$

那么，在全部考察期内，地方政府的土地总收入为

$$G=G_1+G_2=\sum_m\sum_t(l_{mt}p_{mt})+\Omega(2l_{i1}^{\beta}+l_{i2}^{\beta}) \tag{3-3}$$

其中，下标 $m=i$，c 表示工业用地或商服用地类别，t 表示时期 1 或者时期 2。

那么地方政府的最优土地出让决策可以表述为：

$$\begin{cases} max\ \ G=\sum_m\sum_t(l_{mt}p_{mt})+\Omega(2l_{i1}^{\beta}+l_{i2}^{\beta})\\ s.t\ \ G\geqslant G_0,\ \sum_m\sum_t l_{mt}\leqslant l_0 \end{cases} \tag{3-4}$$

地方政府面临着两个约束条件：一是地方收入不能低于填补财政收支缺口、防范债务风险集中爆发所要求的最低总收入 G_0。这一约束在地方债务高企的情况下，对地方政府最优决策的约束更为显著。二是用地出让总量不能超过非农建设用地初始禀赋 l_0。我国于 2006 年建立了土地督察制度，由

[①] 单位面积工业用地投资强度已经成为地方政府考核审批工业项目的重要指标，在工业用地越稀缺的地区，这种做法越普遍，审核也越严格，甚至和对工业项目的环评标准保持一致，投资强度达不到一定的水平可以"一票否决"。官方对此的说法是从"招商引资"到"招商选资"。

国务院国土资源部部长兼任国家土地总督察，向地方派驻9个国家土地督察局，督察范围覆盖全部大陆地区。派驻地方的国家土地督察局履行监督检查职责，向监察部门通报督察过程中所发现的土地利用和管理中的违法违规问题。在技术上，国土资源主管部门还利用遥感监测技术监督土地的利用状况。这些制度和技术有效地硬化了地方政府的用地指标约束。因此，式（3-4）体现了财政缺口和用地指标双重约束下的地方政府的最优决策问题。

对于地方政府而言，无论土地用途为何，在哪个时期出让，其对地方政府的边际收入相等，那么地方政府的土地出让行为就达到纳什均衡。

$$\frac{\partial G_1}{\partial l_{i1}} = \frac{\partial G_1}{\partial l_{c1}} = \frac{\partial G_2}{\partial l_{c2}} = \frac{\partial G_2}{\partial l_{i2}} = \frac{\partial G_2}{\partial l_{c2}} \qquad (3-5)$$

解得地方政府工业用地的均衡出让决策是

$$\begin{cases} l_{i1}^* = \left(\dfrac{2\beta\Omega}{p_{c1}-p_{i1}}\right)^{\frac{1}{1-\beta}} \\[3mm] l_{i2}^* = \left(\dfrac{\beta\Omega}{p_{c1}-p_{i2}}\right)^{\frac{1}{1-\beta}} \end{cases} \qquad (3-6)$$

出于简便，由于工业资本具有更强的流动性，导致地方政府辖区存在激烈的竞争，地方政府是工业用地出让价格的接受者，即 $p_{i1}=p_{i2}=p_i$，那么 $l_{i1}^* = 2^{\frac{1}{1-\beta}} l_{i2}^*$。将 $2^{\frac{1}{\beta-1}}$ 记为 ε，则 $l_{i1}^* = \varepsilon l_{i2}^*$

按照用地指标约束条件，得到商服用地的总出让规模为：

$$l_{c1}+l_{c2}=l_0-(1+\varepsilon)l_{i1}^* \qquad (3-7)$$

又根据财政缺口约束条件，得到商服用地的总出让收入为

$$p_{c1}l_{c1}+p_{c2}l_{c2}=G_0-p_i(1+\varepsilon)l_{i1}^*-\Omega(1+\varepsilon^{-1})l_{i2}^{*\beta} \qquad (3-8)$$

根据均衡条件（3-7）和（3-8），解得第二期商业用地的最优出让规模为

$$l_{c2}^* = \frac{G_0-p_{c1}l_0}{p_{c2}-p_{c1}} - \frac{(p_0+p_{c1})(1+\varepsilon)l_{i1}^*+\Omega(1+\varepsilon^{-1})l_{i2}^{*\beta}}{p_{c2}-p_{c1}} \qquad (3-9)$$

虽然地方政府都具备工业用地和商服用地的一级垄断权，但工业用地和商服用地的产业组织具有明显的差距。地方政府面临着工业招商引资的激烈地区间竞争，本书设定地方政府是工业用地出让价格的接受者，且廉价的工业用地成为地方政府招商引资的重要手段，通常采用协议供地的方式出让工业用地，那么可以认为工业用地的出让价格均低于商服用地的出让价格，即 $p_{c1} > p_i$。只要商服用地的出让价格保持上涨（$p_{c2} > p_{c1}$），那么根据式（3-9），无论是第一期还是第二期，工业用地出让的规模越大，在用地指标和地方政府双

重压力下，地方政府在第二期都会增加商业用地的出让规模。

第四节　土地出让策略的描述统计与研究设计

一、数据来源

本书所使用的数据来源如下：使用的反映地区禀赋状况的数据均来自《中国统计年鉴》；关于市委书记的原始数据来自人民网、新华网公布的领导的简历；各市的地理经度、纬度数据来自 GPS 经纬度位置网（http：//www.gpsspg.com/）；有关地方政府商服用地出让的数据和工业用地出让数据来自中国土地市场网（http：//www.landchina.com/）。

本书收集了 2007~2012 年全国（不含港澳台）的地方政府出让的各宗商服用地的数据，总计约 16.9 万宗。考虑到四个直辖市的行政划分比较特殊，西藏、海南数据缺失较多；云南、贵州、宁夏、海南、青海地级市数量较少，故以上这些地区的数据被删除了。因此实际本书使用的原始数据涉及 20 多个省份的 249 个城市的 14.5 万多宗商服用地出让数据。通过利用数据透视表，整理这些原始数据，本书获得了反映各个城市商服用地出让行为的各种数据。本书还收集了 2007~2012 年全国（不含港澳台）的地方政府出让的各宗工业用地的数据，总计约 13.7 万宗。

二、指标刻画

对地方政府商服用地供应行为方式的刻画仍然受到许多限制，这是因为：首先，本书无法确切地知道政府供应各宗商服用地的实际成本，因为本书没有途径获得政府征收土地的成本、平整土地的费用以及各种配套设施的建设费用。其次，本书也不知道政府对一些投资商是否有奖励措施，如果有具体的奖励又是多少，因此不能知道每宗商服用地出让的实际价格。最后，由于土地的价格取决于区位和配套，因此本书难以通过名义的土地成交价款来推测土地的实际市场价格。虽然本书无法精确地衡量商服用地供应的实际成本、出让的实际价格，但根据本书从中国土地市场网所获得的数据，本书可比以往任何文献都更准确而全面地刻画全国地级市政府的商服用地出让行为。具体而言，从如下几个方面来刻画：

（1）商服用地出让总面积（sfmj）和总宗数（sfzs）。每一宗商服用地的出让代表了一个成功发展当地商业服务业的项目，本书有必要同时考虑商服用地出让的总面积和总宗数，因为不同的出让项目往往出让面积不同，同时选取这两个维度的变量有利于本书全面地考察地方政府出让商服用地的规模。

（2）商服用地协议出让面积占比（sfxymjr）和宗数占比（sfxyzsr）。商服用地协议出让面积（宗数）占比是商服用地协议出让面积（宗数）与商服用地出让总面积（宗数）之比。这一指标从相对的角度衡量商服用地出让情况，明确地刻画了当地政府试图通过廉价供应商服用地来招商引资，促进就业、促进消费从而拉动 GDP 增长的力度和质量。

（3）商服用地出让金总额（sfincome）。出让金总额直接衡量了政府通过商服用地的出让获得的土地收入，是一个绝对的量。

（4）商服用地出让金总额与预算内财政收入之比（sfincomer）。这是一个相对的量，衡量了地方政府通过出让商服用地获得的土地收入相对于当年的预算内财政收入的规模，这是一个相对的量。

刻画工业用地出让的指标有如下几个：

（1）工业用地出让总面积（gymj）和总宗数（gyzs）。每一宗工业用地的出让代表了一个成功的发展当地工业的项目，本书有必要同时考虑工业用地出让的总面积和总宗数，因为不同的出让项目往往出让面积不同，同时选取这两个维度的变量有利于本书全面地考察地方政府出让工业用地的规模。

（2）本书也控制了其他因素对商业用地出让的影响。包括扣除房地产投资的城镇固定资产投资（gyinvest）。这个指标反映了当地对工业的投资力度，当地工业的活力。第二产业（工业）占 GDP 比重（gygdpr）。这个指标衡量了城市第二产业（工业）的发展情况，在国民生产中的重要程度，城市第二产业的发展阶段。刻画住宅用地出让的相关指标：房地产投资（houseinvest）。这里用当地对房地产投资的额度作为当地发展住宅用地的代理变量[1]，衡量城市对住宅用地的投资情况。

（3）反映财政压力的指标。财政压力（czyl）=（预算内财政收入 – 预算内财政支出）/ 预算内财政收入。现有文献多用财政缺口与财政收入或支出的比重衡量财政压力。在本书中，因为通常本书认为商服用地的出让是弥补财政收入，因此分母选用财政收入，使口径一致。

（4）反映地区禀赋的指标。本书以城市道路面积占行政区域面积的比值（roadmjr）来刻画一个地区交通的密集程度、便利程度；以市辖区建成区面积（jcmj）反映城市总体建设规模和程度；以年末总人口数（pop）反映当地的人口规模；以在岗职工平均工资（wage）反映当地平均的收入水平。

---

[1] 之所以没有直接从中国土地市场网搜集有关住宅用地的数据，而是选择房地产投资作为住宅用地的代理变量，是因为中国土地市场网上关于住宅用地的数据存在一定程度的缺失。

另外，本来还应该将城市化率作为控制变量，但遗憾的是 2010 年及其之后《中国城市统计年鉴》不再公布非农业人口，故不得不放弃该控制变量，并且反映人口规模的指标选择城镇人口（= 总人口 – 非农业人口）也许会更好，但因为非农业人口数据缺失，只好改用年末总人口替代。用虚拟变量将全国分为东、中、西三部分。书中用到的所有指标变量的总结如表 3–2 所示。

表 3–2　相关变量

指标	变量	含义
商服用地出让指标	sfzs	商服用地出让总宗数
	sfmj	商服用地出让总面积
	sfxyzsr	商服用地协议出让宗数占比
	sfxymjr	商服用地协议出让面积占比
	sfincome	商服用地出让金总额
	sfincomer	商服用地出让金与预算内财政收入之比
其他类型土地出让指标	gyzs	工业用地出让总宗数
	gymj	工业用地出让总面积
	gyinvest	除房地产外城镇固定资产投资
	gygdpr	第二产业占 GDP 比重
	houseinvest	住宅用地投资
财政压力指标	czyl	财政压力 = 财政赤字 / 预算内财政收入
晋升竞争指标	age<55	年龄虚拟变量，小于 55 岁 =1，其余 =0
	tenure	市委书记的任期
	source	市委书记来自省和中央机关 =1，其余 =0
	gdpr	省内 gdp 占比
地区禀赋指标	roadmjr	道路交通面积 / 行政区域面积
	jcmj	市辖区建成面积
	pop	年末人口总数
	wage	在岗职工平均工资
区域划分指标	east	东部城市 =1，其余 =0
	middle	中部城市 =1，其余 =0
	west	西部城市 =1，其余 =0

三、描述统计

主要变量的描述性统计如表 3-3 所示。本书可以看到，商服用地协议出让宗数占比的平均值为 0.32，而协议出让面积占比为 0.14。由此可见，在商服用地的出让过程中，协议出让占据着不小的比例。这也有力地证明了，之前研究中使用混合数据的做法存在极其严重的缺陷，而且，将招拍挂出让土地作为商服变量的代理变量的做法是不可取的。

表 3-3 主要变量描述性统计

Variables	Name	Obs	Mean	SD	Min	Max
商服用地出让指标						
ln_totalzs	商服用地总宗数	1494	3.787	0.980	0.000	6.441
ln_totalmj	商服用地总面积	1494	3.981	1.324	−1.647	11.371
xyzsr	商服协议出让宗数占比	1494	0.320	0.260	0	1
xymjr	商服协议出让面积占比	1494	0.140	0.200	0	1
ln_totalprice	商服用地出让金	1493	10.419	1.815	3.128	14.886
totalpriceczsr	商服用地出让金 / 财政收入	1245	0.103	0.133	0.000	1.897
其他类型土地出让指标						
ln_itotalzs	工业用地总宗数	1223	4.096	1.140	0.000	6.821
ln_itotalmj	工业用地总面积	1223	5.480	1.223	−0.495	9.163
ln_itotalsr	工业用地出让金	1223	10.462	1.513	3.798	16.760
ln_invest	除房地产外城镇固定资产投资	1244	15.263	0.847	12.596	17.363
industry2gdp	第二产业占 GDP 比重	1244	50.832	10.467	15.930	85.080
ln_houseinvest	住房投资	1244	13.297	1.227	8.613	16.640
财政压力指标						
czyl	财政压力	1245	1.803	1.973	−0.204	17.399
晋升竞争指标						
source2	市委书记来自省或中央	1245	0.236	0.425	0	1
age_55	市委书记年龄小于 55 岁	1494	0.608	0.488	0	1
tenure	市委书记任期	1245	4.016	2.355	0	13
gdpr	市 GDP 省内占比	1245	0.079	0.067	0.008	0.401

续表

Variables	Name	Obs	Mean	SD	Min	Max
地区禀赋指标						
ln_jcmj	建成面积	1245	4.250	0.783	1.946	8.123
roadmjr	道路面积占比	1240	0.173	0.376	0.000	4.558
ln_pop	年末人口	1245	5.874	0.648	2.898	7.122
ln_wage	在岗平均工资	1238	10.196	0.297	9.161	12.678

本书也将商服用地出让的相关数据按照年份分别做了描述性统计（见表3-4及图3-1）。总体来看，2008年比较特殊：2008年商服用地出让的总面积和其他年份相比变化很大；其他年份数据则比较平滑，不存在较大变化。本书推测，2008年金融危机时期，政府进行了四万亿投资以拉动内需，其中很大一部分投资被用于房地产。政府希望通过商业和服务业的开发拉动国内消费、促进国内就业，从而缓解金融危机对我国经济的整体影响，因此导致了2008年大片的土地被出让以用作商服用地（赵文哲和杨继东，2015）。

表3-4　按年份商服用地出让数据描述性统计

年份	总宗数	总面积	协议宗数	协议面积	协议宗数占比（%）	协议面积占比（%）
2007	58.23	69.98	27.38	13.35	37.32	21.18
2008	54.71	435.18	23.63	19.91	33.24	18.03
2009	58.10	251.70	25.60	8.79	35.39	16.66
2010	75.11	125.10	29.34	11.93	30.94	10.83
2011	82.86	136.83	31.40	12.53	28.83	9.15
2012	77.70	153.56	24.97	10.33	25.42	7.93

此外，在图3-2、图3-3中，本书通过散点图对商服用地与工业用地的出让关系进行了初步的观察。可以看出，商服用地的出让宗数（面积）与工业用地的出让宗数（面积）大致成正比，商服用地出让的总收入及其在财政收入中的占比也与工业用地出让面积成正比。同时，商服用地协议出让比例则与工业用地出让总宗数（面积）成反比。这一观察初步印证了本书在理论分析中提出的假说，下文会对这一关系做更进一步的分析。

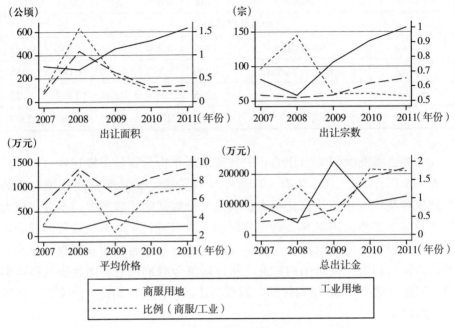

图 3-1　土地出让相关数据的走势（2007 ～ 2011 年）

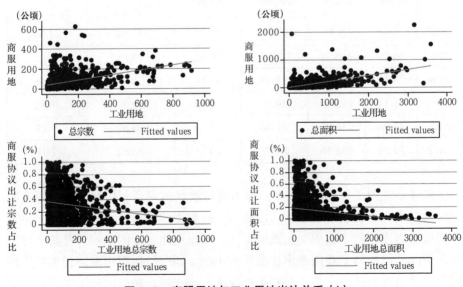

图 3-2　商服用地与工业用地出让关系（Ⅰ）

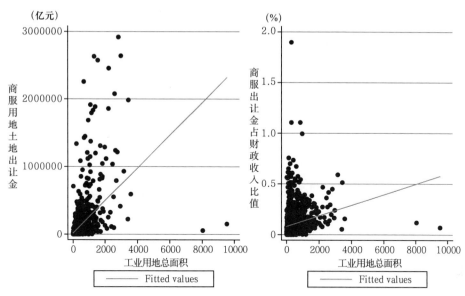

图 3-3　商服用地与工业用地出让关系（Ⅱ）

第五节　土地出让策略的基本结果

本书使用下面的估计方程考察工业用地对商服用地出让的影响：

$$Busiland_{it}=\alpha+\beta Induland_{it-1}+\lambda X+\varphi_{i}+\theta_{t}+\varepsilon_{it}$$

其中，i 代表地区，t 代表年份（$t-1$ 表示滞后一期）。Busiland 是被解释变量，表示商服用地出让的相关变量，具体包括 ln_sfzs、ln_sfmj、sfxyzsr、sfxymjr、ln_sfincome、sfincomer；关键的解释变量是 Induland，表示工业用地出让的相关变量，具体包括 ln_gyzs、ln_gymj、ln_gyinvest、gygdpr；X 是控制变量的集合，包含两类变量：其一是地方经济发展有关的变量，具体包括 ln_houseinvest、czyl、ln_jcmj、roadmjr、ln_pop、ln_wage；其二是与官员晋升有关的变量，具体包括 source、age<55、tenure、gdpr。此外，ε 为随机扰动项。经 hausman 检验，本书使用固定效应模型。

一、商服用地出让宗数与面积的回归结果

有关全国范围内商服用地出让宗数、协议宗数、面积、协议面积占比的回归结果如表 3-5 所示。下面本书对不同类别的变量，分别分析结果。工业用地出让宗数对商服用地出让宗数的回归系数为 0.160，且在 1% 的显著性水平下显著，即工业用地出让宗数每增加 1%，商服用地出让宗数会增加

16%；工业用地出让面积对商服用地出让面积的回归系数为 0.0916，在 5% 的显著性水平下显著，即工业用地出让面积每增加 1%，商服用地出让面积会增加 9.16%。工业用地出让面积对商服用地协议出让面积占比的回归系数为 −0.015，且在 5% 的显著性水平下显著，即工业用地出让面积每增加 1%，商服用地协议出让面积占比会减少 1.5%。

表 3–5　商服用地出让宗数、协议宗数、面积、协议面积占比回归结果

Variables	（1）ln_totalzs	（2）xyzsr	（3）ln_totalmj	（4）xymjr
ln_itotalzs	0.160***	−0.00367		
	（6.18）	（−0.46）		
ln_itotalmj			0.0916**	−0.0150**
			（2.53）	（−2.24）
ln_invest	0.232***	−0.00747	0.393***	−0.00672
	（3.03）	（−0.31）	（3.08）	（−0.28）
industry2gdp	−0.00229	−0.00127	0.00492	−0.000886
	（−0.35）	（−0.63）	（0.45）	（−0.44）
ln_houseinvest	−0.111**	−0.0508***	0.0236	−0.0223
	（−1.99）	（−2.92）	（0.25）	（−1.30）
czyl	0.0167	−0.00149	0.0156	−0.0123*
	（0.80）	（−0.23）	（0.45）	（−1.94）
source2	−0.0724	−0.0562***	−0.180*	−0.0104
	（−1.17）	（−2.93）	（−1.75）	（−0.55）
age_55	0.0436	0.00988	0.0771	0.0189
	（0.96）	（0.70）	（1.02）	（1.36）
tenure	0.00320	−0.00129	−0.0232	0.00589
	（0.13）	（−0.16）	（−0.55）	（0.76）
tenure2	−0.00121	−0.0000622	0.000807	−0.000740
	（−0.44）	（−0.07）	（0.18）	（−0.88）
gdpr	−2.450	0.221	0.278	0.296
	（−0.75）	（0.22）	（0.05）	（0.30）

续表

Variables	（1） ln_totalzs	（2） xyzsr	（3） ln_totalmj	（4） xymjr
ln_jcmj	−0.0228	0.00211	−0.0643	0.0390
	（−0.28）	（0.08）	（−0.47）	（1.53）
roadmjr	1.825***	−0.203	1.594**	0.0427
	（4.01）	（−1.43）	（2.10）	（0.30）
ln_pop	0.0617	−0.499***	1.070	−0.0864
	（0.11）	（−2.95）	（1.18）	（−0.51）
ln_wage	5.955***	0.132	10.31***	−0.844
	（2.88）	（0.21）	（3.00）	（−1.33）
ln_wage2	−0.267***	−0.00654	−0.455***	0.0354
	（−2.78）	（−0.22）	（−2.83）	（1.19）
Constant	−32.06***	3.468	−67.10***	5.882*
	（−2.97）	（1.03）	（−3.73）	（1.77）
Observations	1210	1210	1210	1210
R^2	0.230	0.088	0.260	0.100
Number of id	249	249	249	249

注：*、** 和 *** 分别代表在 10%，5% 和 1% 的水平上显著，小括号内为 t 值。

　　除房地产外的城镇固定投资代表了当地对工业的投资，当地的工业环境，本书发现其与商服用地出让总宗数的回归系数为 0.232，与商服用地出让总面积的回归系数为 0.393，并且都在 1% 的显著性水平下显著，即对工业的投资每增加 1%，当地政府对商服用地出让的宗数会增加 23.2%，对商服用地出让的面积会增加 39.3%。第二产业占 GDP 的比重对商服用地的各个变量均不太显著。住宅用地对商服用地出让宗数、协议宗数回归系数为负，且分别在 5%、1% 的显著性水平下显著。财政压力对商服用地协议出让面积占比的回归系数为负，在 10% 的显著性水平下显著。

　　这些都说明，工业用地出让的增加会促进商服用地出让的增加，内部的机制是工业用地的出让，主要目的是招商引资、发展经济、显示政绩，从而获得晋升机会，所以经常以协议方式出让，价格低廉，即使是招拍挂出让也远远比不上其余土地的出让金，甚至很多时候不仅低价出让，政府还给予投资商各种优惠条件，这一切都使得出让工业用地带来的是巨额的财政收入损失。在财政体制改革后的背景下，财政压力很大的政府如何弥补上述财政损失，很可能的途径是高价出让商服用地或者住宅用地，从而保持财政收入。

住宅用地的出让会减少商服用地的出让宗数和协议宗数占比，这是因为弥补工业用地出让财政损失的另一个途径是出让住宅用地，即财政损失是由商服用地和住宅用地的出让共同弥补的，当财政损失一定时，一个出让增多，另一个势必无须过多出让，所以两者呈现负相关的关系。所以，住宅用地出让越多，商服用地出让宗数越少。

如表 3-5 所示，上一年工业用地出让越多，城市发展工业的投资力度越大，政府通过上一年的情况对下一年做预算估计时，为了配合工业用地的出让，会配备出让更多的商服用地；如果上一年住房用地出让很多，则政府通过此对下一年做预算时，会减少商服用地的出让。

财政压力对商服用地协议出让面积的负向作用，说明在政府面临财政压力时，为了获取财政收入，会减少协议出让的商服用地，因为协议价格低廉，无法带来更多的财政收入。

二、商服用地出让金额占财政收入比值

为了进一步证实本书上述分析的正确性，本书再对商服用地出让金及其占预算内财政收入比值也进行了回归，如表 3-6 所示。

表 3-6　商服用地出让金、土地出让金占财政收入比值回归结果

Variables	（1） ln_totalprice	（2） ln_totalprice	（3） totalpriceczsr	（4） totalpriceczsr
ln_itotalzs	0.168*** （3.91）		0.0121** （2.14）	
ln_itotalmj		0.144*** （3.98）		0.0096** （2.00）
ln_invest	0.677*** （5.33）	0.657*** （5.16）	0.0272 （1.23）	0.0257 （1.16）
industry2gdp	0.00847 （0.78）	0.00683 （0.63）	0.00232 （1.44）	0.00216 （1.34）
ln_houseinvest	0.176* （1.89）	0.183** （1.96）	−0.00628 （−0.41）	−0.00561 （−0.37）

续表

Variables	（1） ln_totalprice	（2） ln_totalprice	（3） totalpriceczsr	（4） totalpriceczsr
czyl	0.00539	0.00241	−0.00383	−0.00407
	（0.16）	（0.07）	（−0.82）	（−0.87）
source2	−0.0128	−0.0236	−0.0139	−0.0148
	（−0.13）	（−0.23）	（−0.97）	（−1.04）
age_55	0.0435	0.0467	0.0133	0.0138
	（0.58）	（0.62）	（1.22）	（1.27）
tenure	−0.0543	−0.0546	0.00141	0.00134
	（−1.29）	（−1.30）	（0.23）	（0.22）
tenure2	0.00547	0.00545	−0.000366	−0.000364
	（1.21）	（1.21）	（−0.54）	（−0.54）
gdpr	−2.226	−2.626	−0.883	−0.924
	（−0.41）	（−0.49）	（−1.13）	（−1.19）
ln_jcmj	−0.0153	−0.0152	0.00696	0.00682
	（−0.11）	（−0.11）	（0.25）	（0.24）
roadmjr	3.471***	3.572***	0.360***	0.365***
	（4.59）	（4.72）	（2.68）	（2.72）
ln_pop	1.741*	1.821**	−0.140	−0.158
	（1.92）	（2.01）	（−0.60）	（−0.68）
ln_wage	14.68***	14.68***	−0.954	−1.043
	（4.27）	（4.28）	（−0.92）	（−1.01）
ln_wage2	−0.639***	−0.638***	0.0526	0.0572
	（−3.99）	（−3.98）	（1.03）	（1.12）
Constant	−96.92***	−97.28***	4.680	5.233
	（−5.40）	（−5.43）	（0.86）	（0.97）
Observations	1210	1210	972	972
R^2	0.534	0.534	0.141	0.141
Number of id	249	249	249	249

注：*、** 和 *** 分别代表在 10%，5% 和 1% 的水平上显著，小括号内为 t 值。

本书发现，工业用地出让宗数、面积对商服用地出让金及出让金占比回归系数分别为 0.168、0.144，均在 1% 的显著性水平下显著。这直接说明上一年工业用地出让越多，下一年商服用地出让的收入金越多。工业用地出让宗数、面积对商服用地出让金占财政收入比值的回归系数分别为 0.0121、0.0096，在 5% 的显著性水平下显著，这进一步说明，工业用地出让越多，商服用地出让带来的收入弥补得财政收入越多。以上从收入的角度，直接印证了本书的阐述，即商服用地的出让是弥补出让工业用地带来的财政损失。晋升变量在这里不是非常显著，其余地区禀赋变量的结果与前面基本一致。

三、不同出让方式的土地价格差异对出让行为的影响

一个值得探究的问题是，不同出让方式的土地价格的差异是否影响了上文检验的土地出让行为（见图 3-4）。如果协议出让价格与招拍挂出让价格相差越大，地方政府在出让工业用地时的"潜在财政损失"越大，更大的潜在损失是否会刺激地方政府出让更多的商业用地呢？为了检验这一猜想，本书引入了两个新的变量，并构造了其与 induland 的交互项加入回归方程中：ln_xyjjr 表示商服用地出让价格比（招拍挂出让价格 / 协议出让价格），ln_ixyjjr 表示工业用地出让价格比（招拍挂出让价格 / 协议出让价格）。

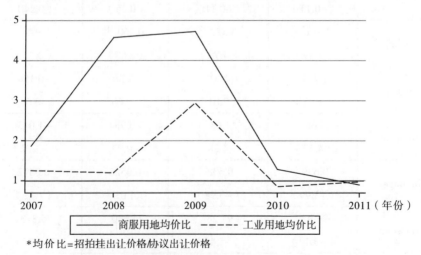

*均价比 = 招拍挂出让价格 / 协议出让价格

图 3-4 不同出让方式土地均价比（2007~2011 年）

表 3-7 和表 3-8 的回归结果显示：当对商服用地协议宗数进行回归时，lnixyjjr 的交互项系数显著；当对商服用地协议面积、协议面积占比进行回归时，lnxyjjr 的交互项系数显著。这些结果表明，当协议出让价格与招拍挂

出让价格相差越大时，地方政府出让的工业用地增加时，其增加商服用地出让数量的动机越明显。这也验证了本书的猜想，即工业用地的协议出让价格与招拍挂出让价格相差越大，地方政府在出让工业用地时的潜在财政损失越大，地方政府更有动力通过出让更多的商服用地来弥补这种潜在损失。

表 3-7　添加商服协议均价比交互项的回归结果（I）

Variables	（1） ln_totalzs	（2） ln_totalzs	（3） xyzsr	（4） xyzsr
ln_itotalzs	0.271*** （9.22）	0.176*** （−5.47）	−0.0270*** （−2.86）	−0.00696 （−0.65）
lnxyjjr × lnitotalzs	−0.00133 （−0.30）	0.00103 （−0.24）	−0.000861 （−0.61）	−0.00178 （−1.26）
lnixyjjr × lnitotalzs	0.0218*** （3.45）	0.0236*** （−3.86）	0.00130 （0.64）	0.00195 （0.96）
ln_invest	NO	YES	NO	YES
industry2gdp	NO	YES	NO	YES
ln_houseinvest	NO	YES	NO	YES
czyl	NO	YES	NO	YES
source2	NO	YES	NO	YES
age_55	NO	YES	NO	YES
tenure	NO	YES	NO	YES
tenure2	NO	YES	NO	YES
gdpr	NO	YES	NO	YES
ln_jcmj	NO	YES	NO	YES
roadmjr	NO	YES	NO	YES
ln_pop	NO	YES	NO	YES
ln_wage	NO	YES	NO	YES
ln_wage2	NO	YES	NO	YES
Constant	NO	YES	NO	YES
Observation	788	780	788	780
R^2	0.146	0.246	0.016	0.080

注：*、** 和 *** 分别代表在 10%，5% 和 1% 的水平上显著，小括号内为 t 值。YES 表示回归中添加了该控制变量，NO 则表示未添加。

表 3-8　添加商服协议均价比交互项的回归结果（Ⅱ）

Variables	（1） ln_totalmj	（2） ln_totalmj	（3） xymjr	（4） xymjr
ln_itotalmj	0.380*** （8.59）	0.179*** （3.86）	−0.0378*** （−4.39）	−0.0105 （−1.13）
lnxyjjr × lnitotalmj	0.0108* （1.88）	0.0165*** （3.04）	−0.00773*** （−6.92）	−0.00879*** （−8.10）
lnixyjjr × lnitotalmj	0.0113 （1.37）	0.00769 （1.00）	0.000870 （0.54）	0.00144 （0.93）
ln_invest	NO	YES	NO	YES
industry2gdp	NO	YES	NO	YES
ln_houseinvest	NO	YES	NO	YES
czyl	NO	YES	NO	YES
source2	NO	YES	NO	YES
age_55	NO	YES	NO	YES
tenure	NO	YES	NO	YES
tenure2	NO	YES	NO	YES
gdpr	NO	YES	NO	YES
ln_jcmj	NO	YES	NO	YES
roadmjr	NO	YES	NO	YES
ln_pop	NO	YES	NO	YES
ln_wage	NO	YES	NO	YES
ln_wage2	NO	YES	NO	YES
Constant	NO	YES	NO	YES
Observation	788	780	788	780
R^2	0.121	0.266	0.104	0.207

注：*、** 和 *** 分别代表在 10%，5% 和 1% 的水平上显著，小括号内为 t 值。YES 表示回归中添加了该控制变量，NO 则表示未添加。

四、全国分地区商服用地出让行为结果分析

将全国按照地理及经济因素分为东部地区、中部地区、西部地区后，本书选取了商服用地出让宗数、协议出让宗数占比及商服用地土地出让金做相

同的回归。

笔者研究发现，在东部、中部、西部三个地区工业用地出让宗数对商服用地出让宗数都具有显著的影响，回归系数依次为 0.138、0.125、0.227，并且均在 1% 的显著性水平下显著，与全国范围结果一致。对于商服用地出让金，本书发现，在东部地区结果显著，工业用地出让宗数、面积对商服用地出让金回归系数分别为 0.224、0.163，且均在 1% 显著性水平下显著，与全国范围一致。相比之下，中部、西部地区不太显著。其余变量结果与全国范围基本一致，但是有微小差异，可能是与地区特征有关。

此外，本书还将全国分为南方和北方两个区域，对这一土地出让关系进行了考察（见表 3-9）。结果显示，这一土地出让关系在南方表现得十分明显，而在北方则表现得相对不太明显。本书又将全国分为八个地区，对这一关系做进一步检验。结果显示，本书所考察的这一土地出让关系主要显著地表现在华东地区和华南地区，在其他地区这一关系表现得并不明显。这一土地出让关系集中显著地出现在华东地区和华南地区，可能与地区经济社会发展特点有关，具体的原因有待进一步的研究加以解释。

表 3-9　商服用地出让全国分地区回归结果

		南方	北方	华北	东北	华东	华南	西南	西北
（1）	totalzs	YES	YES			YES			YES
（2）	xyzsr								
（3）	totalmj	YES					YES		
（4）	xymjr				YES		YES		
（5）	totalprice	YES				YES	YES		
（6）	totalprice	YES				YES	YES		
（7）	totalpriceczsr								
（8）	totalpriceczsr	YES							

注：该表对表 3-5、表 3-6 中进行过的 8 个回归分析分地区重新进行了检验。（1）~（8）代表以该变量为被解释变量的相应回归。YES 代表所关注的相应解释变量 induland 的回归系数至少在 10% 的水平上显著。

第六节　结论

在财政分权和二元土地所有制结构下，地方政府在激烈的辖区竞争中低价出让工业用地招商引资，积累工业资本促进经济增长并扩大动态税基，同时提高商服用地出让价格对冲工业用地低地价的损失。本书按照地方政府"以地生财"和"以地引资"假说构建了用地指标和财政缺口双重约束下地方政府最优土地出让决策模型，内生了地方政府工业用地和商业用地之间的"横向补贴"。基于代表性地方政府的土地均衡分析，本书提出地方政府出让的工业用地越多，越会相应地增加商服用地的出让。本书还用实证模型对本书的假说进行了检验，实证结果表明，无论被解释变量是商服用地出让宗数、面积，还是出让金及其占财政收入的比重，工业用地出让越多，相应的商服用地出让宗数、面积或出让金越多。

本书的研究具有以下政策含义：一是在现有制度环境下，必须细分土地类型研究地方政府的土地出让行为；二是地方政府土地出让的理性选择与对中国工业化和城镇化关系形成内在冲突，要通过产业升级和新型城镇化克服"土地焦虑"；三是若不调整央地财权和事权，土地资源扭曲配置现象得不到根本解决。

参考文献

［1］卢洪友，袁光平，陈思霞，卢盛峰．土地财政根源："竞争冲动"还是"无奈之举"？——来自中国地市的经验证据［J］．经济社会体制比较，2011（1）．

［2］吴群，李永乐．财政分权、地方政府竞争与土地财政［J］．财贸经济，2010（1）．

［3］周飞舟，2010，大兴土木：土地财政与地方政府行为［J］．经济社会体制比较，2010（1）．

［4］孙秀林，周飞舟．土地财政与分税制：一个实证解释［J］．中国社会科学，2013（14）．

［5］张军．分权与增长：中国的故事［J］．经济学（季刊），2008（1）．

［6］张莉，王贤彬，徐现祥．财政激励、晋升激励与地方官员的土地出让行为［J］．中国工业经济，2011（1）．

［7］曹广忠，袁飞，陶然．土地财政、产业结构演变与税收超常规增长——中国"税收增长之谜"的一个分析视角［J］．中国工业经济，2007（1）．

［8］李猛，沈坤荣．地方政府行为对中国经济波动的影响［J］．经济研究，2010（1）．

［9］杨其静．分权、增长与不公平［J］．世界经济，2010（1）．

［10］罗必良．分税制、财政压力与政府"土地财政"偏好［J］．学术研究，

2010（1）.

［11］范剑勇，莫家伟. 地方债务、土地市场与地区工业增长［J］. 经济研究，2014（1）.

［12］陶然，陆曦，苏福兵，汪晖. 地区竞争格局演变下的中国转轨：财政激励和发展模式反思［J］. 经济研究，2009（7）.

［13］Qian, Yingyi and Weingast, Barry R. Federalism as a Commitment to Market Incentives［J］. Journal of Economic Perspectives, 1997（11）: 83–92.

［14］Weingast, Barry R. The Economic Role of Political Institution: Market-Preserving Federalism and Economic Growth［J］. Journal of Law, Economics, and Organization, 1995（11）: 1–31.

第四章 企业所有制与土地出让

第一节 引言

改革开放以来,土地出让在中国经济迅猛增长的过程中始终扮演着重要角色,其中,工业用地出让对中国制造业的发展起到了举足轻重的作用。在工业用地出让的过程中,一个重要特征就是大量土地是通过协议方式出让的,这一出让方式因其非公开性而饱受诟病。在 1990 年单一行政划拨供地制度结束后 [1],地方政府低价出让或免费出让土地现象突出,其中,协议出让的工业用地量极大,甚至占全部工业用地出让的 90% 以上 [2](孔凡文,1993)。在 1994 年分税制改革后,这一现象更是愈演愈烈,虽经中央三令五申 [3],要求土地出让透明化、市场化,但地方政府低价供地行为仍屡禁不止。2002 年 5 月 9 日,国土资源部 11 号令发布《招标拍卖挂牌出让国有土地使用权规定》,对招标拍卖挂牌出让的国有土地使用权范围、程序以及法律责任等作了明确规范,要求自 2002 年 7 月 1 日起,经营性用地一律实行招标拍卖挂牌出让。但在实际执行过程中,土地出让廉价竞争仍然比较普遍,协议出让仍大量存在,2007 年这一比例高达 72%。为了抑制这一现象,2007 年,国务院发布《国务院关于加强土地调控有关问题的通知》和《全国工业用地出让最低价标准》,协议出让的宗数占全部工业用地出让的比例才逐年降低,2008 年,该比值骤降为 21%,2009 年为 16.5%。从工业用地市场化改革的历史进程看,尽管中央一再控制,协议出让依然屡禁不止。

---

[1] 1990 年发布实施的《中华人民共和国城镇国有土地使用权出让和转让暂行条例》第八条规定:土地使用权出让是指国家以土地所有者身份将土地使用权在一定年限内让与土地使用者,并由土地使用者向国家支付土地使用权出让金的行为。

[2] 以当时改革开放的前沿阵地广东省为例(冯广京,1994),1992 年广东省出让土地使用权 9907 公顷,但其中通过招标、拍卖方式出让土地使用权的面积仅有 16.4 公顷,仅占全省出让土地使用权面积的 0.17%。

[3] 财政部、国土资源部、中国人民银行《关于调整新增建设用地土地有偿使用费政策等问题的通知》(2006);关于发布实施《全国工业用地出让最低价标准》的通知(2006);国土资源部《查处土地违法行为立案标准》(2008)。

现有文献关于地方政府偏好协议出让的动机主要有两种解释。

一是土地财政的视角，这一视角将土地出让视为地方政府获得更多税费收入的手段。地方政府除了可以通过土地出让获得土地出让金外，土地之上附着的其他税费收入也能给地方政府带来收入，例如，土地增值税、城镇土地使用税、耕地占用税、契税以及房产税和营业税等。大量土地财政的研究都是从以上几个方面分析地方政府土地出让的动机（吴群和李永乐，2010；卢洪友等，2011；周飞舟，2006，2007，2010；贾康和刘薇，2012；孙秀林和周飞舟，2013；Deng 等，2012；Han 和 Kung，2015）。例如，Deng 等（2012）发现，当年和过去财政支出与收入之比的增加会刺激地方政府增加土地出让面积。上述研究一般认为，地方政府为了获得更高的土地出让金，会尽可能提高土地出让价格，并获得更多的土地出让金。同时，由于商业用地和住宅用地的土地出让价格更高，导致地方政府过度重视房地产行业的发展，造成投资结构扭曲。Han 和 Kung（2015）运用 SIV（Simulated Instrumental Variable）方法考察了财政收入与用于商业和住宅用途的土地出让面积和出让收入的关系，发现当地方政府留存的财政收入每下降 1% 时，该地方政府用于商业和住宅用途的土地出让的面积会升高 2.7%~3.5%，而出让收入升高 5%~5.8%。Wu 等（2015）通过对 35 个大中城市的实证分析发现，地方政府财政缺口推动了土地财政，进而造成住房价格上升。Liu 和 Alm（2016）利用"省直管县"的自然实验分析了当外部冲击导致地方政府财政赤字增加时，地方政府会通过更多的土地出让来补充财政缺口。范子英（2015）利用 1998~2007 年部长更换的自然实验对土地财政假说进行验证。研究发现，新任部长会显著降低其来源地城市的财政压力，但对这些地区的土地出让行为没有产生影响。这意味着财政压力并不是地方政府土地出让的动因，而土地出让更多地源于投资冲动。

二是引资竞争的视角，该视角与经济增长联系得更为密切，认为地方政府出让土地是为了促进招商引资，而招商引资能够推动经济增长。从这个角度来说，土地出让与税收优惠政策和公共投资一样是地方政府实施产业政策、吸引外来资本的重要手段，因此，这一视角也被称为"土地引资"假说（陶然等，2007；吴群和李永乐，2010；梁若冰和韩博文，2011）。为了吸引更多的资本流入，地方政府倾向于以协议方式出让土地。关于"以地引资"假说存在两种解释：一种是基于财政分权的视角。例如，陶然等（2009）认为，1994 年"分税制"后地方政府为了吸引外来私营企业的投资而进行的"竞次"式地区竞争导致土地以更低的价格出让，即协议方式出让。由于在分税制改革后地方政府财政压力骤然增加，通过工业用地协议出让方式可以降低投资门槛和土地价格，从而增加地方政府未来的财政收入（陶然等，2007；曹广忠等，2007）。另一种是新政治经济学的视角（张莉等，2011；杨其静和彭艳琼，2015）。张莉等（2011）证明，在地方以 GDP 考核的晋升激励下，地方政府会将土地作为引资的手段。杨其静和彭艳琼（2015）利用空间计量经济的方法发现工业用地的出让更多是源于官员之间的晋升竞争，这导致工业用地更多的通过协议方式出让以此吸引资本。

无论是基于土地财政还是土地引资的视角，上述研究都是从宏观方面进行分析的，利用城市层面的数据，从政府供给的角度研究地方政府出让土地的动机。本书的主要贡献有以下两点：一是基于微观土地出让数据，研究地方政府以协议方式出让土地的动机；二是本书考虑了土地使用权人的特征对土地出让方式的影响，即从需求角度来进行分析。本书认为，在工业用地出让时，除了土地出让，拿地企业的性质同样关系地方政府的利益，地方政府更偏好将土地协议出让给国有企业，具体有以下三点原因：

第一，国有企业为地方政府提供了充足的税源。Hsieh 和 Song（2015）通过经验研究发现，在国企改革中，大量小国企消失，而大国企则做大做强。在 2003 年国企的私有化浪潮初步结束后，剩下的国企对于地方经济的发展具有举足轻重的作用，地方政府愿意将土地协议出让给国有企业。赵文哲和杨继东（2015）发现，在地级市层面上，国有工业企业的销售产值、增值税、所得税都高于私营工业企业，国有工业企业增值税和所得税之和占 GDP 的比重稳定在 2% 以上。因而，地方政府有动力将工业用地以较低的价格出让给国有企业，以鼓励这些企业投资，增加未来税收收入。但是，不同于赵文哲和杨继东（2015）的研究，本书既考虑了以地引资的角度，也考虑了土地财政的角度。前者意味着协议用地出让是为了促进固定资本投资，并刺激经济增长；后者意味着地方政府土地协议出让是为了获得更多的税收收入，因此，地方政府倾向于将土地出让给那些缴税额多的国有企业。

第二，国有企业对于经济社会的稳定作用。詹新宇和方福前（2012）认为，国有企业兼有"经济人"和"政治人"的属性，对维持社会与经济的稳定起到关键作用。2008 年金融危机时，国有经济负有"保就业、保增长"的政治重任，既不能裁员，也不能减产。为了更好发挥国有企业稳定经济的作用，在工业用地的协议出让上地方政府更偏好国有企业。杨继东和杨其静（2016）发现，金融危机期间，国有企业占比越高的城市，土地出让宗数和面积越多。地方政府对国有企业的偏好反映了其特殊的稳定经济作用。但是，杨继东和杨其静（2016）的研究并没有从微观角度进行分析，本书运用微观土地出让数据来分析地方政府的土地出让行为。

第三，国有企业与当地政府的政治关联。国有企业管理权存在条块分割，各级政府、主管部门都具有行政管理权。国企的一把手往往由当地的国资委任命，也可能直接来自当地政府部门。由于其特殊的政治身份，国企管理者与当地政府和官员交往更为频繁，当地方政府遇到财政困境或者需要实施产业政策时，国有企业有义务帮助地方政府完成既定的目标；另外，国有企业一把手从企业退出后仍有可能进入政府任职，在国有企业任职可能是其提高资历的手段。因此，为了获得晋升，国有企业领导也可能尽量与当地政府进行配合实现既定的政策目标。由于国有企业与当地政府政治关联的存在，国企更容易通过协议方式拿地。

综上所述，本书认为，地方政府在协议出让工业用地时是极富策略性的，不会对所有的土地竞买人一视同仁，而会选择那些有利于财政收入增加、地方经济发展的企业予以协议出让。本书将2007~2009年全国规模以上工业企业数据和土地出让数据加以匹配，获得了规模以上工业企业购买土地的微观证据，从而能够细致地研究协议出让与经济增长间的关系，探究地方政府在协议出让时对不同类型企业的偏好。本书发现：① 地方政府在协议出让工业用地时对于企业的性质有着不同的偏好，相比与非国有企业，国有企业通过协议出让方式获得土地的概率会提高7%，在控制企业特征和地块特征后，国有企业协议拿地的概率仍然比非国有企业高4%；② 地方政府更愿意将土地协议出让规模大、效益高、缴税多的国企；③ 由于协议出让时地方政府对于企业性质的偏好，国企协议拿地会在短期内有助于地方经济的发展，但长期来看，这一效果并不显著。

第二节　企业视角下的土地出让数据和识别策略

一、数据来源和描述性统计

本书数据有以下三个来源：第一，土地市场网工业用地出让信息，本书从土地市场网收集了2007~2009年中国全部土地交易土地出让结果公告数据，出让结果公告中包含该地块所在具体地址、出让面积、出让方式，交易总价，用地类型，用地来源，使用年限和竞买人等重要信息（参见 http://www.landchina.com/）；第二，2007~2009年中国工业企业数据库，这个数据被很多研究者使用，能够识别企业的所有制类型和企业绩效、规模和负债率等企业特征数据；第三，城市特征数据，包括城市 GDP 增速，财政赤字等指标，数据来自中经网数据库。

本书将工业土地出让与工业企业数据库数据按照年份、所在地级市和法人名称进行匹配，获得了每家拿地企业的信息。相比之前考察工业用地出让方式和企业性质间关系的文献，Meng 等（2008）获得了土地使用权人的信息，但仅仅讨论了北京市顺义区的情况。赵文哲和杨继东（2015）发现了企业性质和出让方式的关系，但使用的是市级层面数据，无法进一步考察企业经营绩效对出让方式的影响。本书关注全部规模以上工业企业拿地信息数据，讨论企业所有制和土地出让方式之间的关系。

数据匹配结果显示：2007~2009 年，工业用地中制造业共交易地块 44881 宗，与工业企业数据匹配后，能够识别 9474 宗交易中买地的工业企业（由于变量缺漏值问题，后文实际进入回归的样本量略小于该数值），占比为 21.11%。从出让宗数看：在匹配的样本中国有企业拿地 998 宗，占总交易土地数的 10.5%。其中，通过协议出让方式拿地的数目为 499 宗，占国有企业总拿地数的 50%；而非国有企业共拿地 8476 宗，其中通过协议出让方式拿地的比例为 32%（见表 4-1）。从出让的土地面积上看，国有企业拿地 6448 公顷，占总交易土地面积的 18.5%，通过协议出让方式拿地的面积为 2566 公顷，占国企总拿地面积的 40%；而非国有企业拿地 28496 公顷，其中通过协议出让方式拿地的比例为 31%。由于 2007 年后国家对于协议出让监管加强，地方政府选择协议出让时更为谨慎，非国有企业想要通过协议出让方式拿地的难度大幅增加，因而在 2008 年和 2009 年，国有企业拿地 650 宗，协议方式有 248 宗，占比为 38.2%；非国有企业拿地 5926 宗，协议方式 845 宗，占比为 14.3%。综上可见：第一，相比于非国有企业，国有企业以协议出让方式拿地的比例更高；第二，在 2007 年加强土地出让方式监管后，国有企业协议拿地受到的监管约束依然很小，而非国有企业协议拿地受到严格控制。

表 4-1　不同所有制企业协议拿地宗数和面积

宗数（宗）	协议出让	招拍挂	合计
国有企业	499	499	998
非国有企业	2713	5763	8476
合计	3212	6262	9474
面积（公顷）			
国有企业	2566	3882	6448
非国有企业	8907	19589	28496
合计	11473	23471	34944

资料来源：土地市场网与工业企业数据库，笔者整理。

接下来，本书从均值的角度考察协议方式拿地的企业与招拍挂方式拿地企业的不同特征。具体方法上，如果一个企业一年内多次拿地，若至少一次是协议拿地，则归为协议拿地组。本书主要考察企业规模、资产负债率、利润率、用工人数、劳动生产率、隶属级别 [1]、上缴税额 7 个指标，为避免极端值的影响，将每个指标前后 5% 的所有样本以前后 5% 处的值替代。

从 2007~2009 年各指标均值检验的结果来看（见表 4-2），协议拿地企业与招拍挂拿地企业的企业规模、利润率并无明显差异，招拍挂拿地企业的上缴税额更多；但若考虑企业的所有制，发现协议拿地的国有企业，其企业规模、上缴税额要显著高于招拍挂拿地的国有企业，并远高于招拍挂拿地企业的均值，且协议拿地的国有企业更可能隶属于中央、省级层面。这意味着地方政府将土地协议出让给国有企业时是极富策略性的，地方政府更偏爱级别高、规模大、缴税多、效率高的国有企业，对这类企业给予土地优惠。

表 4-2　2007~2009 年以不同方式拿地的企业指标对比

2007~2009 年	招拍挂拿地企业	协议拿地企业	t-test（p 值）	招拍挂拿地国有企业	协议拿地国有企业	t-test（p 值）
企业规模	165217	154622	0.13	167991	427731	0.00
资产负债率	0.54	0.55	0.02	0.59	0.63	0.00
利润率	0.10	0.10	0.11	0.08	0.06	0.01
用工人数	308.33	356.14	0.00	331.03	356.14	0.00
劳动生产率	40.84	31.56	0.00	30.41	39.89	0.06
隶属级别	0.03	0.04	0.00	0.20	0.32	0.00
上缴税额	7463	6438	0.00	7054	16683	0.00

注：变量定义及单位与前文相同，均值检验为非同方差、非匹配样本，均值检验原假设为两组数据均值相同，t-test（p 值）为其之前两列均值检验的 p 值。

从全部规模以上工业企业的拿地情况看，地方政府同样偏好规模大、缴税多、效率高的企业，只有这样的企业才有机会拿到土地。2007~2009 年规模以上拿地企业与非拿地企业的各项指标的均值对比如表 4-3 所示。总体而言，拿地企业比非拿地企业的规模更大、业绩更好、上缴税额更多；并且对于国有企业而言，拿地企业在隶属关系上更多的是归属于中央或省一级。

---

① 若该国企隶属于中央或省一级，则隶属级别赋值为 1；反之，赋值为 0。

表 4-3　2007~2009 年规模以上拿地企业与非拿地企业对比

2007 ～ 2009 年	拿地企业	非拿地企业	t-test（p 值）	获得土地的国企	未获得土地的国企	t-test（p 值）
企业规模	161732	63061	0.00	505227	166492	0.00
资产负债率	0.54	0.54	0.50	0.61	0.59	0.00
利润率	0.10	0.12	0.00	0.07	0.08	0.00
用工人数	324.05	181.29	0.00	806.04	329.14	0.00
劳动生产率	37.79	29.24	0.00	52.34	30.30	0.00
隶属级别	0.03	0.03	0.00	0.30	0.20	0.00
上缴税额	7126.58	3181.661	0.00	20085.21	6995.69	0.00

注：变量定义及单位与前文相同，均值检验为非同方差、非匹配样本，均值检验原假设为两组数据均值相同，t-test（p 值）为其之前两列均值检验的 p 值。

二、识别策略

为了从土地竞买企业所有制性质的角度研究土地出让方式的影响因素，本书建立如下计量模型：

$$neg_i = c_i + \beta soe_i + \sum_{j=1}^{4} \gamma_j firm_{ij} + \sum_{k=1}^{4} \lambda_k land_{ij} + city_c + ind_h + year_t + u_i \qquad （4-1）$$

模型（4-1）的被解释变量 neg 代表土地出让方式，即企业是否通过协议出让方式获得土地，$neg=1$ 为协议出让；$neg=0$ 表明其他方式出让，本书中具体是指以招拍挂方式出让。下标 i 代表每笔出让的土地。模型（4-1）的核心解释变量为企业的所有制 soe，$soe=1$ 代表拿地企业是国有企业，$soe=0$ 表示非国有企业。如果国有企业协议拿地的概率更高，该系数的值为正；控制变量主要分为拿地企业特征和地块特征两类，企业特征对应企业的规模（用企业总资产来衡量）、资产利润率、资产负债率和劳动生产率（利润除以劳动人数）。出让地块特征包括出让土地的级别、面积、来源 [分为来自现有建设用地、新增建设用地、新增建设用地（库存量）三类] 以及出让土地是否位于市本级。此外，本书还控制了时间固定效应 $year$，行业固定效应 ind 以及城市固定效应 $city$。在回归分析中，本书去除了土地级别不清，拿地企业特征数据缺失的少量样本。主要变量描述性统计如表 4-4 所示，其中，是否协议出让、企业所有制、土地来源 [现有建设用地、新增建设用地、新增建设用地（库存量）] 为 0、1 变量。

表4-4　主要变量的描述性统计

变量定义	观察值	平均值	标准差	最小值	最大值
是否协议出让	9474	0.34	0.47	0.00	1.00
企业所有制	9474	0.11	0.31	0.00	1.00
新增建设用地	9474	0.62	0.48	0.00	1.00
新增建设用地（库存量）	9474	0.13	0.34	0.00	1.00
现有建设用地	9474	0.24	0.43	0.00	1.00
资产利润率	9437	0.11	0.19	−1.24	2.49
资产负债率	9437	0.54	0.30	−1.26	13.36
市本级拿地	9474	0.22	0.41	0.00	1.00
财政压力	9320	0.89	1.16	−0.20	17.02
ln 土地单价（万元/公顷）	9474	5.07	0.78	−0.55	8.27
ln 资产总计（千元）	9437	10.98	1.87	5.02	19.12
ln 土地面积（公顷）	9474	0.66	1.17	−2.99	3.56
ln 用工人数（人）	9440	5.20	1.45	1.94	11.66
ln 上缴税额（千元）	9058	7.63	2.22	0.00	17.12
ln 人均 GDP（元）	9318	10.31	0.60	8.62	11.54
经济增速	9320	0.13	0.06	−0.86	0.25
工业占比	9320	0.15	0.05	0.01	0.35
劳动生产率	9440	0.05	0.19	−9.25	5.98

资料来源：工业用地数据来自笔者对中国土地市场网搜集整理，企业数据来自工业企业数据库，城市数据来自《中国城市统计年鉴》。

第三节　土地协议出让与企业所有制

一、企业所有制与协议出让

由于地方经济对国有企业的依赖、国有企业稳定经济的作用以及国有企业和地方政府间的政治关联，本书认为地方政府更倾向于将土地协议出让给国有企业。模型1的回归结果如表4-5所示，第（1）列只控制土地级别和城市固定效应、行业固定效应、年份固定效应，OLS 估计结果表明相比非国有企业，国有企业协议拿地的概率会提高7%。第（2）列和第（3）列相继加入地块特征和企业特征，随着控制变量的加入，企业所有制对于协议出让的影响降低，但系数都为正值且在1%水平上显著，国有企业协议拿地的概率仍然高于非国有企业。第（3）列的结果表明，在控制了地块特征和企业特征后，国有企业比非国有企业协议拿地的概率依然要高4%。第（4）列使用Logit模型回归，结果与OLS分析基本一致。上述估计结果表明：平均而言，地方政府更偏好将工业用地协议出让给国有企业。

表4-5　国有企业与土地协议出让

	（1） neg	（2） neg	（3） neg	（4） neg
soe	0.070*** （4.50）	0.057*** （3.77）	0.040** （2.56）	0.316*** （2.66）
资产利润率			0.051* （1.96）	0.396* （1.93）
资产负债率			0.025** （2.04）	0.143 （1.27）
资产规模			0.013*** （4.61）	0.087*** （3.84）
劳动生产率			−0.0552*** （−3.01）	−0.408** （−2.22）
市本级土地		0.062*** （4.79）	0.060*** （4.60）	0.451*** （4.36）
地块面积		−0.030*** （−7.90）	−0.037*** （−8.91）	−0.308*** （−9.08）
新增建设用地		−0.160*** （−13.43）	−0.156*** （−13.11）	−1.184*** （−12.89）
土地级别	Yes	Yes	Yes	Yes
年份固定效应	Yes	Yes	Yes	Yes
城市固定效应	Yes	Yes	Yes	Yes
行业固定效应	Yes	Yes	Yes	Yes
观测值	9083	9083	9044	9044
R^2	0.450	0.474	0.476	0.426

注：括号中为t值，*、**与***分别表示在10%、5%和1%水平显著，被解释变量为是否协议出让neg，第（1）、第（2）、第（3）列为OLS估计，第（4）列为Logit估计，均采用稳健标准误。

从控制变量的影响看，在地块特征方面，市本级土地出让更容易采用协议出让。地块面积越大，协议出让的概率越低。从土地来源看，新增土地出让采用协议出让的概率更低，这是因为新增土地通常由农业用地转化而来，这类土地成本相对较高，在协议出让地价较低的情况下，地方政府更倾向于将存量用地用于协议出让。考虑到国有企业更容易通过协议出让方式拿地，可能反映了企业其他特征而不仅仅是企业的所有权性质，本书在后续回归中也相继控制了拿地企业的其他特征。可以发现，资产利润率越高的企业越容易通过协议出让方式获得土地。负债率越高，规模越大的企业越有可能通过协议出让方式获得土地，但劳动生产率与企业协议拿地负相关。

二、企业绩效与协议出让

在协议出让地价相对较低的背景下，地方政府为了追求自身利益的最大化，在协议出让工业用地时一定是极富策略性的，不会对所有的土地竞买人一视同仁，而选择那些有利于财政收入增加和地方经济发展的企业予以协议出让。进一步地，本书认为，对于地方政府而言，规模大、效益高、缴税多的国有企业会更受到偏爱。

在模型（4-1）的基础上增加企业所有制与企业绩效的交互项，如模型（4-2）所示：

$$neg_i = c + \beta soe_i + \delta soe_i \times F_{im} + \sum_{j=1}^{4} \gamma_j firm_{ij} + \sum_{k=1}^{4} \lambda_k land_{ik} + city_c + ind_h + year_t + u \quad (4-2)$$

企业特征包括拿到土地 i 的企业当年员工人数、上缴税额、利润率、劳动生产率与隶属级别（如果国有企业隶属于中央或省，变量等于1；如果国有企业隶属于地级市及以下，虚拟变量等于0）。交互项系数能够反映什么样的国有企业更受到地方政府的偏好，有更高的概率通过协议方式拿地。

表 4-6　国有企业协议拿地的原因分析

	（1）neg	（2）neg	（3）neg	（4）neg	（5）neg
soe	0.029*	0.036**	0.016	0.034**	0.030*
	（1.85）	（2.30）	（0.99）	（1.86）	（1.69）
soe*员工人数	0.055***				
	（6.29）				
soe*上缴税额		0.002***			
		（6.20）			
soe*利润率			0.325***		
			（4.19）		

续表

	（1） neg	（2） neg	（3） neg	（4） neg	（5） neg
soe*劳动生 产率				0.089* （1.76）	
soe*隶属级别					0.037 （1.20）
企业特征	Yes	Yes	Yes	Yes	Yes
土地特征	Yes	Yes	Yes	Yes	Yes
土地级别	Yes	Yes	Yes	Yes	Yes
年份固定效应	Yes	Yes	Yes	Yes	Yes
城市固定效应	Yes	Yes	Yes	Yes	Yes
行业固定效应	Yes	Yes	Yes	Yes	Yes
观测值	9044	9044	9044	9044	9044
R^2	0.479	0.479	0.477	0.476	0.476

注：括号中为 t 值，*、** 与 *** 分别表示在 10%、5% 和 1% 的水平上显著，被解释变量为是否协议出让 neg，使用 OLS 估计，采用稳健标准误，Logit 估计结果基本一致，在此予以列出。

表 4-6 第（1）列国有企业虚拟变量和企业员工人数交互项系数为正且显著，说明规模越大的国有企业，协议拿地的概率越高。规模越大的企业可能对地方发展越重要，体现了稳定经济的重要作用，从而更受到地方政府的偏爱。

第（2）列考察国企虚拟变量与企业上缴税额的交互项系数，估计结果显示，企业缴税越多，协议拿地概率更高。表明对地方财政贡献大的国有企业更有可能通过协议出让方式拿地。

第（3）列考察国有企业虚拟变量与企业利润率的交互项系数。交互项系数同样为正且显著。说明利润率更高的国有企业更容易通过协议出让方式拿地。

第（4）列使用劳动生产率替换利润率，结果仍表明地方政府更偏好于将土地协议出让给效率高的国有企业。有趣的是，劳动生产率本身系数却为负值 [如表 4-5 第（3）、第（4）列所示]，劳动生产率越高的企业，协议拿地的概率更低，但如果是国有企业劳动生产率较高，则企业协议拿地概率会显著提高。这说明地方政府在工业用地的协议出让方面是极富策略性的，不仅要考虑国有企业对社会的重要稳定作用，更要在国企中择优录取，对经营业绩好的国企予以协议拿地资格，而高生产率的非国企则享受不到这一待遇。表4-6第（5）列考虑国有企业对协议拿地的影响是否随着企业隶属级别的变化而变化，是否中央或省属国有企业更容易通过协议方式拿地，结果发现交互项并不显著，说明国有企业的隶属级别并不会带来土地出让方式上的差异。综上所述，表4-6的估计结果说明，规模大、效益高、缴税多的国有企业越容易受到地方政府的青睐，通过协议方式获得土地的概率更大。

作为土地出让的主体，地方政府会根据当地情况选择合适的土地出让方式从而最大化自身的效用，如赵文哲和杨继东（2015）使用城市层面数据实证分析发现，当地方政府存在财政压力时，为了在日后获得稳定的税收，会更倾向于将土地通过协议方式出让给国有企业。进一步地，当地方政府存在财政压力时，哪类国有企业会更容易协议拿地呢？在模型4-2的基础上本书加入企业所有制、财政压力和企业特征的三重交互项，估计结果如表4-7所示，第（1）列至第（5）列分别考虑企业的用工人数、上缴税额、利润率、劳动生产率和隶属级别，可以发现将财政压力纳入模型后，用工人数、上缴税额、利润率交互项系数显著为正，而国有企业的效率不再是关注的重点。这意味着地方政府的财政压力越大，越倾向于将土地协议出让给那些规模大、缴税高、利润多的国有企业，表明地方政府在协议出让时会考虑到地方的经济状况，国有企业的协议拿地是地方政府维持经济稳定的一种手段。

表4-7　财政压力下国有企业协议拿地的原因分析

	（1） neg	（2） neg	（3） neg	（4） neg	（5） neg
soe	−0.005 （−0.26）	−0.006 （−0.35）	0.002 （0.13）	−0.001 （−0.06）	−0.002 （−0.10）
soe* 财政压力	0.036** （2.49）	0.046*** （3.21）	0.023*** （4.21）	0.040*** （2.87）	0.036** （2.51）
soe* 财政压力 × 用工人数	0.099*** （4.22）				
soe* 财政压力 × 上缴税额		0.0000673*** （6.12）			
soe* 财政压力 × 利润率			0.241*** （4.21）		

续表

	（1） neg	（2） neg	（3） neg	（4） neg	（5） neg
soe[*]财政压力 × 劳动生产率				0.104 （1.01）	
soe[*]财政压力 × 隶属级别					0.047 （1.50）
企业特征	Yes	Yes	Yes	Yes	Yes
土地特征	Yes	Yes	Yes	Yes	Yes
土地级别	Yes	Yes	Yes	Yes	Yes
年份固定效应	Yes	Yes	Yes	Yes	Yes
城市固定效应	Yes	Yes	Yes	Yes	Yes
行业固定效应	Yes	Yes	Yes	Yes	Yes
观测值	8891	8891	8891	8891	9044
R^2	0.478	0.479	0.477	0.477	0.477

注：括号中为 t 值，*、** 与 *** 分别表示在 10%、5% 和 1% 的水平上显著，被解释变量为是否协议出让 neg，使用 OLS 估计，采用稳健标准误，Logit 估计结果基本一致，在此不予列出。

三、分地区的回归结果

本书将城市分为东部和中部和西部三组，考察发展水平不同的地区中企业性质与土地出让方式间的关系。结果如表 4-8 所示，东部 soe 的系数并不显著，中部地区、西部地区 soe 系数显著为正，表明在东部地区，地方政府在土地协议出让方面并不会偏好国有企业；由于本书已经控制了企业特征、土地特征和城市固定效应，这一结果可能与地方政府行为有关，东部城市的经济快速发展使得地方政府对国有企业的依赖性降低，从而不会给予国有企业买地的优惠；另外，经济发达地区地方政府也会面临更多的监管，这不仅源于上级政府，也源于民众的监督，因而地方政府对于协议出让显得更为谨慎。

表 4-8　不同地区中企业所有制与协议出让

	（1） 东部 neg	（2） 中部 neg	（3） 西部 neg
soe	0.015 （0.87）	0.078^{***} （2.78）	0.069[*] （1.67）

续表

	（1） 东部 neg	（2） 中部 neg	（3） 西部 neg
企业特征	Yes	Yes	Yes
土地特征	Yes	Yes	Yes
土地级别	Yes	Yes	Yes
年份固定效应	Yes	Yes	Yes
城市固定效应	Yes	Yes	Yes
行业固定效应	Yes	Yes	Yes
观测值	5480	2375	1186
R^2	0.481	0.444	0.464

注：括号中为 t 值，*、** 与 *** 分别表示在 10%、5% 和 1% 的水平上显著，被解释变量为是否协议出让 neg，使用 OLS 估计，采用稳健标准误，Logit 估计结果基本一致，在此不予列出。

四、倾向得分匹配结果

在本书的基准模型（模型 4-1）中，2007~2009 年协议拿地的企业并没有改变自身所有制，因而不存在反向因果的问题，在控制变量选取上，本书也尽可能地避免遗漏变量。本节着重考虑企业所有制带来的处理效应，其中，国有企业为实验组，非国有企业为对照组，采用倾向得分匹配的方法估计国有企业所获得的拿地优惠。

国有企业改革后，所剩的国有企业往往都是大型、有战略意义的企业，企业所有制受到企业特征、所处城市和行业的影响，而在拿地方面，地块特征也决定了土地出让方式的选择。因而，通过企业特征、时间、所处城市和行业、地块特征来估计倾向得分，企业所有制 soe 和土地出让方式 neg 分别为处理变量和结果变量，各变量含义与前文相同。具体方法上，将样本数据随机排序后进行有放回的对共同取值范围内个体进行一对一匹配，匹配后大多数变量的标准化偏差小于 10%，一对四匹配、半径卡尺匹配、核匹配的结果也基本一致，具体结果如表 4-9 所示。ATT 为处理组的平均处理效应，意为国有企业凭借其企业所有制而获得的土地优惠，即协议拿地的概率。表 4-9 第（1）~（3）列分别为 2007 年、2008 年、2009 年企业所有制的 ATT。结果变量为协议拿地概率时，2007 年 ATT 并不显著，2008 年、2009 年 ATT 显著为正且高于 OLS 回归的结果，表明考虑处理效应后，企业所有制对于土地出让方式的影响更大，国有企业有更高的概率通过协议出让方式拿地。

表 4-9　企业所有制的处理效应

	（1） 2007 年	（2） 2008 年	（3） 2009 年
结果变量：协议拿地概率 neg			
ATT	−0.084	0.127**	0.116***
标准差	（0.06）	（0.06）	（0.04）
实验组企业数	323	173	294

注：括号中为标准差，*、** 与 *** 分别表示在10%、5% 和 1% 的水平上显著。

第四节　国有企业协议拿地有助于地方经济发展吗

现有文献认为，从资源配置和项目质量的角度，协议出让不利于经济增长；而从以地引资的角度，协议出让又会促进地方经济发展。尽管两种截然不同的观点都集中关注了协议出让方式，但缺乏对协议拿地企业所有制的分析。之所以要关注拿地企业的性质，是因为在协议出让地价相对较低的背景下，地方政府为了追求自身利益的最大化，在协议出让工业用地时是极富策略性的。前文实证结果表明，地方政府更偏爱将土地协议出让给国有企业，且更倾向于将土地协议出让给规模大、效益高、缴税多的国有企业。那么，地方政府的这一行为模式真的有助于地方经济发展么？在本节，本书对上述观点进行进一步验证，将微观数据加总得到地级市层面的数据，考虑将土地以协议方式出让给国有企业对地方经济产生的影响。如模型（4-3）所示：

$$Y_{it}=c+\beta negsoe_{it}+\delta negarea_{it}+\varphi totalarea_{it}+\gamma X_{it}+city_i+year_t+u_{it} \qquad （4-3）$$

加总到地级市层面后共有 249 个地级市，在 2007~2009 年未出让过土地的地级市未包括在内。下标 it 表明城市 i 的第 t 年数据，被解释变量 Y_{it} 是城市 GDP 的对数形式，核心解释变量为 $negsoe_{it}$，表示城市 i 在 t 年协议出让给国企的土地面积的自然对数。由于部分城市协议出让给国有企业的面积为 0，为保证对数值有意义，在原出让面积基础上加上 1 平方米再取自然对数。本书的目的在于考察地方政府将土地协议出让给国有企业是否有助于地方经济发展，模型中都为绝对量，因而应控制地方出让的土地总面积（totalarea）以及协议出让面积（negarea）。其他控制变量 X_{it} 还包括就业人数、固定资产投资额、城市 FDI、进出口贸易额、工业产值占比和第三产业占比，其中，绝对值变量都采用自然对数形式。$city_i$、$year_t$ 分别为城市和时间固定效应。估计结果如表 4-10 所示，以下估计均采用稳健标准误。

表 4–10　国有企业协议拿地与地方经济增长

	（1） gdpt	（2） gdpt	（3） gdpt	（4） pgdpt	（5） gdpt	（6） gdpt	（7） gdpt
negsoet	0.00163*** （2.90）	0.00144** （2.47）	0.0009* （1.73）	0.00109* （1.83）	0.000865* （1.69）		
negprit						−0.000881 （−0.86）	
ratio_ negsoet							0.00151* （1.90）
negareat		0.000364 （0.69）	0.000114 （0.25）	0.00000425 （0.01）	0.000145 （0.31）	0.00106 （1.02）	
totalareat		0.000795 （0.33）	0.00110 （0.52）	0.00123 （0.51）	0.00107 （0.51）	0.00173 （0.84）	0.00124 （0.61）
其他控制 变量	No	No	Yes	Yes	Yes	Yes	Yes
年份固定 效应	Yes	Yes	Yes	Yes	Yes	Yes	Yes
城市固定 效应	Yes	Yes	Yes	Yes	Yes	Yes	Yes
观测值	702	702	683	683	671	683	683
组内 R^2	0.918	0.918	0.943	0.892	0.943	0.943	0.943

注：括号中为 t 值，*、** 与 *** 分别表示在 10%、5% 和 1% 的水平上显著，为节省篇幅，控制变量的估计结果略去，由于不同年份中部分变量值缺失，故样本数略有偏差，以上估计均采用稳健标准误。

表 4–10 第（1）列中被解释变量为当期 GDP，核心解释变量是国有企业协议拿地面积（negsoe），进行回归时不包括其余控制变量，只考虑城市固定效应和年份固定效应，第（2）列中加入土地的总面积（totalarea）与协议出让面积（negarea），第（3）列中则加入其他控制变量。估计结果表明，本书的核心解释变量国有企业协议拿地面积（negsoe）在 10% 的水平上显著，且系数为正，而出让土地的总面积（totalarea）与协议出让面积（negarea）均不显著。乍看之下，土地出让总面积与经济发展不相关似乎不符合直觉，但需要注意的是，在模型（4–3）中，绝对值变量都采取自然对数形式，变量的系数代表了二者增长率间的关系。因而，这一估计结果说明，相比于其他拿地方式而言，国有企业协议拿地更会给当期地方经济带来提振作用，进而表明地方政府将工业用地协议出让给国有企业是具有经济意义的。当然，本书也尝试直接以绝对数值的形式回归，国有企业协议拿地面积的系数依然为

正且显著，但本书认为以自然对数的形式得到的结果更具有经济含义。

表 4-10 第（3）列中变量 *negsoe* 的系数为 0.0009，表明在土地出让面积和协议出让面积一定的情况下，如果地方政府将协议出让给国有企业的土地面积增加一倍，当期 GDP 会增加 0.09%，在本书的样本中，2007~2009 年各城市的平均 GDP 为 1260 亿元，相当于国有企业协议拿地面积每增加一倍，当地 GDP 会增加 1.13 亿元，这个数字看上去对地方经济影响甚微，但在 2007~2009 年这一时间段里，有 111 个城市的国有企业经历了以协议出让方式拿地从无到有或从有到无的变化，对于这些城市而言，国有企业协议拿地面积变动倍数极大。因此，平均而言，国有企业协议拿地对经济增长的贡献要大于系数所表现出的估计结果。这与杨其静等（2014）的结果相符。

为保证结果的稳健性本书还进行了以下尝试：在表 4-10 第（4）列中将被解释变量由地方 GDP 更换为人均 GDP，在第（5）列中考虑到直辖市的特殊性，排除了直辖市数据，结论均不发生改变。在第（6）列中本书使用民营企业通过协议方式获得的土地面积（*negpri*）代替协议出让给国有企业的土地面积（*negarea*）进行回归，结果表明将土地协议出让给民营企业并不会促进地方经济增长，这也证明了地方政府更愿意将土地出让给国有企业而非民营企业。在第（7）列中，本书将核心解释变量更换为国有企业协议拿地面积占土地出让总面积的比例（*ratio_negsoe*），为保证自然对数的有效性，将该变量加上 0.00001 后取对数。在本书的样本中国有企业协议拿地占总出让的比例均值为 0.058，因此本书这一处理基本不会影响估计结果。变量 *ratio_negsoe* 的系数同样为正且显著，表明国有企业协议拿地面积的增加有助于当地经济增长。

在估计了土地出让对于经济增长的即期影响后，本书接下来考虑土地出让对于地方经济未来的影响。这样，一方面可以估计土地出让对于地方经济的长期影响，另一方面则有助于缓解内生性问题。表 4-11 第（1）~（5）列分别对应土地出让对地方经济发展第 1~5 年的影响。结果表明，将土地协议出让给国有企业对地方前三年（t、$t+1$、$t+2$）的经济增长起到显著的促进作用，但随着时间的推移，将土地协议出让给国有企业的经济红利逐渐消失。虽然出于对短期政绩的追求，地方政府会倾向于将土地协议出让给国有企业，但从长期看，该行为对经济促进的作用会逐步减弱乃至消失。

表 4-11　国有企业协议拿地对地方经济增长的长期影响

	（1）gdpt	（2）gdpt+1	（3）gdpt+2	（4）gdpt+3	（5）gdpt+4
negsoet	0.000872*	0.000808**	0.000918**	0.000652**	−0.00012
	（1.73）	（1.69）	（2.47）	（2.16）	（−0.33）
控制变量	Yes	Yes	Yes	Yes	Yes
年份固定效应	Yes	Yes	Yes	Yes	Yes
城市固定效应	Yes	Yes	Yes	Yes	Yes
观测值	683	683	687	649	548
组内 R^2	0.943	0.944	0.979	0.973	0.948

注：括号中为 t 值，*、** 与 *** 分别表示在 10%、5% 和 1% 的水平上显著，为节省篇幅，控制变量的估计结果略去，由于不同年份中部分变量值缺失，故样本数略有偏差，以上估计均采用稳健标准误。

为什么将土地协议出让给国有企业更有助于促进经济增长？其中的一个机制可能是因为这会促使企业进行更多的投资。因此，本书估计了国有企业协议拿地对于地方固定资产投资的影响，结果如表 4-12 所示，具体方法和变量含义与之前相同，发现在 t 期将土地协议出让给民营企业不会对投资产生影响 [表 4-12 第（2）列所示]，但协议出让给国企却有助于投资的增加，不过这一效果仅在 t 期和 t+1 期存在，从长期看，国有企业协议拿地并不会促进投资。由于工业用地主要用于投资建厂，本书也使用除去房地产投资后的固定资产投资额（invest2）作为被解释变量，估计结果基本一致 [如表 4-12 第（3）列所示]。结合表 4-10、表 4-11 和表 4-12 的估计结果，本书认为地方政府之所以倾向于将土地协议出让给国有企业，是因为这一行为能为当地在短期通过固定资产投资带来经济效益，有助于提升自身政绩；但从长期看，这种行为并不会对地方经济产生促进作用，可能是因为大部分的国有企业的固定资产投资外部性并不强，投资效率较低，进而不利于长期经济增长。

表 4-12　国有企业协议拿地与地方固定资产投资

	（1）investt	（2）investt	（3）invest2t	（4）investt+1	（5）investt+2	（6）investt+3	（7）investt+4
negsoet	0.00265**		0.00269*	0.00261**	−0.000645	−0.00128	0.00176
	（2.13）		（1.95）	（2.20）	（−0.56）	（−1.07）	（1.60）
negprit		−0.00265					
		（−1.50）					

续表

	（1） investt	（2） investt	（3） invest2t	（4） investt+1	（5） investt+2	（6） investt+3	（7） investt+4
控制 变量	Yes	Yes	Yes	Yes	Yes	Yes	Yes
年份固 定效应	Yes	Yes	Yes	Yes	Yes	Yes	Yes
城市固 定效应	Yes	Yes	Yes	Yes	Yes	Yes	Yes
观测值	683	683	682	683	687	649	548
组内 R^2	0.886	0.885	0.879	0.884	0.743	0.765	0.866

注：括号中为 t 值，*、** 与 *** 分别表示在 10%、5% 和 1% 的水平上显著，为节省篇幅，控制变量的估计结果略去，由于不同年份中部分变量值缺失，故样本数略有偏差，以上估计均采用稳健标准误。

第五节 结论

工业用地协议出让所带来的诸多弊端可以归结为两个方面：第一，协议出让的低价所引发的寻租现象，由于协议出让地价相对较低（孔凡文，1993），政府间底线竞争来的项目质量很可能是一项劣质投资，甚至在这一出让过程中会出现土地违法现象（陶坤玉等，2010）；第二，协议出让容易引发土地资源错配，协议出让这一非市场化的工业用地出让方式会降低工业企业之间的资源配置效率（李力行等，2016；杨其静等，2014），进而不利于城市未来发展。但在现实中，本书发现，地方政府对协议出让偏爱有加，即便在 2007 年后依然有相当一部分的土地通过协议方式来出让。

本书从企业所有制的角度出发，将土地出让数据和工业企业数据库加以匹配，验证了企业所有制对于工业用地出让方式的重要影响。实证结果发现，相比于非国有企业，国有企业更容易通过协议出让的方式获得土地，且规模大、效益高、缴税多的国有企业更容易受到地方政府的青睐，表明地方政府在协议出让中是具有一定策略性的，国有企业以协议出让方式拿到土地后在短期内会显著增加固定资产投资，从而促进地方经济增长。但需要明确的是，国有企业协议拿地并不是地方经济增长的长期动因，这可能是因为国有企业的投资效益更低。因而，在工业用地出让趋紧的情况下，依赖土地出让维持经济增长的策略并非明智之举。地方政府需要合理配置土地资源，确保高效率的、具有土地需求的企业能够获得土地。这不仅需要中央对工业用地的出让流程加强监管，也需要有更多的非国有企业壮大起来，更好地发挥对地方经济的促进作用。

本书发现，影响工业用地协议出让的一个重要原因是企业的所有制，当然，还可能存在其他原因，如地方政府长官的任期、国有企业的行政级别等。另外，商业用地存在错配，错配的原因同样是值得关注的问题，结合工业用地和商业用地进行整体分析将更有助于理解中国土地配置的现状。

参考文献

［1］Deng, Y. H., J. Gyourko, and J. Wu. Land and House Price Measurement in China［R］. NBER Working Paper, No. 18403.

［2］Han, Li and K. S. Kung. Fiscal Incentives and Policy Choices of Local Governments: Evidence from China［J］. Journal of Development Economics, 2015（116）: 89–104.

［3］Hsieh, C. T., and Z. Song. Grasp the Large, Let Go of the Small: The Transformation of the State Sector in China［R］. NBER Working Papers, 2015 No. 3391.

［4］Liu, Yongzheng and J. Alm. "Province-Managing-County" Fiscal Reform, Land Expansion, and Urban Growth in China［J］. *Journal of Housing Economics*, 2016（33）: 82–100.

［5］Meng, Y., F. R. Zhang, P. L. An, M. L. Dong, Z. Y. Wang and T. Zhao. Industrial Land-use Efficiency and Planning in Shunyi, Beijing［J］. *Landscape and Urban Planning*, 2008, 85（1）: 0–48.

［6］Wu, G. L., Q. Feng and P. Li. Does Local Governments' Budget Deficit Push up Housing Prices in China?［J］.*China Economic Review*, 2015（35）: 183–196.

［7］曹广忠, 袁飞, 陶然. 土地财政、产业结构演变与税收超常规增长［J］. 中国工业经济, 2007（12）.

［8］曹广忠, 袁飞, 陶然. 土地财政、产业结构演变与税收超常规增长——中国"税收增长之谜"的一个分析视角［J］. 中国工业经济, 2007（12）.

［9］范子英. 土地财政的根源: 财政压力还是投资冲动［J］. 中国工业经济, 2015（6）.

［10］贾康, 刘薇. 土地财政: 分析及出路——在深化财税改革中构建合理、

规范、可持续的地方"土地生财"机制［J］. 财政研究，2012（1）.

［11］孔凡文. 土地价格管理中存在的问题与建议［J］. 价格理论与实践，1993（11）.

［12］李力行，黄佩媛，马光荣. 土地资源错配与中国工业企业生产率差异［J］. 管理世界，2016（8）.

［13］梁若冰，韩文博. 区域竞争、土地出让与城市经济增长：基于空间面板模型的经验分析［J］. 财政研究，2011（8）.

［14］卢洪友，袁光平，陈思霞，卢胜峰. 土地财政根源："竞争冲动"还是"无奈之举"——来自中国地市的经验研究［J］. 经济社会体制比较，2011（2）.

［15］聂辉华，李翘楚. 中国高房价的新政治经济新解释——以"政企合谋"为视角［J］. 教学与研究，2013（1）.

［16］孙秀林，周飞舟. 土地财政与分税制：一个实证解释［J］. 中国社会科学，2013（4）.

［17］陶坤玉，张敏，李力行. 市场化改革与违法：来自中国土地违法案件的证据［J］. 南开经济研究，2015（2）.

［18］陶然，袁飞，曹广忠. 区域竞争、土地出让与地方财政效应：基于1999—2003年中国地级城市面板数据的分析［J］. 世界经济，2007（10）.

［19］吴群，李永乐. 财政分权、地方政府竞争与土地财政［J］. 财贸经济，2010（7）.

［20］杨继东，杨其静. 保增长压力、刺激计划与工业用地出让［J］. 经济研究，2016（1）.

［21］杨其静，卓品，杨继东. 工业用地出让与引资质量底线竞争——基于2007—2011年中国地级市面板数据的经验研究［J］. 管理世界，2014（11）.

［22］杨其静，彭艳琼. 晋升竞争与工业用地出让——基于2007—2011年中国城市面板数据的分析［J］. 经济理论与经济管理，2015（9）.

［23］詹新宇，方福前. 国有经济改革与中国经济波动的平稳化［J］. 管理世界，2012（3）.

［24］张莉，王贤彬，徐现祥. 财政激励、晋升激励与地方官员的土地出让行为［J］. 中国工业经济，2011（4）.

［25］赵文哲，杨继东. 地方政府财政缺口与土地出让方式——基于地方政府与国有企业互利行为的解释［J］. 管理世界，2015（4）.

［26］周飞舟．分税制十年：制度及其影响［J］．中国社会科学，2006（6）．

［27］周飞舟．生财有道：土地开发和转让中的政府和农民［J］．社会学研究，2007（1）．

［28］周飞舟．大兴土木：土地财政与地方政府行为［J］．经济社会体制比较，2010（3）．

第五章　学习效应与土地出让

第一节　引言

2018 年的"中兴通讯事件"对中国芯片产业敲响了警钟，社会各界普遍呼吁国家层面加强对芯片行业的扶持力度。[①] 同时政府也做出了积极反应，于 2018 年 5 月 17 日发布了《2018–2019 年中央国家机关信息类产品（硬件）和空调产品协议供货采购项目征求意见公告》，龙芯、申威、飞腾等国产 CPU 服务器都被列入了政府采购名录。中兴事件再一次引发各界对于政府是否应该干预产业发展这一问题的关注。

学术界普遍认同，推动产业转型升级是实现高质量发展，跨越中等收入陷阱的重要途径。如何才能实现产业转型升级？推动产业转型升级，是要依靠政府力量还是市场力量？在这些争论中，有两种截然相反的观点：一种观点主张通过政府政策推动产业转型升级。Peters 等（2012）认为，合适的产业政策有助于引导产业技术发展的方向，从而提高创新的效率；另一种观点主张通过自发的演化推动产业转型升级，认为产业政策不仅无效，而且可能还会带来新的失灵。李文溥和陈永杰（2003）指出，我国 20 年来产业结构的演变和相应时期的产业政策之间不存在密切的因果关系。

然而，无论对于哪种观点，都不能否认，经济发展是一个学习的过程，有文献表明，一个地区的多样化发展不是凭空产生，而是从先前存在的区域产业结构演变而来的，该地区拥有的一系列能力和资产决定了该地区能够发展的新路径和新行业（Boschma 等，2012；Hidalgo 等，2007；Neffke 等，2011）。Nelson 和 Winter（1982）认为，经济会通过行业和企业网络中的能力积累来进行学习。换句话说，无论是政府主导，还是市场主导的产业转型升级，都应该遵循一定的经济发展规律，任何国家和地区推动产业转型升级，

---

① 2018 年 4 月 16 日，美国商务部宣布，未来 7 年禁止美国公司向中兴通讯销售零部件、商品、软件和技术。禁售理由是中兴违反了美国限制向伊朗出售美国技术的制裁条款。而由于中兴的基带芯片、射频芯片、存储、大部分光器件均来自美国，短期内影响重大。此禁令一出，中兴未来业务基本处于瘫痪状态，市场反应剧烈。

都应重视学习和积累过程。

学习效应被看作推动技术扩散，促进经济增长的重要力量。在关于产业发展的研究中，学术界认为，这种学习可以通过两种渠道实现：一是行业间学习效应，行业间学习理论认为，一个新行业的出现，依赖该地区是否存在可供学习的相关行业，新行业出现的概率会随着相关行业数目的增加而增加，Neffke 等（2011）发现，产品之间的技术相关性不仅通过相关品种的集聚外部性推动了现有工业的增长，而且还促进形成新的增长路径；二是区域间学习效应，即存在相邻地区之间的学习，相邻地区之间的区域学习是促进一个地区出现新行业的重要因素，一个新行业的出现依赖于该行业在邻近区域的发展程度，新行业出现的概率随着拥有该行业的邻近区域相关行业密度的增加而增加，Boschma 等（2016）使用美国的数据进行分析并发现，一个区域更可能发展那些邻近区域已经发展起来的行业。因此，根据学习效应有关理论的逻辑，相邻行业或者相邻省份相关产业的发展，能够为某一个产业的发展奠定基础。

本书以工业用地出让为例，新增工业用地出让能够反映地区招商引资情况，工业用地出让的行业结构差异和地区结构差异，可以在一定程度上表征该地区未来产业发展的趋势，据此可以讨论中国产业转型过程中，是否存在学习效应这一个区域经济发展的内在规律。利用 2007~2015 年的分省 - 分行业工业土地出让数据，假设一个地区工业土地在各行业的出让情况，能够反映该地区新增投资方向，各行业的新增土地出让宗数和面积，能够反映该行业的发展方向以及相应的转型升级状况。参考 Boschma 等（2016）关于学习效应的相关文献，本书基于该工业用地数据构造了相应指标，检验影响产业转型升级的学习效应。其中，核心的指标是比较优势、活跃关联行业密集度和活跃邻省密集度，比较优势采用 Balassa（1965）提出的显示性比较优势指标，而活跃关联行业密集度和活跃邻省密集度都采用余弦相关度来计算。

本书的研究结果发现：第一，中国经济发展中存在产业间的学习效应和区域间学习效应；即一个产业在发展过程中，能够通过从关联行业及邻近省份中得到学习，而这种学习效应的产生可能是通过吸取管理经验、人力资本流动等方式进行知识扩散来实现的。第二，在发展比较优势产业的过程中，行业间学习效应和区域间学习效应之间具有替代性，一种学习渠道饱和时，另一种学习渠道的边际效应为负。第三，学习效应的发挥受到一区域市场化程度的影响。市场化指数对于比较优势的发展基本上起着负向的影响，即市场化程度越高，发展出比较优势的概率越低，这与本书的直观感受一致，并且在加入市场化指数后，学习效应仍然是显著的。另外，面积数据和宗数数据的回归结果都显示，市场化程度并不会影响行业间学习效应，而市场化程度越高，区域间学习效应越小。

本书对于相关领域的文献做出了如下补充和贡献：

第一，国内研究产业转型升级的文献，主要关注货币政策、金融市场等方向，其中，彭俞超和方意（2015）对结构性货币政策促进产业结构升级和经济稳定的有效性进行了分析，发现非对称地实施结构性货币政策效果更好。易信和刘凤良（2015）发现，金融发展能够通过技术创新的"水平效应"和"结构效应"推动产业结构的转型升级和经济增长。本书基于学习效应的视角，对产业转型升级的内在机制进行了分析。

第二，已经有一些学者利用中国的数据对学习效应进行检验，例如，Jian Gao 等（2017）利用中国 1990~2015 年分省 - 分行业上市公司数目进行分析，发现中国存在行业间学习和地区间学习效应，这意味着对于某个省份来说，如果一个行业相关行业的密度越高，那么在该行业越有可能产生上市公司；Shengjun Zhu 等（2017）利用中国的出口数据，分析了发展中国家、区域在发展新行业时能否跳出产业网络间的路径依赖性，发现一个区域可以通过投资区域外联系和内部创新来实现这种跳跃。但这些研究仍然存在一定不足。使用上市公司数目可能很难真实反映内在的学习机制，一个地区上市公司数目受到政策影响很大，并且有些公司虽然没有上市却也在行业中占据着重要的位置。使用行业出口数据也存在问题，出口只是一个地区部分行业结构的反映，特别是内陆出口很少的省份，使用出口数据不能反映该地区新行业的产生和成长。而本书采用的是工业土地出让的数据，一个地区新增行业的土地出让能够反映该行业的发展以及相应的转型升级状况。

第三，产业转型是靠政府还是靠市场，一直存在较大争议。工业用地较多受到政府控制，但本书研究结果表明，工业用地出让仍然遵循了一定的学习效应。这说明：或者政府在发展产业时遵循了演化规律，或者虽然政府能够控制土地供应，但企业存在自我选择，企业在选址的过程中，遵循了演化规律。此外，工业用地中很大一部分是通过工业园区形式出让土地，通过采用工业土地出让数据，分析结果也能在一定程度上反映工业园区的发展是否符合学习效应的理论预测。这对中国工业园区的招商引资具有一定的借鉴意义。

第二节　行业间和地区间的学习效应

演化经济学认为，产业或企业间网络可以进行能力上的积累，从而整个经济体可以从这种积累中进行学习。这种学习建立在产品空间上。Hidalgo 和

Hausmann（2014）建立了产品空间理论，为经济发展问题提供了一个二维的网络视角。在产品空间的比喻中，产品空间相当于一片森林，把每一种产品都想象成一棵树，产品结构变化的过程就相当于猴子在不同的树之间进行跳跃，这种跳跃意味着国家或地区将资源和能力配置到不同的行业进行生产。猴子只能在一定距离内跳到树上（即两个行业之间的相关性）。换句话说，一个国家或地区更有可能"跳跃"（或多样化）到与其现有行业密切相关的行业。

一个地区或国家从现有产业转移到邻近产业是一个学习的过程。目前，学术界认为，这种学习可以通过两种渠道实现，即行业间学习和区域间学习。行业间学习理论认为，一个新行业的出现依赖该地区是否存在可供学习的相关行业。新行业出现的概率会随着相关行业发展程度的增加而增加。区域间学习理论认为，区域之间也存在着学习行为，相邻地区之间的区域学习是促进一个地区出现新行业的重要因素，一个新行业的出现依赖于该行业在邻近区域的发展程度，新行业出现的概率随着拥有该行业的邻近区域相关行业密度的增加而增加。

学术界对于这两种学习效应都使用不同层面的数据进行过实证分析。

一、假说一：行业间学习效应

行业间学习效应认为，一个行业发展成为具有比较优势的行业，受到相邻行业密度的影响。相邻的行业中比较优势行业越多，该行业越有可能发展成为比较优势的行业。

在国家层面，Hidalgo 等（2007）及 Hausmann 等（2014）都使用出口数据进行了分析，并得出一个国家在某个新产品上发展出比较优势的概率极大地取决于它所出口的关联产品的数量。Hidalgo 等（2007）发展了产品空间的概念，并画出了国家-产品网络图，将产品升级所蕴含的比较优势演化与一个国家产业升级的路径和经济绩效联系起来。

在区域层面，部分学者（Boschma，2017；Delgado 等，2016；Semitiel-Garcia 和 Noguera-Mendez，2012；Boschma 和 Iammarino，2009；Frenken 等，2007）使用投入产出关系、劳动力流动和产品组合等数据衡量产业之间的相关性。Neffke 等（2011）使用瑞典的制造业产品数据，发现在一个地区某行业进入或者退出该地区的概率随着该地区的关联产业数量的增加而增加，减少而减少。

在公司层面，Teece（1980）认为，当产品的发展需要利用专有知识和不可分割的物质资产时，联合的多产品企业（生产多种相关产品组合的企业）

是组织经济活动的有效方式。Neffke 和 Henning（2013）使用劳动力流动的数据建立起了产业之间的关联，他们认为那些需求技能相近的产业更可能会交换劳动力，利用他们建立起来技能关联度矩阵，他们发现公司进行多元化发展时，更可能生产与现有产品相关联的新产品。

二、假说二：区域间学习效应

区域间学习效应认为一个省份发展出具有比较优势的行业，受到活跃邻省密度的影响。其邻省中在该行业发展出比较优势的省份越多，它就越可能在该行业发展出比较优势。

对于区域间学习来说，这部分的文献比较少。在国家层面，Bahar 等（2014）发现，即使在抛开产品空间中关联行业的影响后，当一个国家的邻国成功出口某商品时，该国出口这个商品的可能性会显著增加。在区域层面，Acemoglu 等（2014）研究了哥伦比亚本地能力的直接和溢出效应，发现这种溢出效应非常大，约占本地能力扩张影响的 50%。Boschma 等（2016）使用美国的数据表明一个区域更可能发展那些邻近区域已经发展起来的行业。在公司层面，Holmes（2011）研究了沃尔玛在美国的选址问题，发现沃尔玛新店会选择沃尔玛密度较大区域的邻近地区，从而节省货运成本以及选址成本。

还有一些学者利用中国的数据研究了中国经济是否存在着产业间学习和区域间学习的效应。Jian Gao 等（2017）利用 1990~2015 年中国各省各行业上市公司的数量，发现中国经济确实存在产业间学习和区域间学习效应，并且这两种效应极大地促进了中国经济的发展。而上市公司只是国内公司的一小部分，其数量并不能完全代表某个产业发展的状况，而土地出让的数量可以在一定程度上反映某个行业的成长状况，所以本书采用新增工业用地出让的数据来对这个问题进行分析。Canfei He 等（2017）区分了两种区域多样化形式——路径依赖和路径断裂，研究发展中国家能否突破产品空间的桎梏，向新产品实现跨越，从实现经济增长，文章使用了 2001~2013 年中国的进出口数据，分析出中国内地的工业发展在 2007~2013 年期间呈现出更多的路径断裂模式，可能不仅是由于产业转移，也由于中央政府颁布了缓解区域差距和促进相对欠发达发展的政策。

三、假说三：制度环境与学习效应

企业或行业通过向相邻行业和区域进行学习从而实现能力上的积累，这个学习的过程伴随着资源、人力、知识的交流和沟通，而每个区域不同的制度环境也会影响沟通和交流的效果，从而影响学习效应的发挥。近年来，学术界分别从企业规模、企业研发投入、企业所有制等角度分析了影响学习效应的因素。张先锋等（2016）利用2005~2007年中国工业企业数据库和海关数据库的合并数据库，实证检验制度距离如何影响企业的出口学习效应。研究结果表明，经济制度距离与出口学习效应显著正相关，而法律制度距离和文化制度距离与出口学习效应显著负相关。

制度环境影响学习效应的机制可以从以下两个方面理解：① 邻省区域之间的制度环境（如经济制度、法律制度、文化制度等）差距过大，会阻碍区域之间资源和交换行为，例如，法律制度差异会增加合同签订与执行成本，会导致学习行为受阻，从而降低学习效应的效果；当一个区域同另一个制度环境较为宽松的区域交流时，企业更有可能学习到对方的知识、技术和经验，从而有利于学习效应的提升。② 当一个区域的制度环境较为宽松时，则区域内部各企业之间的沟通和交流也会更顺畅，从而提升学习效应的效果。

本书也对制度环境是否影响学习效应进行了研究，着重考察区域的市场化程度是否会影响区域间或区域内部学习效应的发挥。

第三节　土地出让学习效应的计量模型和数据说明

一、变量选取和模型设定

（一）被解释变量及测度

产业结构的升级是否通过现有产品结构演化而来，即一种产品发展或维持比较优势是否受到邻近产业或地区的影响。测度产品的比较优势一般使用显示性比较优势（Revealed Comparative Advantage，RCA），这一指数由Balassa（1965）提出，原始指数采用的是出口值数据，指标含义为某国家在某行业的出口额占某行业总出口的份额与某行业全球的出口额占全球所有行业出口额的份额之比。本书用工业土地出让数据计算这一指标。

使用工业土地出让面积（或宗数）的数据，这个指标的含义为一个地区出让给某行业的土地面积（或宗数）占该地区土地出让的份额与全国范围内出让给该行业的土地面积（或宗数）占全国土地出让的面积（或宗数）总量的份额之比。如果比率大于或等于1，说明一行业在这个地区有着比较优势，该地区重点发展该行业，如果小于1，说明没有比较优势。对于某一个行业来说，具有比较优势意味着得到重点发展，也就是该行业成为产业转型升级的重要方向。值得指出的是，由于出让面积大小可能未必反映投资大小，比如一些西部地区出让土地面积可能较大，有鉴于此，本书也考察了土地出让宗数，宗数能够较好反映招商引资的项目多少。

如果用 $x_{i,a,t}$ 表示 i 省份在 t 年出让给 a 行业的土地出让面积（宗数），那么 RCA 指标的具体计算公式为：

$$RCA_{i,a,t} = \frac{x_{i,a,t}}{\sum\limits_{a} x_{i,a,t}} \bigg/ \frac{\sum\limits_{i} x_{i,a,t}}{\sum\limits_{a}\sum\limits_{i} x_{i,a,t}} \qquad (5-1)$$

同时，结合前面关于 RCA 指标的定义，本书设定当 $RCA_{i,a,t} \geqslant 1$ 时，$U_{i,a,t}=1$，反之则 $U_{i,a,t}=0$。被解释变量则为 $U_{i,a,t+3}$，之所以选择滞后三期，是因为一般认为三年是一段比较合适的产业发展时间。

（二）解释变量及其测度

在考察行业间学习效应时，本书的主要解释变量是活跃关联行业的密集度，为了计算这个指标，首先要计算行业与行业之间关联度大小。参考 Jian Gao 等（2017）的做法，本书采用余弦相似度的方式来计算，具体的计算公式为：

$$\phi_{a,\beta,t} = \frac{\sum\limits_{i} x_{i,a,t} x_{i,\beta,t}}{\sqrt{\sum\limits_{i}(x_{i,a,t})^2} \sqrt{\sum\limits_{i}(x_{i,\beta,t})^2}} \qquad (5-2)$$

其中，$\phi_{a,\beta,t}$ 是 t 年 a 行业和 β 行业之间的相关性，$x_{i,a,t}$ 表示 i 省份在 t 年出让给 a 行业的土地出让面积（宗数）。

活跃关联产业的密集度是指，在同一省份内某产业的关联产业中显露出比较优势的那部分占关联产业总数的比例，用公式表示即为：

$$\omega_{a,\beta,t} = \frac{\sum\limits_{\beta} \phi_{a,\beta,t} U_{i,\beta,t}}{\sum\limits_{\beta} \phi_{a,\beta,t}} \qquad (5-3)$$

$U_{i,\beta,t}$ 代表 i 省份 t 年 β 行业是否具有比较优势，若有比较优势，则为 1，否则为 0。

同样的，本书构建了一个活跃邻省密集度指标，一个省份地理意义上的邻省在某行业具有比较优势的数量占总邻省距离的比重，距离越远，影响越小。该指标的具体计算方式如下：

$$\Omega_{i,a,t} = \sum\limits_{j} \frac{U_{j,a,t}}{D_{i,j}} \bigg/ \sum\limits_{j} \frac{1}{D_{i,j}} \qquad (5-4)$$

其中，$\Omega_{i,a,t}$ 表示 t 年 i 省 a 行业的活跃邻省密集度，$D_{i,j}$ 则表示省份 i 和省份 j 之间的地理距离，用省会城市之间的直线距离表示。

（三）其他控制变量和模型

考虑到计量结果的稳健性和数据的可获得性，参考 Jian Gao 等（2017）同类研究，本书将其他控制变量加入模型，包括一个行业活跃省份的数量、一个省份活跃行业的数量等，本书最后为了研究区域内部市场化程度对学习效应是否有影响，还将市场化指数加入模型。

据此，本书设定以下回归模型：

$$U_{i,a,t+3}=\beta_0+\beta_1\omega_{i,a,t}+\beta_2M_{a,t}+\beta_3N_{i,t}+\mu_t+\varepsilon_{i,a,t} \tag{5-5}$$

研究行业间学习效应，其中，$M_{a,t}=\sum_i U_{i,a,t}$ 是在某行业有比较优势的省份数量总和，$N_{i,t}=\sum_a U_{i,a,t}$ 是在某省份有比较优势的行业数量总和。$\varepsilon_{i,a,t}$ 是误差项，μ_t 是时间固定效应，控制了省份和行业特征中随时间变化的那部分，本书使用 $M_{a,t}$ 和 $N_{i,t}$ 代替了省份固定效应和行业固定效应，意义在于 $M_{a,t}$ 和 $N_{i,t}$ 代表了省份和行业因素中与学习效应直接效应的因素。同时，短期内省份活跃行业数目和行业的活跃省份数目随时间变化不大。

同样地，为了研究区域间的学习效应，本书使用了以下模型：

$$U_{i,a,t+3}=\beta_0+\beta_1\Omega_{i,a,t}+\beta_2M_{a,t}+\beta_3N_{i,t}+\mu_t+\varepsilon_{i,a,t} \tag{5-6}$$

其中，$\Omega_{i,a,t}$ 表示 t 年 i 省 a 行业的活跃邻省密集度，其他的变量含义与产业间学习的方程相同。在分别分析了产业间学习效应和区域间学习效应之后，本书还将两种效应结合起来进行了分析，所用到的具体回归模型为：

$$U_{i,a,t+3}=\beta_0+\beta_1\Omega_{i,a,t}+\beta_2\omega_{i,a,t}+\beta_3\Omega_{i,a,t}\times\omega_{i,a,t}+\beta_4M_{a,t}+\beta_5N_{i,t}+\mu_t+\varepsilon_{i,a,t}$$
$$\tag{5-7}$$

其中的变量含义与前面模型中相同。

在本书的最后，还加入了各省份的市场化指数，以研究市场化程度的高低对于学习效应的发挥是否有影响。本书用 $\theta_{i,t}$ 表示 i 省 t 年的市场化指数，加入模型中，具体的模型如下：

$$U_{i,a,t+3}=\beta_0+\beta_1\Omega_{i,a,t}\times\theta_{i,t}+\beta_2\omega_{i,a,t}\times\theta_{i,t}+\beta_3\theta_{i,t}+\beta_4\Omega_{i,a,t}+\beta_5\omega_{i,a,t}+\mu_t+\varepsilon_{i,a,t} \tag{5-8}$$

二、数据来源和描述性统计

在研究产业间学习效应和区域间学习效应时，以往文献使用的是出口数据或者上市公司数量，两者在一定程度上能反映一地区的产业结构以及行业发展状况，但也存在着缺陷。首先，影响产品出口的因素有很多，只看出口数据无法反映一个地区真实的产业发展状况；其次，类似 Jian Gao 等（2017）使用上市公司数量也无法反映这一问题，有些公司虽然没有上市，但也是行业龙头企业，在行业中占据着重要的位置。地方政府每年出让给各行业的土地出让宗数和面积，则在一定程度上可以反映各行业在各地区的新增投资状况以及地方政府的支持情况，因此本书使用地方政府制造业土地出让面积和宗数来研究行业间学习效应和区域间学习效应。

本书以中国省份为空间单位进行分析，其中不包括香港、澳门、西藏和台湾，总计包括30个空间单位。产业范围仅仅包括制造业，根据国家标准国民经济行业分类（GB/T 4754-2011）将整个制造业分为29个细分子行业。土地出让的数据源于中国土地网（http：//www.landchina.com/），时间跨度为2007~2015年，总共有6852个有效样本。如表5-1、表5-2所示。

表5-1　各主要变量的统计性质

变量名	所属数据集	平均值	标准差	最大值	最小值
RCA	面积	1.158	1.637	60.560	0
	宗数	1.190	1.253	36.711	0
活跃邻省密集度	面积	0.376	0.098	0.704	0.079
	宗数	0.402	0.090	0.699	0.153
活跃关联行业密集度	面积	0.406	0.125	0.764	0.135
	宗数	0.441	0.151	0.790	0.048
市场化指数	—	6.000	1.687	9.950	2.530

表5-2　中国2007~2015年土地出让整体情况

PANEL_A 土地出让面积情况（公顷）				
最小值	中位数	最大值	平均值	标准差
按行业统计				
行业名称				
烟草制品业	造纸和纸制品业	化学原料和化学制品制造业	—	—
数量				
2962.96	18173.89	92114.59	29065.82	24800.79
占所有行业出让面积比（%）				
0.35	2.70	10.93	—	—
按省份统计				
省份名称				
海南	湖南	山东	—	—
数量				
1527.94	18592.99	98048.67	28096.96	21626.89
占所有省份出让面积比（%）				
0.18	2.58	11.63	—	—

续表

PANEL_A 土地出让面积情况（公顷）				
	最小值	中位数	最大值	平均值	标准差
按年份统计					
年份	2008	2014	2011	—	—
数量	48688.45	88484.8	131261.3	93656.52	31053.04
占所有年份出让面积比（%）	5.78	10.50	15.57	—	—
PANEL_B 土地出让宗数情况					
	最小值	中间值	最大值	平均值	标准差
按行业统计					
行业名称	烟草制品业	纺织业	金属制品业	—	—
数量	408	5639	26105	7902.97	7111.96
占所有行业出让宗数比（%）	0.18	2.46	11.39	—	—
按省份统计					
省份名称	海南	广西	浙江	—	—
数量	310	4116	26736	7393.10	7412.19
占所有省份出让宗数比（%）	0.14	1.80	11.67	—	—
按年份统计					
年份	2008	2014	2011	—	—
数量	11552	27767	35142	25465.11	8061.39
占所有年份出让宗数比（%）	5.04	12.12	15.33	—	—

　　从整体情况可以看出，中国各地区之间土地出让面积和宗数都存在着较大的差异，主要是由各地区的经济基础和地理状况决定的。一般情况下，企业都会更倾向于在经济发达地区进行投资，因此经济发展好的省份倾向于出让更多的土地。而各省份之间地理状况的不同也会影响土地出让状况，省份之间存在着可出让土地数量的差别。除此之外，地方政策的不同也会影响土地出让情况，特别是会影响省份间对于制造业各细分行业的扶持态度。但整

体而言，在制造业中，随着时间变化，我国出让给重工业和高精尖制造业的土地较多。

第四节 学习效应与土地出让的主要结果

这篇文章的实证结果按照以下结构进行报告。首先，本书构建了类似产品空间的行业空间研究产业间的学习效应，并依照工业土地出让面积和宗数数据研究当活跃关联产业密集度变化时，某产业发展出（或维持）比较优势的概率是否会变化。其次，本书研究区域间学习效应，也就是一个省份在某一产业发展或维持比较优势的概率是否会随着邻近省份该产业的发展而增加。随后本书将两种效应结合在一起分析，考察两种学习效应在产业发展中的相互作用。最后，本书将整个研究进一步深入，市场化指数分析市场化程度对学习效应的发挥是否有影响。

一、产业间学习效应

本书通过研究一个地区某产业发展或维持比较优势的概率是否会随着关联产业数量的增加而增加，来考察产业之间的学习效应。

首先，本书根据 2015 年各省市工业土地出让的面积数据建立了一个网络图，如图 5-1 所示。

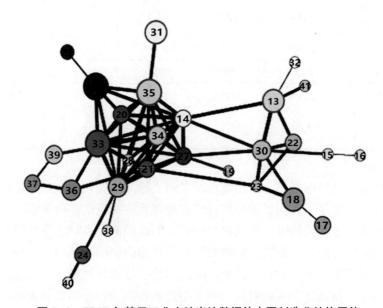

图 5-1　2015 年基于工业土地出让数据的中国制造业结构网络

图 5-1 中每个节点代表着不同的制造业子行业，节点上的数字标签是行业代码，节点的大小参考 2015 年各省政府出让给每个行业的工业用地面积总和，出让面积多的行业，其节点越大，反之越小。节点之间的连接是依据 2015 年行业间关联度，行业之间关联度越强，则相应节点之间的连线越粗，反之越细。整个网络图的绘制方法参考 Jian Gao 等（2017）中的五步绘制法，先搭建整体框架，然后叠加其他连接。

从图 5-1 中可以看出，比较大的节点是 26（化学原料和化学制品制造业）、33（金属制品业）、35（专用设备制造业），这三个制造业细分行业在全国范围内的土地出让面积最大。对比行业代码可以看出，2015 年，中国的制造业产业结构可以粗略分为两个部分，一部分是左边密集关联的包括金属制品业、化学制品业在内技术含量较高的制造业，另一部分是右边包括食品制造业、纺织业在内的技术含量较低的轻工业，显而易见的是，2015 年中国各省市土地出让更集中于重工业制造业，而不是轻工业制造业。

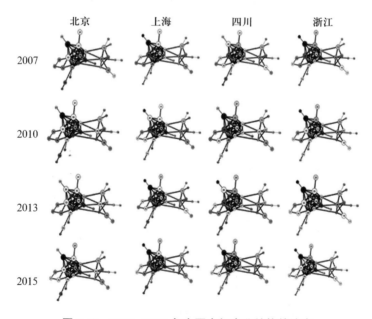

图 5-2　2007~2015 年中国省级产业结构的演变

注：四个省份为北京、上海、四川和浙江。白色圆圈表示一个省份显示比较优势的行业（RCA ≥ 1）。

图 5-2 用白色圆圈表示 2007 年、2010 年、2013 年和 2015 年的北京、上海、四川和浙江有比较优势的行业。可以看到，每个省份都有的新兴行业

往往与该省其他行业有联系。比如，北京的制造业从黑色金属冶炼和压延加工业逐渐向其他关联制造业转移，最后在汽车制造业、铁路、船舶、航空航天和其他运输设备制造业等发展出了比较优势。

为了研究产业间学习效应，本书使用2007~2015年的工业土地出让数据进行了回归分析，研究了某行业在一个省份发展出比较优势或者维持比较优势的概率是否会随着活跃关联行业密集度而变化。本书将数据集分成了两组：一组是所有的省份–行业组合都显示出比较优势（因此也可能失去比较优势），另一组是所有的省份–行业组合都没有显示出了比较优势（因此有发展出比较优势的潜力）。

分别按照这两组进行回归，一个回归解释了具有比较优势的行业在三年内保持这种比较优势的概率，另一个回归解释了在某个省份中不具有比较优势的行业在三年内发展出比较优势的概率。同时本书还在回归中加入了其他的控制项，包括某省份具有比较优势的行业数量、在某行业中具有比较优势的省份数量，用来控制省份和行业因素中与学习效应直接相关的部分。

表5-3　衡量产业间学习的 OLS 回归模型

	在三年内维持比较优势		在三年内发展出比较优势	
	面积 （1）	宗数 （2）	面积 （3）	宗数 （4）
活跃关联行业 的密集度	2.203***	2.795***	1.694***	1.804***
	（0.328）	（0.324）	（0.264）	（0.245）
某行业活跃省 份的数量	0.00837***	0.00743***	0.00357	0.00251*
	（0.00291）	（0.00179）	（0.00228）	（0.00148）
某省份活跃行 业的数量	−0.0728***	−0.105***	−0.0587***	−0.0633***
	（0.0121）	（0.0121）	（0.00943）	（0.00925）
时间固定效应	有	有	有	有
R^2	0.311	0.398	0.110	0.097
N	2727	2986	4842	4583

注：***、**、*代表显著性水平1%、5%与10%；括号中是标准误；R^2代表拟合优度，下同。

表5-3中同时展示了使用出让面积数据和出让宗数数据进行回归的结果。表5-3的前两列展示了活跃关联行业密集度、某行业活跃省份的数量及某省份活跃行业的数量对一个产业维持比较优势的概率的影响，后两列则表

示这些变量对一个产业发展出比较优势的概率的影响。

在面积数据下维持比较优势的回归中核心解释变量密集度的系数为 2.203，在 1% 的统计水平上显著，这意味着活跃关联行业的密集度每增加 1%，则该行业维持比优势的概率会增加 2.2%，在宗数数据下，这个值达到了 2.795。另外，发展比较优势时，活跃关联行业密集度为 1.694，在宗数数据下为 1.804。这说明在维持和发展比较优势中展示出显著正向的作用，密集度越高，即关联行业发展的越好，该行业更容易维持和发展出比较优势，这为产业间学习效应的存在性提供了证据。即一个产业在发展过程中，能够通过从关联行业中得到学习效应，而这种学习效应的产生可能是通过汲取管理经验、人力资本流动等方式。

某省份活跃行业的数量有显著负向的作用，说明在某省份发展出比较优势的行业越多，则在该行业发展和维持比较优势的概率越低。而行业活跃省份数量的系数显著为正，意味着对于某一个行业来说，发展出比较优势的省份数越多，则一个省份更有可能发展出或维持比较优势。

二、区域间学习效应

在用工业土地出让数据研究完行业之间的学习效应后，本书还考察了区域之间的学习效应，相比于前者，学术界对区域间学习效应的研究要少了许多。要探究区域间学习效应，则应研究地理位置相近的省份是否具有相似的产业结构。同理，本书用活跃邻省密集度这个指标研究一个省未来在某行业发展出比较优势的概率是否与它的邻省在该行业的发展状况有关，这个指标用来衡量某省在某行业有比较优势的邻省密集情况。

类似于产业间学习效应，本书也使用了一个 OLS 模型进行回归分析，研究了活跃邻省的密集度如何影响一个省份在某个行业中发展出或者维持比较优势的概率。同样地，本书也控制了一个省份内发展出比较优势的行业总数和在一个行业上发展出比较优势的省份总数。如表 5-4 所示。

表 5-4　衡量区域间学习的 OLS 回归模型

	在三年内维持比较优势		在三年内发展出比较优势	
	面积 （1）	宗数 （2）	面积 （3）	宗数 （4）
活跃邻省密集度	0.142^{***} （0.0437）	0.147^{***} （0.0394）	0.170^{***} （0.0269）	0.170^{***} （0.0282）

续表

	在三年内维持比较优势		在三年内发展出比较优势	
	面积 （1）	宗数 （2）	面积 （3）	宗数 （4）
某行业活跃省份 的数量	−0.000343	0.00185	0.000476	−0.00151
	（0.00354）	（0.00263）	（0.00221）	（0.00167）
某省份活跃行业 的数量	0.00702**	−0.00375	0.00377**	0.00187
	（0.00302）	（0.00291）	（0.00178）	（0.00211）
时间固定效应	有	有	有	有
R^2	0.304	0.389	0.106	0.100
N	2727	2986	4842	4583

相应地，本书也在表 5-4 展现了用面积数据和宗数数据的结果，与分析产业间学习效应时一样，本书将整体的数据分为了两组：一组是没有显露出比较优势的省份 – 行业组（因此未来可能会发展出比较优势），另一组是显露出了比较优势的省份 – 行业组（因此未来有可能失去这种比较优势）。

可以看出，无论是对于维持比较优势，还是发展比较优势，区域间学习都起着显著正向的作用，即一个省份可以从邻近省份中进行学习。在控制了时间固定效应后，在面积数据下维持比较优势的回归中，核心解释变量密集度的系数为 0.142，在 1% 统计水平显著，密集度每上升 1%，则维持比较优势的概率会上升 0.142%，同时在三年内发展出比较优势的情况下，密集度系数为 0.17，说明密集度每上升 1%，则发展出比较优势的概率会上升 0.17%，宗数数据的回归结果与面积数据大致相近。这为区域间学习效应的存在性提供了证据。

三、产业间学习与区域间学习互动

前文两个部分，本书通过使用工业土地出让数据分别研究了产业间和区域间的学习效应，但在现实情况中，两种效应是同时存在的，因此本书需要将这两种效应结合起来考察其作用情况。通过建立模型并进行回归，本书发现，活跃关联省份的密集度和活跃关联产业的密集度，不管是对于维持比较优势，还是发展比较优势，都有着显著正向的作用，也就是说，行业间和区域间的学习效应是存在的，一个行业可以通过关联行业中获得发展经验、劳动力等资源来发展自己。同理，一个区域也可以受益于邻近区域的发展。基于上面的分析，本书在模型中，同时加入了活跃关联省份密集度和活跃关联产业的密集度以及两者的交互项。如表5-5所示。

表 5-5　将区域间学习效应与行业间学习效应相结合

	在三年内维持比较优势		在三年内发展出比较优势	
	面积	宗数	面积	宗数
	（1）	（2）	（3）	（4）
活跃邻省密集度	0.219	−0.134	1.758***	0.0545
	（0.252）	（0.250）	（0.342）	（0.153）
活跃关联行业的密集度	1.833***	0.101	0.784***	0.398**
	（0.391）	（0.286）	（0.223）	（0.155）
交互项1	0.487	0.201	−1.086*	−0.422
	（0.637）	（0.573）	（0.578）	（0.377）
某行业活跃省份的数量	−0.00582	−0.00448	−0.00849***	−0.00735**
	（0.00358）	（0.00435）	（0.00229）	（0.00302）
某省份活跃行业的数量	−0.00813**	−0.0668***	0.00111	−0.0463***
	（0.00335）	（0.0124）	（0.00242）	（0.00965）
时间固定效应	有	有	有	有
R^2	0.313	0.394	0.108	0.107
N	2727	2986	4842	4583

同时考虑行业间学习效应与区域间学习效应之后，本书发现对于在三年内维持比较优势而言，只有面积数据中的行业间学习是显著的，这意味着两种学习效应在维持比较优势中几乎都没有发挥作用。这可能是由于那些已经发展出比较优势的行业和省份，其发展已经基本成熟，学习效应的帮助非常有限。而在三年内发展出比较优势而言，对于那些原本没有比较优势的行业，只有宗数数据下的活跃邻省密集度是不显著的，说明产业间学习效应和区域间学习效应对于发展出比较优势有帮助。

用工业土地出让面积的数据估计出在三年内发展出比较优势的情况下，活跃关联行业的密集度系数为0.784，意味着当密集度上升1%，发展比较优势的概率上升78.4%，这一数字在宗数数据下是0.398。并且结果表明，在发展出比较优势的情况下，两种学习效应的交互项是负的，说明当一种学习渠道饱和时，另一种学习带来的边际效应为负。

四、学习效应与制度因素

在研究了学习效应的存在性后，本书还研究了制度环境是否会影响学习效应的发挥。在各种制度因素中，本书考察市场化程度的影响，这种影响可能有正负两个方向：一方面，一个区域的市场化程度影响着该区域资源与信息交换的能力和速度，当一个地区市场化程度越高时，其学习效应越强，导致其更容易发展出比较优势；另一方面，市场化程度高会导致竞争强度大，发展比较优势变得更加困难。一般而言，本书认为这种正的效应会大于负的效应。

为了研究这一问题，本书参考了中国分省份市场化指数报告（2016），该报告对 2008~2014 年我国各省、自治区和直辖市市场化改革进展的总体情况和不同方面的进展情况进行评价，并使用评分作为各区域的市场化指数数据。本书采用其对于各省份市场化情况的总体评分作为市场化程度的衡量，得到的回归结果如表 5-6 所示。

表 5-6　市场化指数对于学习效应的影响

	面积数据			宗数数据		
	（1）	（2）	（3）	（4）	（5）	（6）
关联行业密集度	0.145	0.131*	0.120	0.248	0.154**	0.244
	（0.237）	（0.0710）	（0.238）	（0.266）	（0.0693）	（0.264）
活跃邻省密集度	0.445***	0.787***	0.787***	0.555***	1.531***	1.531***
	（0.0690）	（0.198）	（0.199）	（0.0675）	（0.166）	（0.166）
市场化指数	0.00762	0.0265**	0.0260	0.00441	0.0640***	0.0695***
	（0.0136）	（0.0113）	（0.0166）	（0.0163）	（0.0109）	（0.0187）
关联行业密集度 × 市场化指数	−0.00167		0.00176	−0.0149		−0.0145
	（0.0378）		（0.0380）	（0.0426）		（0.0421）
活跃邻省密集度 × 市场化指数		−0.0526*	−0.0527*		−0.161***	−0.161***
		（0.0299）	（0.0300）		（0.0259）	（0.0259）
时间固定效应	有	有	有	有	有	有
R^2	0.164	0.165	0.165	0.188	0.194	0.194
N	5138	5138	5138	5290	5290	5290

可以看出，市场化指数对于比较优势的发展基本上起着正向的影响，即市场化程度越高，发展出比较优势的概率越高，这与本书的直观感受一致，并且在加入市场化指数后，学习效应仍然是显著的。另外，面积数据和宗数数据的回归结果都显示，市场化指数与关联行业密集度的交互项系数不显著异于零，这意味着，市场化程度并不会影响行业间学习效应。市场化指数与活跃邻省密集度的交互项系数为负，说明市场化程度越高，区域间学习效应越小。这一结论与本书的假设相反，按照前面所提到的市场化程度对学习效应的影响有两种方向的说法，目前看，负向的影响要大于正向的，导致市场化程度越高，地区间学习效应越大。

第五节　结论

本书利用 2007~2015 年分省 – 分行业工业土地出让数据（包括面积数据和宗数数据），分析了中国经济中是否存在产业间学习和区域间学习效应。首先，本书构建了行业空间，并建立了回归模型，分析行业间学习效应，结果表明在一省份中，活跃行业密集度越高，则该行业在该省份中发展和维持比较优势的概率会更高。其次，本书对区域间学习进行了分析，加入了地理距离数据，回归结果表明，某一行业发展和维持比较优势的概率，会随着该行业在邻近省份的发展程度的上升而上升。最后，本书结合了两种学习效应，分析其相互间的影响，结果表明，两种学习效应在发展比较优势的情况下具有替代性，一种学习渠道饱和时，另一种学习的边际效应为负。

此外，本书研究了制度因素对于学校效应的影响，在原模型中加入了市场化指数，结果表明，市场化程度并不会影响行业间学习效应，但市场化程度越高，区域间学习效应越大。

但本书的研究也存在着一些局限性。例如，首先，研究对象是工业土地出让数据，虽然土地出让已经进入全面市场化阶段，但土地出让具有随着省级党代会的召开时间而变化的政治周期性，土地出让的方式也受到地方政府财政缺口的影响，因此，政府行为会影响土地出让结果，土地出让数据可能不能完全反映企业的学习效应，甚至有可能包含政府的学习效应。其次，土地出让数据可能不完全反映行业发展的状况，毕竟对于土地的投资不能代表该行业所有的投资额，也不能代表该行业的产出额，所以土地出让数据可能不能作为行业发展状况的一个完美的替代指标。最后，空间分辨率有限，本书使用了各省的出让数据，但在中国，省份是一个比较大的行政单位，有些省份的人口数达到了 1 亿多，省份内部的经济发展也非常不平衡，因此，缩小空间分辨率也是一个比较好的改进方向。

本书结论说明中国的经济发展中存在着行业间学习效应和区域间学习效应，因此，政府可以通过行业和区域之间的关联度利用产业政策去引导区域的多样化方向，同时，加强交通、网络等基础设施建设，创造沟通顺畅的环境，也有助于学习效应的发挥，从而带来经济的增长。

本书中提供的证据支持了中国的经济发展存在着行业间和地区间学习效应的结论，也支持了经济发展是一个学习过程的观点，并且这种学习过程是有路径依赖性的。在目前中国正在寻求产业结构升级的大背景下，本书希望能够启发新的关于学习效应的研究，进一步分析具体的学习渠道和影响路径。

参考文献

［1］Peters, Michael, et al. The Impact of Technology-push and Demand-pull Policies on Technical Change-Does the Locus of Policies Matter?［J］. *Research Polic*y，2012，41（8）：1296-1308.

［2］李文溥，陈永杰. 经济全球化下的产业结构演进趋势与政策［J］. 经济学家，2003（1）：50-56.

［3］Boschma, Ron, A. Minondo, and M. Navarro. Related variety and regional growth in Spain*［J］. *Papers in Regional Science*，2012，91（2）：241-256.

［4］Hidalgo, C. A., et al. The product space conditions the development of nations［J］. *Science*，2007（317）：482-487.

［5］Neffke, Frank, M. Henning, and R. Boschma. How Do Regions Diversify over Time? Industry Relatedness and the Development of New Growth Paths in Regions［J］. *Economic Geography*，2011，87（3）：237-265.

［6］Nelson, R. R., Winter, S. G. An Evolutionary Theory of Economic Change［M］. Cambridge：Harvard University Press，1982.

［7］Boschma, R., Mart'in, V., Minondo, A., Neighbour regions as the source of new industries［R］. Papers in Regional Science（Advanced access），2016.

［8］杨继东，杨其静. 保增长压力、刺激计划与工业用地出让［J］. 经济研究，2016，51（1）.

［9］Balassa, Bela. Trade Liberalisation and "Revealed" Comparative Advantage.

［ J ］. *Manchester School*，1965，33（2）：99–123.

［10］彭俞超，方意. 结构性货币政策、产业结构升级与经济稳定［J］. 经济研究，2016，51（7）.

［11］易信，凤良. 金融发展、技术创新与产业结构转型——多部门内生增长理论分析框架［J］. 管理世界，2015（10）.

［12］Jian Gao，et al. Collective Learning in China's Regional Economic Development［J］.*Papers in Evolutionary Economic Geography*，2017(1)：7–14.

［13］Zhu S，He C，Zhou Y. How to jump further and catch up? Path–breaking in an uneven industry space［J］. Journal of Economic Geography，2017，17（3）：7–14.

［14］Hausmann，Ricardo，and C. A. Hidalgo. The Atlas of Economic Complexity：Mapping Paths to Prosperity［J］. *Mathematics & Computer Education*，2014（46）：7–14.

［15］Boschma，R. Relatedness as driver of regional diversification：A research agenda［J］. Regional Studies，2017，51(3)：351–364.

［16］Delgado，M.，Porter，M. E.，Stern，S. Defining clusters of related industries［J］. Journal of Economic Geography，2016，16(1)：1–38.

［17］Semitiel–Garcia，M.，Noguera–Mendez，P. The structure of inter-industry systems and the diffusion of innovations：The case of Spain［J］. Technological Forecasting and Social Change，2012，79（8）：1548–1567.

［18］Boschma，R.，Iammarino，S. Related variety，trade linkages，and regional growth in Italy［J］. Economic Geography，2009，85（3）：289–311.

［19］Frenken，K.，Van Oort，F.，Verburg，T.Related variety，unrelated variety and regional economic growth［J］. Regional Studies，2007，41(5)：685–697.

［20］Teece，D. J. Economies of scope and the scope of the enterprise［J］. Journal of Economic Behavior & Organization，1980，1(3)：223–247.

［21］Neffke，F.，Henning，M. Skill relatedness and firm diversification［J］. Strategic Management Journal，2013，34（3）：297–316.

［22］Bahar，D.，Hausmann，R.，Hidalgo，C. A.Neighbors and the evolution of the comparative advantage of nations：Evidence of international knowledge diffusion? ［J］. Journal of International Economics，2014，92(1)：111–123.

［23］Acemoglu, D., Garc'ia-Jimeno, C., Robinson, J. A. State capacity and economic development: A network approach ［J］. American Economic Review, 2015, 105 (8): 2364-2409.

［24］Holmes, T. J. The diffusion of Wal-Mart and economies of density ［J］. Econometrica, 2011, 79 (1): 253-302.

［25］Zhu S, He C, Zhou Y. How to jump further and catch up? Path-breaking in an uneven industry space ［J］. Journal of Economic Geography, 2017, 17 (3): 7-14.

［26］张先锋，杨新艳，陈亚.制度距离与出口学习效应 ［J］.世界经济研究，2016 (11).

［27］余靖雯，肖洁，龚六堂.政治周期与地方政府土地出让行为 ［J］.经济研究，2015, 50 (2).

［28］赵文哲，杨继东.地方政府财政缺口与土地出让方式——基于地方政府与国有企业互利行为的解释 ［J］.管理世界，2015 (4).

第六章　产业政策、地区竞争与土地出让

第一节　导论

产业政策，通常指政府为了扶持特定行业而采取的选择性政策。产业政策在发展中国家经济体和大多数工业化国家的经济发展史上，都曾得到普遍运用。在现代中国的产业发展史上，产业政策也被作为政府引导产业发展方向，提升产业技术水平和国家竞争力，进而实现特定经济发展目标的重要工具。特别是在现阶段，我国各级政府往往试图通过产业政策，鼓励和支持发展特定产业，限制和淘汰落后产能，推进产业结构优化升级（孙早和席建成，2015）。尽管制定产业政策的初衷是优化资源配置，促进产业发展，但在实施过程中，产业政策的效果受到诸多因素的影响。因此，关于产业政策的具体效果，需要严谨的科学评估。

产业政策是否有效，应该施行怎样的产业政策，也引发了广泛讨论。[1]支持产业政策的观点认为，产业政策有利于产业发展。但在现实中，产业政策的实施效果经常背离政府制定产业政策的初衷，扭曲市场对资源的配置，降低资源配置效率（李平等，2010）。与理论争论相对照，一些研究已经开始关注中国背景下产业政策的具体影响。孙早和席建成（2015）利用钢铁行业数据，发现地方政府追求短期经济增长会扭曲产业政策的实施效果。张莉等（2017）以土地出让作为切入点，发现重点产业政策导致重点产业的土地资源配置显著增加。

不同于已有研究，本书试图从资源空间配置的视角，讨论重点产业政策对经济地理的影响，进而研究产业政策的实际效果及其影响因素。随着空间经济学的发展，人们已经意识到，经济活动的区位分布，涉及企业和家庭在哪里进行生产和消费的决策，与空间区位选择相伴随的资源空间分布，则涉及规模收益递增，运输成本和生产要素的流动。在这些因素相互作用下，资源配置和生产过程的空间集中，被认为是一个国家或地区提高生产效率的重

---

[1]　林毅夫教授和张维迎教授关于产业政策的辩论引发了广泛关注。

要原因。相比于"生产什么"和"为谁生产"，"在哪生产"同样非常重要。因此，资源空间配置是一个非常关键的问题。参考张莉等（2017）的研究，本书使用工业土地出让来刻画资源配置，不同的是，本书关注的重点是"重点产业政策"如何影响相关产业工业用地的空间配置。本书试图回答：第一，在经济地理上，重点产业政策是否会导致相关产业的土地资源空间配置更加分散？第二，如果重点产业政策影响资源空间配置，其背后的具体机制是什么？第三，资源空间配置分散可能产生怎样的后果，对经济福利有何影响？是否存在缓解重点产业政策扭曲程度的有效途径？

参考宋凌云和王贤彬（2013）、吴意云和朱希伟（2015）、张莉等（2017）的研究，本书收集了中央与各个省份的"十一五"规划和"十二五"规划文件，按照《工业项目建设用地控制指标》的两位数行业分类，把中央政府和省份政府在五年规划工业发展部分中提及的产业作为"重点产业"。本书从中国土地市场网收集了2007~2014年工业土地出让微观数据，通过整理加总得到地级市层面分行业的土地出让信息，继而计算了每一个行业在同一省份内部不同地级市之间分布的集中（分散）程度，即土地资源空间配置（产业空间分布）的地理熵指数，进而比较产业政策提及的"重点产业"与未提及的"非重点产业"在土地资源配置上的空间差异。

研究结果发现，重点产业政策导致重点产业的地理熵指数比非重点产业高0.25，相比平均的产业地理熵指数而言，重点产业的地理熵指数增加21%，即重点产业政策导致资源配置在地理空间上更加分散；并且中央政府与省份政府重点产业政策的效果有所不同，省份政府提及的重点产业政策对相关产业在该省的地理空间分布影响更大。为了验证"政府竞争导致资源空间配置扭曲"的假说，本书考察省内经济增长率差距和省内的地方保护主义倾向对重点产业政策实施的影响，以及政治周期是否也会影响重点产业政策的实施效果。结果发现，省内经济增长率差距越大，省内地方保护主义倾向越严重，重点产业政策对资源在地级市之间的空间配置影响更大；重点产业政策对资源空间配置的影响在党代会召开后的前两年影响更大，存在显著的政治周期性。进一步研究发现，土地资源空间配置对产业发展具有重要影响，随着土地资源配置空间分散强度的增加，该行业产能过剩率会显著增加。这说明，政府竞争扭曲重点产业政策，导致资源空间配置更加分散，对产业发展造成了负面影响，降低了资源配置效率。本书进一步探寻是否存在缓解重点产业政策扭曲程度的有效途径。结果发现，省份的市场化程度越完善、对外开放水平越高，市场对资源配置的作用越强，重点产业政策受到地方政府竞争的影响越小，资源空间配置扭曲程度越小，越有利于重点产业政策的实施。

本书的研究对中国经济发展和产业发展具有重要的现实意义。大量研究表明，生产的空间集聚是提高国家和地区生产率，促进经济增长的重要因素，空间集聚所引发的规模收益递增对地区经济发展和经济质量提升具有重要影响（Fujita 等，1999）。吴意云和朱希伟（2015）研究发现，2000 年以来，中国工业发展呈现过早扩散的趋势，一个重要原因是省份政府在重点产业政策上争相跟随中央，省份之间互相竞争，造成重点产业在空间上过早分散以及地区之间分工不足，带来经济效益的巨大损失。本书的研究从土地资源空间配置的角度，为产业政策影响资源空间集聚，进而影响产业发展提供了经验证据。

本书的研究对中国制定未来的产业政策具有借鉴意义。产业政策，特别是中央政府的产业政策，应防止地方政府竞争带来的政策扭曲。重点产业政策是选择性的产业政策，是政府鼓励向一些产业或部门进行倾斜投资，从而促进产业差异发展的政策（宋凌云和王贤彬，2013）。预期到发展重点产业可能有配套的产业基金、拨款、税收等方面的支持，辖区内各地方政府可能争相发展该重点产业，以增加官员政绩和推动地区发展。在政治和经济激励的作用下，各地纷纷增加重点产业资源配置，然而，给定产业所需要资源或者在市场容量有限的前提下，这种"竞争"必然导致产业资源配置呈现空间分散的特征。这意味着在规划重点产业时，需要考虑到下级政府在实施过程中可能存在的竞争行为，以及由此导致的产业政策的失效和资源配置的低效率。

相比已有学术研究，本书的贡献主要有三点：第一，从重点产业政策的研究看，本书从土地资源空间配置的视角，拓展了中国重点产业政策实施效果的实证研究。张莉等（2017）发现，重点产业政策影响土地出让的数量和面积，但并没有讨论资源空间配置以及配置效率的问题。吴意云和朱希伟（2015）采用产值数据考察重点产业政策对产业地理分布的影响，但并没有从资源配置的视角来考察重点产业政策的实施效果。而本书发现，重点产业政策对资源空间配置效率具有重要影响，进而从土地资源空间配置这一视角考察产业政策如何影响资源空间配置效率。第二，从政府竞争的研究看，本书在政府竞争对重点产业政策的影响方面进行了较为深入的实证研究，讨论了政府竞争和产业政策的互动关系。吴意云和朱希伟（2015）的文章注意到政府竞争对产业地理分布的影响，他们主要考察了省份之间互相竞争对中央重点产业政策的影响。本书进一步补充了地级市层面的证据，并且将重点产业政策做了进一步细分，考虑了地级市政府对中央和省份重点产业政策响应的异质性，为中国产业政策实施过程中同级政府互相竞争影响产业政策实施效果提供了进一步的证据。第三，从资源空间配置的研究看，本书突出了产业政策对资源空间配置的影响。随着经济活动的区位选择受到学术界越来越多的关注，国外较多文献基于较为成熟的市场经济体制，考察了运输成本、规模经济以及知识溢出等各种因素对经济活动空间分布的影响（Ellison 等，2010；Diodato 等，2018），但对处于转轨期的中国而言，产业政策与政府干预对资源空间配置的影响是巨大的。因此，本书选择土地资源空间配置这一角度，研究了重点产业政策对资源空间配置的影响以及影响的具体机制，弥补了现有研究的不足。

第二节　产业政策与土地出让的文献综述与研究假说

一、关于重点产业政策的文献

关于产业政策的研究观点主要分为两种。一种认为，由于市场本身存在的信息外部性和协调失灵，制约了经济发展，政府通过产业政策可以弥补市场失灵，将资源配置给具有比较优势的产业，有利于资源的优化配置和产业结构的优化升级（林毅夫，2012）。在实证研究上，宋凌云和王贤彬（2013）利用中国工业企业数据库，发现省份五年规划的重点产业政策通过将资源导向生产率更高的企业，进而提高了产业的生产效率。Aghion 等（2015）利用1998~2007 年的中国工业企业数据库考察了政府补贴和税收等产业政策工具对企业 TFP 的影响，结果发现，促进企业竞争的产业政策显著提高了企业生产率。张莉等（2017）利用 2007~2015 年的工业土地出让数据，发现重点产业政策导致地方政府在重点产业出让更多土地，重点产业政策影响了土地资源配置。

另一些学者持相反观点，认为产业政策不能达到预期目标，并且会导致各种扭曲现象。Beason 和 Weinstein（1996）采用日本 13 个产业部门1955~1990 年的数据，研究发现，产业优惠政策并没有提高目标部门的规模收益或生产效率。江飞涛和李晓萍（2015）认为，中国的产业政策体现出强烈的直接干预市场、限制市场竞争和以政府选择代替市场机制的管制型特征，对一些行业的效率提升产生了显著的负面影响。此外，产业政策还容易导致在相关产业过度投资，进而降低了资源配置效率。

综上所述，关于产业政策的效果存在较多争论。从实证研究看，有关产业政策的文献着重分析其对企业生产效率的影响，以及探讨行业间的资源配置问题，鲜有研究从产业政策影响资源空间配置这一角度来考察产业政策的实施效果。与本书最接近的研究是张莉等（2017）的文章，都是从土地资源配置的视角来研究重点产业政策的实施效果。张莉等（2017）侧重分析重点产业政策是否会导致地方政府在相关行业出让更多土地，证实了重点产业政策会影响土地资源配置，但并没有分析重点产业政策对资源空间配置的影响，特别是空间配置效率的影响。如果重点产业政策不仅导致在相关产业配置更多土地资源，而且相对于非重点产业，重点产业的土地资源配置在空间上的分布更加集中，那么重点产业政策可能提高了资源空间配置效率。但如果地方政府存在竞争性行为，争相在重点产业出让更多土地，阻碍了重点产业的空间集聚过程，导致重点产业在地区之间的分布更加均匀，也就是空间布局更加分散，那么由于政府之间的竞争，重点产业政策反而扭曲了相关产业的空间分布，降低了资源空间配置效率。因此，本书将从资源空间配置的角度对重点产业政策的实施效果进行更细致的考察，探讨重点产业政策如何影响资源空间配置及其配置效率，以及产生这种影响的具体机制。

二、关于政府竞争与土地资源配置的文献

重点产业政策影响土地资源配置的途径是：一方面，上级政府规划重点产业，往往会对重点产业予以配套的产业基金、拨款、税收优惠等方面的支持。下级政府预期到发展重点产业会得到上级政府的支持，会主动干预产业发展。另一方面，按照中国的行政架构，下级政府必须落实上级的产业政策，在落实过程中可以根据自身情况予以调整。而下级政府干预产业发展的一个重要途径就是土地资源配置，《中华人民共和国土地管理法》和《城镇国有土地使用权出让和转让暂行条例》赋予了县市级政府一级土地市场的垄断开发权，地方政府对国有建设用地的征收和出让就成了地方政府干预经济发展的最主要手段（杨继东和杨其静，2016）。在政治和经济的双重激励下，地方政府之间可能会产生激烈的竞争。

关于政府配置土地资源、推动经济发展以增加竞争优势的假说主要有两种：一种是土地财政假说，认为地方政府出让工业用地的主要目的是获得财政收入（赵文哲和杨继东，2015）。另一种是土地引资假说，即地方政府以廉价出让工业用地的方式来参与招商引资竞争，推动辖区经济增长，以求在以经济绩效为核心的竞争中胜出。比如，张莉等（2011）以劳均固定资产投资作为晋升竞争的代理变量，发现各省的土地出让面积与晋升竞争之间存在显著的正相关关系。杨其静和彭艳琼（2015）使用城市层面的工业用地出让数据，结果发现，省内规模相近的地级市之间存在工业用地规模和出让方式

的相互模仿行为。

（1）关于产业地理分布影响因素及其福利含义的文献。最近，余靖雯等（2015）发现地级市层面的土地出让行为存在政治周期性，省份党代会的召开通过影响市级官员的晋升，进而影响了市级官员的土地出让行为。上述文献主要是研究政府竞争对土地出让总量、价格和方式的影响，而没有关注政府竞争对土地出让的影响是否存在产业差异性。本书希望填补这一空白，探讨政府竞争对重点产业土地出让的影响程度是否更大。

（2）目前，国际上关于产业集聚的相关研究主要是基于欧美的数据对新经济地理学的理论进行检验。新经济地理学探讨了运输成本、规模收益、外部性、历史和预期、偶然因素的动态累积以及要素流动等因素对产业集聚的作用机理，一定程度上解释了经济活动的区域分布规律和空间集聚现象（Krugman，1991；Fujita 等，1999）。国内许多学者基于新经济地理学理论，做出了大量有益的探索。比如，范剑勇（2006）、贺灿飞（2009）等研究了产业集聚的影响因素，认为规模经济促进了中国产业空间集聚。但在西方成熟市场经济环境中发展起来的新经济地理学理论能否完全适用于处于经济转轨期的中国，还值得进一步研究。在经济转轨过程中，技术、资本以及劳动力等流动并非完全受市场调节，政府"看得见的手"一直在发挥着作用（高鹤，2006）。尤其是在分税制改革之后，地方政府有了相对独立的经济利益，对促进辖区内经济发展的意愿大幅提高，会通过各种手段参与到产业集聚过程中来。因此，转轨经济背景下的中国产业集聚演化，不再单纯取决于自然资源禀赋以及新经济地理学理论所倡导的规模收益和外部性等因素，政策和政府行为本身已成为产业集聚的重要影响因素（李世杰等，2014）。路江涌和陶志刚（2007）发现，高国有化率或高利润率的行业在中国更倾向于地理分散而非集中，支持了地方保护降低产业地理集中的观点。金煜等（2006）发现，政府参与经济活动程度越高则越不利于工业部门的空间集聚，而提高对外开放水平则有利于产业空间集聚。

（3）上述文献表明，地方竞争行为以及由此引起的保护主义不利于产业的空间集聚，由此引出的一个重要问题是，政府竞争造成资源空间配置分散后会导致怎样的福利结果。可以认为，资源空间配置分散后，将导致生产的地理集中度下降，而产业集聚是提高生产效率的重要途径，因此资源空间配置分散可能降低经济福利。在关于马歇尔外部性的讨论中，产业地理集聚将带来产业内的溢出效应，进而提高资源利用效率。Krugman（1991）提供了美国产业地理集聚的证据，通过计算美国三位数制造业区位基尼系数，发现美国制造业普遍存在高度集中化现象，进而带来效率提升。Ellison 等

（2010）的实证研究进一步支持了马歇尔关于产业集聚的论述。此外，刘修岩（2014）利用中国 1999~2010 年的省级面板数据，认为在中国现阶段，中国区域协调发展政策的重点不应是平衡地区经济活动的空间分布，而应侧重于尽量消除阻碍空间集聚和区域一体化的制度因素，以实现生产在地理上集中但在生活水平上实现趋同，从而获得整体福利的提高。吴意云和朱希伟（2015）发现，由于省份政府在产业政策上争相模仿中央政府，一方面导致各省份难以发挥自身的比较优势，另一方面导致中国工业地理分布集中度过低，地区之间分工不足，带来了巨大的效率损失。陆铭（2016）研究表明，由于资源配置中存在大量的行政性干预，造成经济活动空间布局分散，难以发挥大国的规模优势，资源的空间错配在宏观上就直接表现为降低中国全要素生产率的增速，进而影响中国经济的可持续增长。已有文献主要讨论了省级层面和区域层面的政府干预行为对产业集聚的影响，本章进一步讨论地级市层面政府干预对产业集聚的影响，以及这种影响会产生怎样的经济福利效果，这将为讨论政府竞争引发产业分散布局及其福利含义的研究提供更细致的证据。

（4）本书假说的提出。综合重点产业政策、政府竞争与土地资源配置以及产业地理分布影响因素及其福利含义的相关研究，本书考察重点产业政策对土地资源空间配置的影响，以及这种影响是否会受到政府竞争的作用。

重点产业政策对土地出让会产生重大影响。上级政府规划重点产业，往往会对重点产业予以配套的产业基金、拨款、税收优惠等方面的支持。下级政府预期到发展重点产业会得到上级政府的支持，会主动干预产业发展。上级政府在批复下级政府的用地指标时，是否符合产业政策的相关内容是其重要的考虑因素。[①]地方政府在制订产业发展方案时，会考虑相关用地指标能否得到上级政府的批准。越符合上级的规划，越容易获得批准。并且，按照中国的行政架构，对于中央制定的政策，地方政府与各相关部委必须落实执行，并根据自己的情况略加调整制订自己的方案。

本书想考察的问题是，在地方政府落实产业政策的过程中，是否存在政

---

① 比如，中央在批复省一级用地指标以及批复国家级园区发展及用地规划时，就会考虑是否符合中央重大的产业政策。国家发展和改革委员会还会根据中央及中央各部委制定的产业政策，制定《产业结构调整指导目录》，《产业结构调整指导目录》是制定项目审批或核准、信贷获取、税收优惠与土地政策的基础。《国土资源部国家发展和改革委员会关于发布实施〈限制用地项目目录（2012 年本）〉和〈禁止用地项目目录（2012 年本）〉的通知》里明确指出，"依据《产业结构调整指导目录（2011 年本）》（国家发展改革委令第 9 号）和国家有关产业政策、土地供应政策，国土资源部、国家发展改革委制定了《限制用地项目目录（2012 年本）》和《禁止用地项目目录（2012 年本）》"。这是产业政策向土地政策传导的链条之一。

府之间的竞争导致资源配置在落实过程中过度分散的现象。具体而言，上级政府重点产业政策发布后，由于下级政府存在推动辖区内经济发展和增加自身优势的动机，可能会争相发展上级政府规划的重点产业，在相关产业出让更多土地，导致重点产业的土地资源配置在空间上更加分散，扭曲上级政府的重点产业政策，导致资源空间配置效率低。政府竞争导致重点产业政策受到扭曲的途径可以用一个简化模型说明，假设某省份包括三个地级市，分别为城市1、城市2和城市3，并假设存在A、B和C三类产业。随着地级市层面的政府竞争程度加剧，上级的重点产业政策的实施效果也会发生变化，大致可分为三种情况。[①]

情况一：上级政府将A、B和C三类产业都列为重点产业，如果三个地级市都能遵循自身的比较优势，比如城市1适合发展A类产业，城市2适合发展B类产业，而城市3适合发展C类产业，这三个城市都发展符合自身条件的产业，这种专业化分工将有利于比较优势的发挥，而且有利于产业集聚发展。

情况二：在上级政府将A、B和C产业提及为重点产业之后，预期到重点产业带来的优惠政策以及对辖区内经济发展的推动作用，各个地级市政府互相竞争，就会出现产业结构趋同的结果。例如，城市1依然发展符合比较优势的A产业，但是城市2和城市3违背自身比较优势，争相发展A产业，其产业结构分别为AB和AC。[②]造成A产业在地级市之间的分布更加分散，不利于A产业的集聚发展。[③]

情况三：地级市之间的竞争程度进一步加剧，各个地级市对各类产业都存在竞争行为，最后的结果是城市1、城市2和城市3发展的产业完全相同，产业结构都为ABC。每个地级市在产业发展上都追求大而全的建设，不存在城市之间的分工与合作，这种情况容易引发重复建设与过度投资，并且由于各类产业在地级市之间高度分散，不利于获得规模经济的优势。

---

① 本书也描绘了该模型的简图，具体请详见附件部分。可在《中国工业经济》网站（http://www.ciejournal.org）下载。下同。

② 为了简化，认为某一城市选择发展两类产业或三类产业，各个产业所占的比重相等。如城市2选择AB两类产业，A和B在城市2的产业结构中的比例完全相等。由于本书是从土地出让的角度来讨论城市的产业选择，因此，城市选择AB两类产业是指这两类产业获得的土地出让比例完全相等。

③ 需要注明的是，本书对产业空间分布的度量相当于考察该产业新增土地资源的空间分布，即当城市1在A产业已经饱和，但是仍然在A产业出让土地资源，同时城市2和城市3也在A产业出让土地资源的情况下，在计算A产业的空间分布时才会更加分散。如果城市1在A产业饱和的情况下，不再发展A产业，而只有B或C发展A产业的情况下，A产业的新增土地资源在空间上仍然是集中的，那么该种情况下仍然能够发挥集聚效应，土地资源配置是有效率的。

上述三种情况表明，随着政府之间的竞争加剧，对重点产业的争取也会越来越激烈，重点产业政策受到的扭曲程度也会越来越大。从中央政府和省份政府的关系看，中央政府选择重点产业，导致各个省份为了争取中央在重点产业上的支持，争相在重点产业出让更多土地，进而导致重点产业不能在某一个省集中发展，既难以获得规模经济的优势，也不利于各个省份发挥其比较优势。此外，由于各个省份争相发展重点产业，还容易造成地区间产业结构趋同等问题。从省份政府与地级市政府关系看，上级政府规划重点产业，导致省份内部各个地级市争相在重点产业上出让更多土地，进而导致重点产业在不同地级市之间更加分散，阻碍了重点产业的空间集聚过程，不利于重点产业发展，同时容易导致重复建设、产能过剩等问题。既然政府间竞争会影响土地资源空间配置，扭曲重点产业政策，那么在市场化程度越完善、对外开放水平越高的地区，市场对资源配置的作用越大，政府干预资源配置的空间越小，政府竞争带来的负面作用就会越弱，从而重点产业政策的实施效果可能会更好。

综上所述，本书提出以下三个假说：

假说 1：由于政府间竞争的存在，重点产业政策可能导致相关产业的土地资源配置在空间上更加分散。

假说 2：横向对比看，政府竞争程度越激烈的省份，重点产业政策受到的扭曲程度越大；纵向对比看，不同年份政府竞争强度的差异，也会显著影响重点产业政策的扭曲程度。

假说 3：市场化程度越完善和对外开放水平越高的省份，政府对资源配置的干预越少，重点产业政策受到的扭曲程度越小。

第三节　产业政策与土地出让的数据与度量方法

一、数据

本书使用的数据主要分为三类：第一类是关于重点产业政策的数据，参考吴意云和朱希伟（2015）、张莉等（2017）的研究，本书根据中央政府与各省份政府的"十一五"规划、"十二五"规划文件中提及的重点产业，将其与国土资源部《工业项目建设用地控制指标》（2008 年）的两位数行业相匹配，得到中央和各省份两位数的重点产业。[①] 第二类是关于工业土地出让

---

① 重点产业政策的相关数据详见附录部分。

的数据，本书从中国土地市场网，收集了 2007~2014 年全部制造业用地出让结果公告的数据，出让结果中包含该地块所在区县具体地址、出让面积、用地类型等重要信息。本书根据每宗工业用地出让的行业信息得到了 30 个两位数行业分类的制造业用地情况。第三类是其他数据，包括各省份分行业的产能过剩率、各省份内部地级市的经济增长率差距、各省份的市场化程度等信息，来自《中国统计年鉴》等资料。[①]

二、产业地理分布度量方法

描述产业地理分布的指数较多，一般用 GINI 指数、EG 指数，除此之外，也常用熵指数、Herfindahl-Hirschman 指数（HHI）、空间分散指数等来衡量。虽然不同指数在测算经济活动地理分布及其变化趋势方面各有优缺点，但已有研究发现，上述指数测算的结果具有显著相关性（贺灿飞和谢秀珍，2006）。因此本书以 Aiginger 和 Davies（2004）构建的地理集中熵指数来测算各省份分行业的地理集中水平。[②] 再使用其他指数（HHI）进行稳健性检验。

三、识别策略

本书主要利用地级市层面的工业用地出让数据来考察重点产业政策对资源空间配置的影响。首先考察重点产业政策 IMPIND 的总体效果（即中央或省份提及的重点产业政策），[③] 其次将重点产业政策细分为中央提及—省份也提及的重点产业 IMPgs、中央提及—省份未提及的重点产业 IMPg、中央未提及—省份提及的重点产业 IMPs，考察地级市层面的土地出让对不同来源的重点产业政策的响应是否存在差异，分析哪一种重点产业政策对地级市层面的土地资源配置影响更大。为此设定了以下基准模型：

$$CONC_{ipt}=\alpha+\beta \times IMP_{ipt}+\sum_{\gamma} X_{ipt}+\lambda_i+\lambda_p+\lambda_t+\varepsilon_{ipt} \tag{6-1}$$

---

① 上海、海南和西藏这三个省份土地出让数据很少，故本书所有数据不包括以上三个省份。

② 地理集中熵指数的缺点是其取值范围会受到测算地区数目的影响，但是本书比较的是同一行政区内，重点产业相对于非重点产业是否更加分散，地区数目应该是相同的。限于篇幅，地理熵指数的计算公式请详见附录部分。本书首先计算全国层面 30 个两位数产业的地理熵指数（相当于在各省之间的空间分布），然后进行简单平均和加权平均，描绘了全国层面重点产业与非重点产业地理熵指数的动态变化图，具体结果请详见附件部分。再计算每年各省份内部 30 个两位数产业的地理熵指数，然后把各年的值经过简单平均，得到 2007~2014 年重点产业与非重点产业的平均地理熵指数，具体结果请详见附录部分。

③ 本书也根据每一宗土地出让的经纬度信息，利用 ArcGIS 软件描绘了 2007 年重点产业与非重点产业的土地资源空间配置状况。ArcGIS 图请详见附录部分。

其中，$CONC_{ipt}$ 为被解释变量，为 t 年 p 省份 i 产业的地理分布熵指数，衡量的是 i 产业在 p 省份各个地级市之间的分布情况。如果 i 产业在 p 省份内部越分散，那么 $CONC_{ipt}$ 越大；如果 i 产业在 p 省份内部分布越集中，那么 $CONC_{ipt}$ 越小。IMP_{ipt} 是关键解释变量，为重点产业政策虚拟变量，可以表示 IMPIND、IMPgs、IMPg 和 IMPs 四类重点产业政策。如果 i 产业被某类政策提及为重点产业，则赋值为 1，否则赋值为 0。IMP_{ipt} 的回归系数 β 是关注的重点，若 β 显著为正，则表示与非重点产业相比，重点产业的地理熵指数更大，从而说明重点产业政策导致重点产业在省份内部各个地级市之间的分布更加分散，进而影响了土地资源空间配置。

为了保证实证结果的稳健性。在模型（1）中，参考张莉等（2017）的研究，本书还加入影响省份内部产业地理分布的一系列因素作为控制变量 X_{ipt}，具体包括三类：①反映省份行业层面的控制变量，本书选用 t 年 p 省份在 i 产业出让的土地面积，因为可能存在的一种情况是，如果 t 年 p 省份在 i 产业出让的土地面积更多，自然而然地就会导致 i 产业在地理上更加分散，那么就需要控制 t 年 p 省份在 i 产业出让的土地面积；②借鉴贺灿飞等（2010）的研究，本书选取了反映省份内部各地级市之间的竞争程度、省份的地方保护主义倾向、市场化程度以及对外开放水平的控制变量，具体包括省份内部地级市的经济增长率差距，国有企业工业销售产值占规模以上工业企业工业销售产值比值，市场化指数，FDI，出口水平；③其他反映省份特征的控制变量，包括 t 年 p 省份出让的土地总面积，省份 GDP，人均 GDP（取对数），人口，财政赤字率以及工业产值占 GDP 比重。λ_i、λ_p、λ_t 为虚拟变量，分别控制行业、省份和年份的固定效应。[①]

第四节　产业政策对土地出让空间配置的影响

表 6-1 报告了模型（6-1）的回归结果。从第（1）列可以看出，在加入控制变量之后，重点产业政策 IMPIND 的系数显著为正，说明在其他条件不变的情况下，与非重点产业相比，重点产业政策导致重点产业在省份内部各个地级市之间更加分散。从经济显著性看，假设重点产业政策的系数为0.25，而产业地理熵指数的平均值为1.21。因此，如果某产业被中央或省份提及为重点产业，其地理熵指数会增加0.25，相比平均的产业地理熵指数，重点产业的地理熵指数会增加21%。并且不同重点产业政策对资源空间配置

---

① 本书对所有数据进行了描述统计，具体请详见附录部分。

的影响不同，中央提及—省份提及的重点产业和中央未提及—省份提及的重点产业对省份内部土地资源空间配置具有显著影响，而中央提及—省份未提及的重点产业则对省份内部土地资源空间配置的影响不具有显著性。综合三类重点产业政策的回归结果，可以看出，相比于中央政府提及的重点产业，省份政府提及的重点产业对省份内部土地资源的空间配置影响更大。[①]

另外，省—行业出让的土地面积（Area_Ind）的回归系数显著为正，符合理论预期，说明省份在某一行业出让的土地面积越多，该行业的土地资源配置在空间上越分散。国有企业工业销售产值占比（Ratio_SOE）的回归系数显著为负，说明国有企业工业销售产值占比越大的省份，产业在空间上越集聚，符合理论预期。省份国有企业工业销售产值占比越大，意味着政府的保护主义倾向越严重，对经济的干预程度越大，为了推动省份经济发展，会尽可能促进所有产业空间集聚。尽管各种产业都有空间集聚的倾向，但由于各地级市政府对重点产业的竞争，最后造成重点产业相对于非重点产业而言在空间上更加分散。人均 GDP（lnPGDP）的回归系数显著为正，符合理论预期，说明随着省份经济发展水平的提高，产业在各地级市之间的分布会越来越均衡。工业产值占比（Ratio_Indu）的回归系数显著为负，符合理论预期，说明产业结构中工业占比较大的省份，为了推动工业的发展，政府会尽可能促进产业在空间上集聚，以发挥规模经济优势。

表 6-1　重点产业政策与资源空间配置

变量	（1）CONC	（2）CONC	（3）CONC	（4）CONC	（5）CONC
IMPIND	0.2515*** （0.039）				
IMPgs		0.2609*** （0.043）			0.2641*** （0.058）
IMPg			−0.2636*** （0.046）		−0.0129 （0.063）

[①] 为检验结果的稳健性，本书再用 HHI 度量产业地理分布，以省份各个产业的 HHI 作为被解释变量进行回归，结果发现，重点产业政策的系数显著为负，说明重点产业政策导致相关产业在地理上的集中度下降，与熵指数作为被解释变量的回归结果保持一致。具体结果请详见附录部分。

续表

变量	（1）CONC	（2）CONC	（3）CONC	（4）CONC	（5）CONC
IMPs				0.2499***	0.2674***
				（0.039）	（0.040）
Area_Ind	0.0005**	0.0004**	0.0004**	0.0005**	0.0004**
	（0.000）	（0.000）	（0.000）	（0.000）	（0.000）
Sd_RGDP	−0.2304	−0.2249	−0.2268	−0.2323	−0.2213
	（0.222）	（0.221）	（0.222）	（0.222）	（0.220）
Ratio_SOE	−0.9990*	−0.9020*	−0.9044*	−1.0022*	−0.9029*
	（0.515）	（0.524）	（0.526）	（0.517）	（0.525）
FDI	−0.0834	−0.0873	−0.0879	−0.0840	−0.0802
	（0.064）	（0.066）	（0.066）	（0.064）	（0.064）
Export	0.2392*	0.2139	0.2136	0.2394*	0.2006
	（0.138）	（0.145）	（0.145）	（0.139）	（0.141）
Area	0.0000*	0.0000*	0.0000*	0.0000*	0.0000*
	（0.000）	（0.000）	（0.000）	（0.000）	（0.000）
GDP	−0.0448	−0.0308	−0.0303	−0.0446	−0.0186
	（0.102）	（0.109）	（0.109）	（0.103）	（0.105）
lnPGDP	0.4221*	0.4528*	0.4516*	0.4207*	0.4526*
	（0.246）	（0.257）	（0.257）	（0.246）	（0.251）
Pop	0.0010	0.0000	−0.0001	0.0009	0.0005
	（0.006）	（0.007）	（0.007）	（0.006）	（0.006）
Deficit	−0.0343	−0.0359	−0.0371	−0.0354	−0.0356
	（0.056）	（0.056）	（0.056）	（0.056）	（0.055）
Ratio_Indu	−1.2130**	−1.1592*	−1.1675*	−1.2223**	−1.1014*
	（0.579）	（0.587）	（0.587）	（0.580）	（0.587）
年固定效应	YES	YES	YES	YES	YES
省份固定效应	YES	YES	YES	YES	YES
行业固定效应	YES	YES	YES	YES	YES

续表

变量	（1） CONC	（2） CONC	（3） CONC	（4） CONC	（5） CONC
观测值	5954	5954	5954	5954	5954
调整的 R-squared	0.678	0.680	0.680	0.678	0.687

注：本书也控制了年 × 省份的固定效应，发现结果依然显著。具体结果请详见附件部分。

资料来源：笔者计算整理。

本书也分时间段和分区域考察了重点产业政策对资源空间配置的影响，回归结果都显示，重点产业政策的系数显著为正，表明重点产业政策导致相关产业在空间上就更加分散，影响了土地资源的空间配置，并且这一结果在不同区域和不同时间段都是成立的。[①] 但对这一结论的稳健性仍然持有疑问：重点产业与非重点产业到底能不能比较？是否存在被列入重点产业的相关产业本身在空间上就更加分散？如果是产业自身的特征导致其在空间上更加分散，那么本书的上述结果就存在内生性问题，重点产业政策的影响可能被严重高估了。为了减少重点产业自身特征的影响，本书利用类似双重差分的方法进行处理。[②] 主要考察两类重点产业的动态变化，第一类是"十一五"被提及而"十二五"未提及的重点产业；第二类是"十一五"未提及但是"十二五"提及的重点产业，通过双重差分的方法来缓解重点产业的内生性问题。

首先考察"十一五"提及而"十二五"未提及的重点产业。构建处理组和对照组：如果该产业在"十一五"和"十二五"都被提及为重点产业，则group 为处理组，赋值为 1；如果该重点产业在"十一五"被提及为重点产业但在"十二五"未被提及为重点产业，则 group 为对照组，赋值为 0。T2 表示时间段，如果年份在"十二五"期间，则赋值为 1；如果年份在"十一五"期间，则赋值为 0。借鉴余明桂等（2016）和张莉等（2017）的做法，构建以下 DID 估计模型：

$$CONC_{ipt}=\alpha+\beta \times group_{ipt} \times T_2+group_{ipt}+\sum_{\gamma} X_{ipt}+\lambda_i+\lambda_p+\lambda_t+\varepsilon_{ipt} \qquad （6-2）$$

[①] 限于篇幅，分时间段和分区域的检验结果请详见附录部分。

[②] 本书首先计算了考察时间段内，"十一五"与"十二五"都提及、"十一五"提及但"十二五"未提及、"十一五"未提及但"十二五"提及和"十一五"与"十二五"都提及这四类产业的平均地理熵指数，根据计算结果描绘了上述四类产业空间分布的动态变化图，结果发现，重点产业政策发布后，相关产业的地理熵指数会增加。具体结果请详见附录部分。

式（6–2）的关键系数是 β，如果 β 显著为正，说明"十二五"的重点产业政策确实导致重点产业在空间上更加分散。表6–2报告了回归结果，第（1）列是基本的回归结果，第（2）列是加入控制变量之后的结果。可以看出重点产业政策的系数都在1%水平上显著为正。这说明在用DID估计缓解重点产业内生性问题后，重点产业政策依然导致重点产业在空间上更加分散，表明重点产业政策影响土地资源空间配置的结果是稳健的。此外，本书还考察了"十一五"未提及但"十二五"提及的重点产业，再次检验"十二五"重点产业政策的影响，发现上述结果是稳健的。①

表6–2　重点产业政策影响资源空间配置的DID估计

变量	（1） CONC	（2） CONC
group $\times$ T2	0.1621*** （0.050）	0.1245** （0.047）
控制变量		YES
年固定效应	YES	YES
省份固定效应	YES	YES
行业固定效应	YES	YES
观测值	3009	3009
调整的 R–squared	0.678	0.690

资料来源：笔者计算整理。

第五节　产业政策影响土地空间配置的具体机制

何种原因导致重点产业的土地资源配置表现出更加分散的特征？第一，重点产业出让的土地规模比较大，要素配置更多自然导致空间分散。但本书控制了分省分行业土地出让面积后，仍然发现存在空间分散。第二，重点产业本身不可观测的特征导致该行业资源空间配置更加分散。但通过本书前面的DID分析，控制了行业不随时间变化的固定效应，发现仍然存在空间分散。

本书认为，最有可能的解释是重点产业政策发布后，地方政府竞争加剧，导致资源空间配置分散。重点产业政策的实施受到省份内部各地级市政

———————

① 限于篇幅，具体结果请详见附录部分。

府竞争的影响，各个地级市政府争相竞争那些中央和省份都提及的重点产业，以及中央未提及但是省份提及的重点产业，因为这些重点产业是中央和省份未来发展的主要方向，在资金、人力、政策上的支持力度更大。各地级市政府为了推动辖区内的经济发展以及市级官员为了获得发展，都会争取在这些重点产业出让更多土地，造成相对于非重点产业，重点产业在地级市之间分布更加均匀，空间上更加分散。为了验证政府竞争假说，本书进行了如下分析：

一、考察省份内部差距对重点产业政策实施的影响

为了检验假说 1 和假说 2，本书通过考察省份内部差距对重点产业政策实施的影响来检验"政府竞争"假说是否存在。借鉴赵文哲等（2010）关于政策制定者不平等厌恶心理的度量方法，选用标准差度量省内经济增长率差距，如果省内各个地级市之间经济增长率的标准差越大，说明省内地级市之间的差距越大。可以认为，在一省内部，落后地区的政府对于当地的经济发展表现得更为急迫，吸引重点产业进入本地就成了落后地区实现赶超的重要途径，赵文哲等（2010）基于"不平等厌恶"理论，也证实越落后的地区，赶超动机越强。缪小林和伏润民（2015）在测度地方政府官员面临的激励程度时，将相邻同类型地区人均 GDP 最高值与该地区人均 GDP 进行比较，如果该比值越高，说明地方政府竞争发展经济的欲望越强，最终目的是凸显政绩从而得到提拔。而落后地区的这种赶超行为又会激起发达地区出于保持经济排名的目的，加大对重点产业的争取力度。因此，如果省份内部各个地级市之间经济增长率的差距越大，政府之间的竞争程度越激烈。为了能在竞争中胜出，各个地级市都会争相发展重点产业，进而导致重点产业政策受到的扭曲程度越大。为此，在式（6-1）的基础上，建立以下模型考察省内差距对重点产业政策实施的影响：

$$CONC_{ipt}=\alpha+\beta \times IMP_{ipt} \times Sd\_RGDP_{p,\,t-1}+\sum_{\gamma} X_{ipt}+\lambda_i+\lambda_p+\lambda_t+\varepsilon_{ipt} \qquad (6-3)$$

在式（6-3）中，关键解释变量是 $IMP_{ipt} \times Sd\_RGDP_{p,\,t-1}$，为重点产业政策和省内差距的交互项，为了缓解产业地理分布与经济增长率差距之间可能存在的反向因果关系，省内差距使用滞后一年数据放入模型。如果交互项系数显著为正，说明省内差距越大，重点产业政策对相关产业的土地资源空间配置的影响程度越大。

回归结果如表 6-3 所示，第（1）、第（2）列是不加控制变量的回归结果，第（3）、第（4）列加入了控制变量。第（1）、第（3）列考察重点产业政

策的总体影响，结果表明，重点产业政策与省内差距的交互项系数显著为正，说明省内差距扩大导致各个地级市之间的竞争更加激烈，进而导致重点产业政策受到的扭曲程度增大，对资源空间配置的影响程度更大。第（2）、第（4）列考察省内差距对不同重点产业政策实施的影响是否存在差异。可以看出，中央和省份都提及的重点产业与省内差距的交互项以及中央未提及但省份提及的重点产业与省内差距的交互项的系数都显著为正，在控制其他条件不变之后，结果依然稳健。说明省份内部差距扩大，各个地级市政府对中央和省份都提及与中央未提及但省份提及这两类重点产业的竞争力度更大。而对于中央提及但省份未提及的重点产业，在控制其他条件不变后，其与省内差距的交互项系数不再显著。这意味着地级市政府之间竞争程度越激烈，中央和省份都提及的重点产业或者中央未提及但省份提及的重点产业更容易成为地级市政府争取的对象，而中央提及但省份未提及的重点产业依然不是竞争重点。这可能是因为，即使各地级市政府对发展重点产业有强烈愿望，但限于发展条件，如果省份政府未将某产业列为重点产业，各地级市政府也不会争相竞争这些产业。

表6-3　省内差距对重点产业政策实施的影响

变量	（1）CONC	（2）CONC	（3）CONC	（4）CONC
IMPIND × Sd_RGDP	0.7091** (0.321)		1.5460*** (0.347)	
IMPgs × Sd_RGDP		1.4048*** (0.441)		2.2589*** (0.460)
IMPg × Sd_RGDP		−0.6736* (0.384)		−0.0157 (0.367)
IMPs × Sd_RGDP		1.0101** (0.477)		1.8647*** (0.516)
控制变量			YES	YES
年固定效应	YES	YES	YES	YES
省份固定效应	YES	YES	YES	YES
行业固定效应	YES	YES	YES	YES
观测值	5954	5954	5954	5954
调整的 R-squared	0.664	0.676	0.680	0.690

资料来源：笔者计算整理。

二、考察地方保护主义对重点产业政策实施的影响

通过考察地方保护主义对重点产业政策实施的影响，进一步检验"政府竞争"假说。借鉴 Bai 等（2004）关于地方保护主义的度量方法，用省份国有企业工业销售产值占规模以上工业企业工业销售产值的比重来衡量省份内部的保护主义倾向。根据路江涌和陶志刚（2007）等的文献，可以认为，国有企业经济占比越大，当地政府直接干预经济活动的能力和意愿越强，地方保护主义倾向会越严重，越有可能干预产业的空间集聚过程，进而对重点产业政策的实施产生影响，使重点产业政策难以达到预期目标。为此，在模型（6–1）的基础上，本书建立模型（6–4）来考察地方保护主义对重点产业政策实施的影响。

$$CONC_{ipt}=\alpha+\beta \times IMP_{ipt} \times Ratio\_SOE_{pt}+ \sum_{\gamma} X_{ipt}+\lambda_i+\lambda_p+\lambda_t+\varepsilon_{ipt} \qquad （6–4）$$

关键解释变量是 $IMP_{ipt} \times Ratio\_SOE_{pt}$，是重点产业政策和国有企业销售产值占比的交互项，如果该交互项系数显著为正，说明地方保护主义倾向越大的省份，重点产业政策对资源空间配置的影响越大。回归结果表明，[1] 在其他条件不变的情况下，重点产业政策和地方保护主义交互项的系数显著为正，这意味着，地方保护主义会显著影响到重点产业政策的实施效果，地方保护主义程度越大的省份，各个地级市政府对重点产业的竞争越激烈，重点产业政策对资源空间配置的影响越显著。然后进一步将重点产业政策细分，考察地方保护主义对不同重点产业政策实施的影响是否存在差异。结果表明，如果一省的地方保护主义倾向越严重，中央提及—省份也提及的重点产业以及中央未提及—但省份提及的重点产业对土地资源空间配置的影响越大，而中央提及—省份未提及的重点产业没有表现出上述结果。这说明即使在地级市之间竞争非常激烈的省份，各个地级市政府都想引入重点产业，但由于不同重点产业政策带来的经济利益不同，从而导致地级市层面对不同重点产业政策的倾向性具有显著差异。

上述研究分别通过重点产业政策与省内经济增长率差距和国有企业销售产值占比的交互项模型，考察省内差距和地方保护主义对重点产业政策实施的影响，检验了"政府竞争"假说。但上述研究可能存在遗漏变量问题，比如省内经济增长率差距可能与省份的地方保护主义倾向有关，省内差距越大，越容易滋生保护主义倾向；反之，省份内部地方保护主义倾向越严重，越有可能扩大各个地级市之间的差距。此外，这两者还可能与省份经济发展

---

① 具体结果请详见附录部分。

水平，产业结构，财政赤字水平等因素相关。比如，经济发展水平越低，省份内部差距越大。因此，为了缓解遗漏变量问题，本书将重点产业政策与省内经济增长率差距、国有企业销售产值占比的交互项都放入方程。此外，还控制了重点产业政策与人均 GDP、工业占比、财政赤字率的交互项。回归结果表明，[①] 重点产业政策与省内差距交互项系数以及与国有企业销售产值占比的交互项系数仍然显著为正，说明省内差距和地方保护主义倾向都会影响重点产业政策的实施效果。

第六节　土地资源空间配置对产业发展的影响

上述研究已经考察了重点产业政策对资源空间配置的影响，政府竞争扭曲了重点产业政策的实施过程，导致相关产业的土地资源配置在空间上更加分散。但还存在一个尚未解决的问题：资源空间配置更加分散带来的经济学结果是什么？这种空间分散是否导致资源配置低效率以及如何影响相关产业的发展？

为此，本书进一步讨论重点产业政策在导致相关产业资源配置更加分散之后将对产业发展产生怎样的影响。本书从产能过剩的角度来考察产业发展状况，[②] 用产能过剩率（Excessratio）作为产能过剩的度量指标。建立模型（6-5）来探讨资源空间配置对产能过剩的影响：

$$Excessratio_{ipt}=\alpha+\beta \times CONC_{ip,\,t-2}+\sum_{\gamma} X_{ip,\,t-2}+\lambda_i+\lambda_p+\lambda_t+\varepsilon_{ipt} \qquad (6-5)$$

在模型（6-5）中，被解释变量为 $Excessratio_{ipt}$，是 t 年 p 省份 i 产业的产能过剩率。核心解释变量为 $CONC_{ip,\,t-2}$，[③] 表6-4是回归结果。第（1）和第（2）列是不加控制变量的基本回归结果，在第（3）和第（4）列中加入了控制变量。从 $CONC_{ip,\,t-2}$ 作为核心解释变量看，其系数在 5% 水平上显著为正，说明资源空间配置越分散，相关产业的产能过剩率越高。进一步考察这种影响是否存在区域异质性，通过资源空间配置与区域虚拟变量的交互项的回归结果发现，只有资源空间配置与西部虚拟变量交互项的系数显著为

---

① 具体结果请详见附录部分。

② 产能过剩是决策层和学术界目前非常关心的问题，已经积累了较多研究（江飞涛等，2012；席鹏辉等，2017）。关于产能过剩率的测度，本书借鉴了韩国高等（2011）、刘航和孙早（2014）的做法。限于篇幅，具体计算公式请详见附录部分。

③ 因为企业在获得土地之后需要一定时间才能生产，因此，土地资源空间配置对产能过剩的影响有一定的滞后，并且为了控制其他因素的干扰，本书将衡量产业空间分布的地理熵指数 CONC 以及其他各种控制变量均滞后两年放入模型，来考察资源空间配置对产能过剩的影响为

正，而与其他区域的虚拟变量的交互项系数都不显著，说明在西部地区，资源空间配置分散显著影响了产业发展，导致严重的产能过剩。而在其他地区，资源空间配置分散对产能过剩的影响较弱。

联系前文分区域考察重点产业政策对资源空间配置的影响。在西部地区，重点产业政策受到的扭曲程度最大，对土地资源空间配置的影响最大，基于"政府竞争导致资源空间配置分散"的假说，西部地区地级市层面的政府竞争应该更加激烈。这种激烈的政府竞争就表现为争相在重点产业出让更多土地，造成重点产业土地资源空间配置分散，进而引发重复的投资建设，最终导致相关产业出现产能过剩。并且，西部地区的经济发展水平总体上相对落后，大部分地级市不满足发展重点产业的条件，出于竞争动机争相发展重点产业容易造成大量低效产能的存在，加剧相关产业的产能过剩情况。因此，政府对重点产业的竞争程度越激烈，相关产业的土地资源空间配置越分散，越容易引发后续的重复建设和过度投资。[1]

表 6-4 资源空间配置对产能过剩的影响

变量	（1）Excessratio	（2）Excessratio	（3）Excessratio	（4）Excessratio
CONC	0.0967** （0.042）		0.1000** （0.039）	
CONC × 东部		0.0323 （0.032）		0.0338 （0.035）
CONC × 中部		0.0439 （0.074）		0.0421 （0.073）
CONC × 西部		0.2076** （0.093）		0.2102** （0.088）
CONC × 东北		−0.0330 （0.072）		−0.0547 （0.059）
控制变量			YES	YES
年固定效应	YES	YES	YES	YES
省份固定效应	YES	YES	YES	YES

---

[1] 土地资源空间配置分散可能引发产能过剩，关键在于土地出让后的后续投资是否真正被执行，如果后续建设确实投资在出让的土地上，那么最终会导致重复投资和产能过剩的结果。产业政策叠加四万亿计划经济刺激政策，可能导致这种效果被放大。

续表

变量	（1） Excessratio	（2） Excessratio	（3） Excessratio	（4） Excessratio
行业固定效应	YES	YES	YES	YES
观测值	1824	1824	1824	1824
调整的 R-squared	0.572	0.575	0.573	0.576

资料来源：笔者计算整理。

第七节 如何提高重点产业政策的实施效果

通过前文分析，本书发现，重点产业政策对土地资源空间配置存在显著影响，并且证实了"政府竞争"假说，即政府竞争越激烈，对重点产业的发展干预程度越大的省份，重点产业政策对资源空间配置的影响越大。既然政府对重点产业的竞争会导致重点产业政策难以达到预期效果，甚至出现负面作用，如导致产能过剩，那么能否通过减弱政府对重点产业的竞争程度，完善市场对资源配置的决定性作用来改善重点产业政策的实施效果呢？为了解决这一问题，本书考察了完善省份市场化程度以及提高对外开放水平对重点产业政策实施的影响。

首先，考察市场化完善程度对重点产业政策实施效果的影响。市场化程度越完善的省份，重点产业发展受市场调节的力量越大，政府干预对重点产业空间分布的作用越小，那么资源空间配置受到的扭曲程度越小，重点产业与非重点产业在地理上集中与分散的状态应该越相近。具体而言，本书在模型（6-1）的基础上，以重点产业政策与市场化指数做交互项来考察市场化完善程度的影响，结果发现，重点产业政策与市场化指数总评分的交互项系数显著为负，说明省份市场化程度越完善，各地级市政府对重点产业政策的扭曲程度越小，重点产业政策对资源空间配置的影响程度越小。[①]

其次，本书还考察了省份提高对外开放水平是否会有利于重点产业政策的实施。省份的对外开放水平越高，地方的保护主义倾向越弱，各地级市政府对产业发展的干预程度越小，那么土地资源的空间配置受到政府竞争的扭曲程度越小，因此，提高对外开放水平可能有利于改善重点产业政策的实施效果。依然在模型（6-1）的基础上，以重点产业政策与省份 FDI 以及出口

[①] 具体结果请详见附录部分。

水平做交互项，考察对外开放水平对重点产业政策实施的影响。结果发现，上述交互项的系数都显著为负，这说明提高对外开放水平，减弱了重点产业政策对土地资源空间配置的影响，从而减弱了对重点产业政策的扭曲程度①。因此，提高对外开放水平有利于改善重点产业政策的实施效果。

第八节 结论

　　本书利用工业土地出让数据，以及中央与各省份"十一五""十二五"规划的重点产业政策，研究了重点产业政策对土地资源空间配置的影响。结果发现，重点产业政策导致相关产业的土地资源在不同地级市之间的分布更加均匀，空间上更加分散。并且，相比于中央政府提及的重点产业，省份政府提及的重点产业对省份内部土地资源的空间配置影响更大。由此本书提出了"政府竞争导致资源空间配置分散"假说，认为下级政府出于推动辖区内经济发展和增加自身晋升优势的动机，通过土地资源配置干预经济发展，争相在重点产业出让更多土地，导致重点产业相对于非重点产业在空间上更加分散，扭曲了上级政府的重点产业政策。并且发现，政府竞争越激烈，地方保护主义倾向越严重，资源空间配置越分散。而土地资源空间配置越分散，相关产业的产能过剩情况越严重。这些结果暗示，地方政府竞争可能对产业发展造成负面影响，使重点产业政策达不到预期效果，并且导致资源配置低效率。最后，本书探寻能够缓解政府竞争进而减弱重点产业政策扭曲程度的有效途径，发现完善市场化程度和提高对外开放水平有利于减弱政府竞争的影响，从而可以改善重点产业政策的实施效果并提高资源配置效率。本书的研究具有深刻的政策含义：

　　（1）上级政府在规划重点产业时，需要考虑到下级政府竞争对落实重点产业政策施加的影响。要进一步削弱下级政府竞争造成重点产业政策扭曲的体制基础。一方面，要从过去单纯强调 GDP 增长转向注重优化经济结构等多重目标，从源头上减弱政府对经济发展的干预动机，削弱地方保护主义倾向。另一方面，完善市场化程度，提高对外开放水平，让市场对资源配置起决定性作用，尽可能矫正下级政府对重点产业政策的扭曲程度。

　　（2）现阶段，应该强调重点产业在空间上集聚发展，以获得规模经济和正外部性，进而推动经济总体发展。在地级市层面，受发展条件限制，重点产业在各个地级市分散布局不利于产业自身发展，并且容易导致重复建设和低效产

---

① 具体结果请详见附录部分。

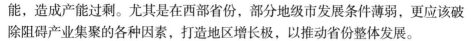

能，造成产能过剩。尤其是在西部省份，部分地级市发展条件薄弱，更应该破除阻碍产业集聚的各种因素，打造地区增长极，以推动省份整体发展。

（3）产业空间集聚在推动经济整体发展的同时，不可避免地会造成地区之间收入差距扩大。这需要同时破除阻碍人口流动的制度因素，在实现产业空间集聚发展的同时，尽量保持地区之间人均收入、生活水平基本趋同。另外，也需要上级政府及时采取积极的财政转移支付、社会保障等配套政策支持，以保证落后地区的基本就业和社会稳定。

参考文献

［1］范剑勇.产业集聚与地区间劳动生产率差异［J］.经济研究，2006（11）.

［2］高鹤.财政分权、经济结构与地方政府行为：一个中国经济转型的理论框架［J］.世界经济，2006（10）.

［3］贺灿飞.中国制造业地理集中与集聚[M].北京：科学出版社，2009.

［4］贺灿飞，谢秀珍.中国制造业地理集中与省份专业化［J］.地理学报，2006（2）.

［5］贺灿飞，朱彦刚，朱晟君.产业特性、区域特征与中国制造业省份集聚［J］.地理学报，2010，65（10）.

［6］韩国高，高铁梅，王立国，齐鹰飞，王晓姝.中国制造业产能过剩的测度、波动及成因研究［J］.经济研究，2011，46（12）.

［7］金煜，陈钊，陆铭.中国的地区工业集聚：经济地理、新经济地理与经济政策［J］.经济研究，2006（4）.

［8］江飞涛，李晓萍.当前中国产业政策转型的基本逻辑［J］.南京大学学报（哲学·人文科学·社会科学），2015，52（3）.

［9］江飞涛，耿强，吕大国，李晓萍.地区竞争、体制扭曲与产能过剩的形成机理［J］.中国工业经济，2012（6）.

［10］林毅夫.新结构经济学——反思经济发展和政策的理论框架［M］.北京：北京大学出版社，2012.

［11］李世杰，胡国柳，高健.转轨期中国的产业集聚演化：理论回顾、研究进展及探索性思考［J］.管理世界，2014（4）.

［12］刘航，孙早.城镇化动因扭曲与制造业产能过剩——基于2001—2012年中国省级面板数据的经验分析［J］.中国工业经济，2014（11）.

［13］刘修岩.空间效率与区域平衡：对中国省级层面集聚效应的检验［J］.世界经济，2014，37（1）.

［14］李平，江飞涛，王宏伟.重点产业调整振兴规划评价与政策取向探讨［J］.宏观经济研究，2010（10）.

［15］陆铭.大国大城：当代中国的统一、发展与平衡［M］.上海：上海人民出版社，2016.

［16］缪小林，伏润民.权责分离、政绩利益环境与地方政府债务超常规增长［J］.财贸经济，2015（4）.

［17］孙早，席建成.中国式产业政策的实施效果：产业升级还是短期经济增长［J］.中国工业经济，2015（7）.

［18］宋凌云，王贤彬.重点产业政策、资源重置与产业生产率［J］.管理世界，2013（12）.

［19］吴意云，朱希伟.中国为何过早进入再分散：产业政策与经济地理［J］.世界经济，2015（2）.

［20］席鹏辉，梁若冰，谢贞发，苏国灿.财政压力、产能过剩与供给侧改革［J］.经济研究，2017，52（9）.

［21］杨继东，杨其静.保增长压力、刺激计划与工业用地出让［J］.经济研究，2016，51（1）.

［22］杨其静，彭艳琼.晋升竞争与工业用地出让——基于2007—2011年中国城市面板数据的分析［J］.经济理论与经济管理，2015（9）.

［23］余靖雯，肖洁，龚六堂.政治周期与地方政府土地出让行为［J］.经济研究，2015，50（2）.

［24］余明桂，范蕊，钟慧洁.中国产业政策与企业技术创新［J］.中国工业经济，2016（12）.

［25］赵文哲，杨其静，周业安.不平等厌恶性、财政竞争和地方政府财政赤字膨胀关系研究［J］.管理世界，2010（1）.

［26］赵文哲，杨继东.地方政府财政缺口与土地出让方式——基于地方政府与国有企业互利行为的解释［J］.管理世界，2015（4）.

［27］张莉，朱光顺，李夏洋，王贤彬.重点产业政策与地方政府的资源配置［J］.中国工业经济，2017（8）.

［28］张莉，王贤彬，徐现祥.财政激励、晋升激励与地方官员的土地出让行为［J］.中国工业经济，2011（4）.

［29］周黎安，赵鹰妍，李力雄.资源错配与政治周期［J］.金融研究，2013（3）.

［30］Aghion, P., J. Cai, M. Dewatripont, L. Du, A. Harrison, and P. Legros. Industrial Policy and Competition［J］. American Economic Journal: Macroeconomics, 2015, 7（4）: 1–32.

［31］Bai, C. E., Y. J. Du, Z. G. Tao, and S. Y. Tong. Local Protectionism and Regional Specialization: Evidence from China's Industries ［J］. Journal of International Economics, 2004, 63 (2): 397–417.

［32］Beason, R., and D. E. Weinstein. Growth, Economies of Scale and Targeting in Japan (1955–1990) ［J］. Review of Economics and Statistics, 1996, 78 (2): 286–295.

［33］Diodato, D., F. Neffke, and N. O'Clery. Why Do Industries Coagglomerate? How Marshallian Externalities Differ by Industry and Have Evolved over Time ［J］. Journal of Urban Economics, 2018 (106): 1–26.

［34］Ellison, G., E. L. Glaeser, and W. R. Kerr. What Causes Industry Agglomeration? Evidence from Coagglomeration Patterns ［J］. American Economic Review, 2010, 100 (3): 1195–1213.

［35］Fujita, M., P. Krugman., and A. J .Venables. The Spatial Economy: Cities, Regions, and International Trade ［M］. Cambridge: The MIT Press, 1999.

［36］Krugman, P. Geography and Trade ［M］. Cambridge: The MIT Press, 1991.

［37］Aiginger, K., and S. W. Davies. Industrial Specialisation and Geographic Concentration: Two Sides of the Same Coin? Not for the European Union ［J］. Journal of Applied Economics, 2004, 7 (2): 231–248.

附　　录

一、政府竞争假说的简化模型

政府竞争影响重点产业政策实施效果的具体途径如附图 1 所示。假设某省份包括三个地级市，分别为城市 1、城市 2 和城市 3，并且存在 A、B 和 C 三类产业。随着地级市层面政府竞争程度加剧，各个城市之间新增土地资源的产业结构也会越来越相似，大致可分为情况 1、情况 2 和情况 3。当竞争程度非常激烈时，新增土地资源的产业结构完全相同。

二、关于重点产业政策的数据

本书收集了中央政府和 28 个省份政府的"十一五"规划、"十二五"规划文件。由于各省份五年规划文件中提及的产业名称不统一，与《工业项目建设用地控制指标》行业分类中的名称很难对应上，为此本书做了以下简化和处理：第一，国家和各省份五年规划中都有一章专门讨论工业发展的，本书将前面冠以"重点发展产业""重点扶持产业""支柱产业""做大做强""大力发展"等词语引导的产业都视为重点产业，其他视为非重点产业；第二，对规划中提及的重点产业，本书按照《工业项目建设用地控制指标》将其归入相应的两位数产业，比如将汽车归入交通运输设备制造业（行业代码 37），将水泥归入非金属矿物制品业（行业代码 31）；第三，对于规划中提及的新材料、新能源等，由于涉及较多产业，无法归入某个具体产业，不作考虑。

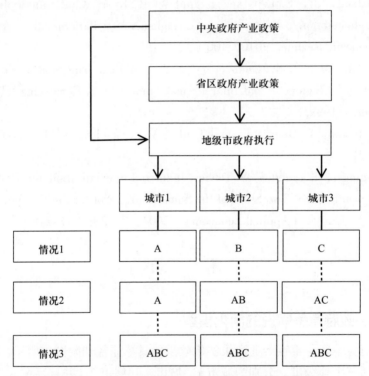

附图 1　政府竞争对重点产业政策实施效果的影响

资料来源：笔者绘制。

　　为了对我国重点产业政策的全貌有基本的了解，本书统计了 30 个两位数产业在中央和各省份政府"十一五""十二五"规划中被选为重点产业的情况，统计结果如附表 1 所示。在这两个五年规划中，被各省份列为重点产业的次数较多的产业与中央规划的重点产业重合性较大。这说明各省份在重点产业选择上存在跟随中央的现象。

附表1　各两位数产业被选为重点产业的次数

产业代码	产业名称	"十一五"规划中是否被中央列为重点产业	"十一五"规划中被各省列为重点产业的次数	"十二五"规划中是否被中央列为重点产业	"十二五"规划中被各省列为重点产业的次数
13	农副食品加工业	是	25	是	22
14	食品制造业	否	20	否	19
15	饮料制造业	否	5	否	6
16	烟草加工业	否	3	否	2
17	纺织业	是	7	是	4
18	纺织服装鞋帽制造业	否	12	否	7
19	皮革、毛皮、羽绒及其制品业	否	2	否	2
20	木材加工及竹、藤、棕、草制品业	否	6	否	1
21	家具制造业	否	0	否	2
22	造纸及纸制品业	否	11	否	1
23	印刷业、记录媒介的复制	否	0	否	0
24	文教体育用品制造业	否	0	否	0
25	石油加工、炼焦和核燃料加工业	否	11	是	17
26	化学原料和化学制品制造业	是	26	是	25
27	医药制造业	是	27	是	28
28	化学纤维制造业	否	0	否	0
29	橡胶制品业	否	0	否	1
30	塑料制品业	否	1	否	2
31	非金属矿物制品业	是	18	是	19
32	黑色金属冶炼和压延加工业	是	13	是	6

续表

产业代码	产业名称	"十一五"规划中是否被中央列为重点产业	"十一五"规划中被各省列为重点产业的次数	"十二五"规划中是否被中央列为重点产业	"十二五"规划中被各省列为重点产业的次数
33	有色金属冶炼和压延加工业	是	5	是	8
34	金属制品业	否	22	否	26
35	通用设备制造业	是	16	是	13
36	专用设备制造业	是	23	是	28
37	交通运输设备制造业	是	21	是	23
39	电气机械及器材制造业	否	0	否	0
40	通信设备、计算机及其他电子设备制造业	是	22	是	26
41	仪器仪表及文化、办公用机械制造业	否	1	否	1
42	工艺品及其他制造业	否	0	否	0
43	废弃资源和废旧材料回收加工业	否	0	否	0

资料来源：根据全国和各省份"十一五"规划、"十二五"规划文件，笔者归纳整理。

　　为了对各省份重点产业在时间维度上的变化有基本认识，以及对各省份重点产业与中央重点产业的相似程度有大概了解，本书计算了各省份自身"十一五"与"十二五"重点产业的跨期Jaccard相似系数，以及各省份与中央在"十一五""十二五"两期的重点产业Jaccard相似系数，再计算了四大区域自身跨期的Jaccard相似系数以及各区域与中央的Jaccard相似系数，结果如附表2所示。从跨期相似系数来看，各省份和各区域对重点产业的规划具有较强的时间连续性；从各省份与中央重点产业相似系数来看，各省份重点产业与中央规划的重点产业相似程度较高，这与附表1的结果保持一致，但各个省份之间差异较大。这说明尽管中央的重点产业政策是各省份制定重点产业政策的参照对象，但不同省份或区域在制定产业政策上的独立性具有较大差异。

附表2 各省份规划重点产业的基本情况

省份	"十一五"与"十二五"跨期的Jaccard相似系数	"十一五"省份与中央Jaccard相似系数	"十二五"省份与中央Jaccard相似系数	"十一五""十二五"省份与中央平均的Jaccard相似系数
北京	0.8000	0.3636	0.3077	0.3333
天津	0.7273	0.5000	0.6154	0.5556
河北	0.9286	0.6000	0.6250	0.6129
山西	0.5000	0.3846	0.5333	0.4643
内蒙古	0.5000	0.5625	0.4000	0.4839
辽宁	0.8333	0.6923	0.7692	0.7308
吉林	0.6000	0.4706	0.4667	0.4688
黑龙江	0.7500	0.4000	0.4375	0.4194
江苏	0.4167	0.5385	0.5385	0.5385
浙江	0.6923	0.4667	0.5333	0.5000
安徽	0.9091	0.4667	0.4667	0.4667
福建	0.6429	0.5000	0.4667	0.4839
江西	0.5714	0.4000	0.7143	0.5517
山东	0.5385	0.5333	0.5385	0.5357
河南	0.7333	0.6000	0.5625	0.5806
湖北	0.8125	0.6667	0.5882	0.6250
湖南	0.6000	0.5000	0.7692	0.6207
广东	0.5833	0.5000	0.6154	0.5556
广西	0.5333	0.5333	0.6429	0.5862
重庆	0.5385	0.4667	0.5000	0.4828
四川	0.7692	0.5000	0.4667	0.4839
贵州	0.5000	0.3846	0.5294	0.4667
云南	0.5714	0.3750	0.5333	0.4516
陕西	0.6667	0.6923	0.6154	0.6538
甘肃	0.8000	0.6154	0.4286	0.5185
青海	0.4615	0.4615	0.5333	0.5000

续表

省份	"十一五"与"十二五"跨期的Jaccard相似系数	"十一五"省份与中央Jaccard相似系数	"十二五"省份与中央Jaccard相似系数	"十一五""十二五"省份与中央平均的Jaccard相似系数
宁夏	0.5455	0.5385	0.4286	0.4815
新疆	0.7273	0.3571	0.5333	0.4483
区域	"十一五"与"十二五"跨期的Jaccard相似系数	"十一五"区域与中央Jaccard相似系数	"十二五"区域与中央Jaccard相似系数	"十一五""十二五"区域与中央平均的Jaccard相似系数
东部	0.6661	0.5003	0.5300	0.5144
中部	0.5894	0.5030	0.6057	0.5515
西部	0.6011	0.4988	0.5101	0.5052
东北	0.7277	0.5210	0.5578	0.5396
全国	0.6518	0.5025	0.5414	0.5214

注：Jaccard 相似系数常用于衡量二元变量的相似程度。比如计算各省份自身跨期的重点产业相似程度，Jaccard 相似系数 = $(A \cap B) / (A \cup B)$。其中，A 表示省份"十一五"提及的重点产业，B 表示省份"十二五"提及的重点产业。四大区域跨期的 Jaccard 相似系数为区域内部各省份跨期的 Jaccard 相似系数的简单平均。计算省份与中央的相似程度，以"十一五"为例，Jaccard 相似系数 = $(A \cap B) / (A \cup B)$。其中，A 表示省份提及的重点产业，B 表示中央提及的重点产业。四大区域与中央的 Jaccard 相似系数为区域内部各省份与中央 Jaccard 相似系数的简单平均。两期平均的 Jaccard 相似系数 = $(A \cap B + C \cap D) / (A \cup B + C \cup D)$。其中，A、B 分别表示"十一五"省份和中央提及的重点产业，C、D 分别表示"十二五"省份和中央提及的重点产业。

资料来源：根据全国和各省份"十一五"规划、"十二五"规划文件，笔者计算整理。

三、产业地理熵指数的计算公式及结果

为叙述方便，对本书所用计算公式说明如下：i 表示产业（$i=1, 2, L, I$），r 表示地区（$r=1, 2, L, R$），x_{ir} 表示地区 r 在产业 i 出让的土地面积，x_i 表示全国在产业 i 出让的土地面积，x_r 表示地区 r 出让的土地面积，x 表示全国出让的土地面积，$v_i = x_i/x$ 表示在 i 产业出让的土地面积占全国出让土地总面积的份额。产业 i 地理集中熵指数的计算公式为：$CONC_i = -\sum_{r=1}^{R} (x_{ir}/x_i) \ln (x_{ir}/x_i)$，$CONC_i$ 是产业 i 的地理集中度的逆指数，熵指数越大，表明产业 i 在地理上越

分散。如果产业 i 在所有地区具有相同的土地出让面积，则 $CONC_i=\ln R$，如果产业 i 的土地出让面积全部由某一个地区贡献，则 $CONC_i=0$。为了衡量全国和各省份总体的产业地理集中水平以及变化趋势，本书将各产业的地理集中熵指数做简单平均，得到全国或各省份地理集中熵指数；或者以各产业出让土地面积的份额（v_i）为权重计算加权平均的地理集中熵指数（记为 $TYPCONC$），计算公式为：$TYPCONC=\sum_{i}^{I} v_i \cdot CONC_i$。值得指出的是，本书在计算同一省份内部地级市之间的土地资源配置时，r 是指城市，地理熵指数是某一产业 i 的土地资源在不同城市之间配置的分散程度。

　　本书首先计算了 2007~2014 年全国 30 个两位数产业的地理熵指数（相当于在各省之间的空间分布），然后对两类产业的地理熵指数进行简单平均和以土地面积为权重的加权平均，根据计算结果绘制了附图 2 和附图 3。可以发现，在 2007~2014 年，重点产业的简单平均熵指数和加权平均熵指数一直高于非重点产业，说明相对于非重点产业，重点产业的资源空间配置更加分散，中央的重点产业政策导致重点产业在各省之间分布更加均匀。

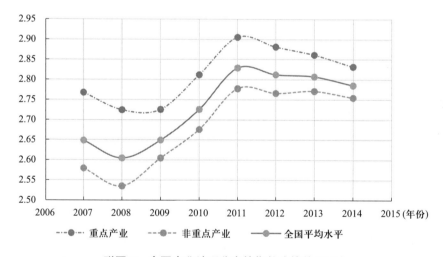

附图 2　全国产业地理分布熵指数（简单平均）

资料来源：笔者绘制。

　　由于省份层面的空间单元较大，各省份有条件发展各种两位数产业，产业在省份层面分散，可能并没有导致资源配置低效率的问题。为进一步考察重点产业政策对资源配置效率的影响，本书将空间尺度缩小到地级市层面。在考察重点产业政策对地级市层面的土地资源配置的影响时，对重点产业的来源做进一步细分，将重点产业分为中央提及—省份也提及的重点产业，中央提及—省份未提及的重点产业，中央未提及—省份提及的重点产业。本书首先计算每年各省份内部各类产业的地理熵指数，然后把各年的值经过简单平均，得到2007~2014年各省份内部各类产业的平均地理熵指数，计算结果如附表3所示。结果显示，在地级市层面，重点产业政策同样导致相关产业的土地资源空间配置更加分散。进一步考察不同来源的重点产业政策，可以发现，中央提及—省份也提及的重点产业与中央未提及—省份提及的重点产业相对于各自的非重点产业而言平均熵指数都要更大，而中央提及—省份未提及的重点产业就不一定。因此，相比于中央的重点产业政策，省份的重点产业政策对省内地级市之间的土地资源配置影响更大。

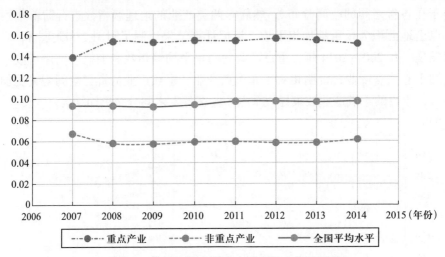

附图3　全国产业地理分布熵指数（加权平均）

资料来源：笔者绘制。

附表3　各省份内部各类产业地理熵指数

省份	中央或省份提及的重点产业	非重点产业	均值差	中央提及—省份也提及的重点产业	非重点产业	中央提及—省份未提及的重点产业	非重点产业	中央未提及—省份提及的重点产业	非重点产业
			2007~2014年						
北京	0.6122	0.4106	0.2016** (0.0821)	0.8844	0.4000	0.3826	0.5416	0.3393	0.5106
天津	1.2516	0.7812	0.4704*** (0.0803)	1.3947	0.8575	0.9007	1.0149	1.3210	0.9743

续表

省份	中央或省份提及的重点产业	非重点产业	均值差	中央提及—省份也提及的重点产业	非重点产业	中央提及—省份未提及的重点产业	非重点产业	中央未提及—省份提及的重点产业	非重点产业
			2007~2014 年						
河北	1.6717	1.3531	0.3186*** (0.0675)	1.8123	1.3826	0.8734	1.5716	1.7370	1.4892
山西	1.1855	0.5609	0.6245*** (0.0793)	1.4452	0.7106	0.8186	0.9117	1.2256	0.8590
内蒙古	1.2326	0.7889	0.4436*** (0.0910)	1.3446	0.8902	0.6790	1.0695	1.5468	0.9549
辽宁	1.6166	1.2352	0.3814*** (0.0772)	1.7517	1.2329	0.5680	1.4565	1.9843	1.3712
吉林	1.0867	0.7682	0.3185*** (0.0754)	1.2079	0.8439	0.6877	0.9746	1.1540	0.9009
黑龙江	1.0698	0.5857	0.4841*** (0.0780)	1.2226	0.7336	0.6184	0.9010	1.2355	0.7871
江苏	1.7460	1.4294	0.3166*** (0.0858)	1.8392	1.4816	1.5500	1.5722	1.8502	1.5535
浙江	1.8136	1.5817	0.2319*** (0.0590)	1.9078	1.6284	1.5544	1.7217	1.9081	1.6712
安徽	1.9233	1.6513	0.2719*** (0.0704)	2.1277	1.6841	1.3945	1.8587	2.1943	1.7344
福建	1.4789	1.1499	0.3290*** (0.0643)	1.5192	1.2495	1.2442	1.3287	1.6087	1.2726
江西	1.4982	1.2880	0.2102*** (0.0659)	1.5519	1.3316	1.4015	1.3900	1.4679	1.3827
山东	2.2295	1.8140	0.4155*** (0.0665)	2.3737	1.8829	1.8939	2.0242	2.3004	1.9806
河南	1.9604	1.3367	0.6237*** (0.0745)	2.0101	1.5116	1.6921	1.6603	2.0164	1.6079
湖北	1.7961	1.3365	0.4596*** (0.0654)	1.7301	1.5106	1.8708	1.5694	1.9179	1.5250

续表

省份	中央或省份提及的重点产业	非重点产业	均值差	中央提及—省份也提及的重点产业	非重点产业	中央提及—省份未提及的重点产业	非重点产业	中央未提及—省份提及的重点产业	非重点产业
			2007~2014 年						
湖南	1.4892	1.1732	0.3159*** (0.0772)	1.5952	1.2092	0.9919	1.3597	1.5994	1.2992
广东	1.6783	1.4358	0.2425*** (0.0806)	1.9157	1.4195	1.0588	1.6203	1.9884	1.5139
广西	1.3520	0.8804	0.4716*** (0.0814)	1.3720	0.9963	0.9607	1.1257	1.6598	1.0538
重庆	1.3035	0.6959	0.6076*** (0.0916)	1.5786	0.8050	0.7440	1.0541	1.3380	0.9691
四川	1.6848	1.2665	0.4183*** (0.0786)	1.8700	1.3537	1.3581	1.5079	1.6437	1.4633
贵州	0.9084	0.5543	0.3541*** (0.0848)	1.1555	0.5974	0.4061	0.8166	0.9166	0.7310
云南	0.9396	0.7057	0.2339*** (0.0795)	1.1757	0.7241	0.4684	0.9074	1.0493	0.7993
陕西	1.0907	0.5960	0.4946*** (0.0760)	1.0982	0.6986	0.9244	0.8225	1.2841	0.8025
甘肃	1.0027	0.5283	0.4743*** (0.0881)	1.1195	0.6380	0.6020	0.7988	1.3315	0.7167
青海	0.3351	0.0826	0.2525*** (0.0688)	0.4731	0.0970	0.0726	0.2506	0.1734	0.2375
宁夏	0.6516	0.3923	0.2593*** (0.0651)	0.8085	0.4244	0.3735	0.5479	0.7194	0.5019
新疆	1.2040	0.8073	0.3968*** (0.0850)	1.4208	0.8733	0.6993	1.0685	1.3323	0.9716

注：限于篇幅，表中只给出了中央或省份提及的重点产业与相对应非重点产业的熵指数的均值差及其显著性水平，括号中包含的是标准误差。***、** 和 * 分别表示 1%、5% 和 10% 的显著性水平，余表同。

资料来源：笔者计算整理。

四、土地资源配置的空间可视化图

本书根据每一宗土地出让的经纬度信息，描绘了 2007 年中央或省份提及的重点产业与非重点产业的土地资源空间配置状况。可以发现，在一省内部，相对于非重点产业，重点产业的土地资源配置呈现出更加分散的空间特征。

五、数据描述统计

附表 4　数据描述统计

变量	变量符号	样本量	平均值	标准差	最小值	最大值
产业地理分布熵指数	CONC	5954	1.2148	0.7184	0.0000	2.6545
中央或省份提及的重点产业	IMPIND	6720	0.4810	0.4997	0.0000	1.0000
中央提及—省份也提及的重点产业	IMPgs	6720	0.2512	0.4337	0.0000	1.0000
中央提及—省份未提及的重点产业	IMPg	6720	0.1321	0.3387	0.0000	1.0000
中央未提及—省份提及的重点产业	IMPs	6720	0.0976	0.2968	0.0000	1.0000
省–行业出让的土地面积（公顷）	Area_Ind	6720	92.4518	158.6893	0.0000	2130.1700
省内经济增长率差距	Sd_RGDP	6720	0.0516	0.0414	0.0072	0.3901
国有企业销售产值占比	Ratio_SOE	6720	0.3900	0.1865	0.1040	0.8105
市场化指数总评分	Market	5880	5.9382	1.6483	2.5300	9.9500
外商直接投资（百亿美元）	FDI	6720	0.6829	0.7489	0.0010	3.5791

续表

变量	变量符号	样本量	平均值	标准差	最小值	最大值
出口（亿元）	Export	6720	0.9251	0.8169	0.0464	4.0695
省份出让的土地总面积（公顷）	Area	6720	2773.5550	2460.8810	61.7355	14647.5800
省GDP（万亿元）	GDP	6720	1.6364	1.3329	0.0797	6.7810
人均GDP对数（元）	lnPGDP	6720	10.3455	0.5279	8.8414	11.5639
人口（百万人）	Pop	6720	46.4044	26.1672	5.5200	107.2400
财政赤字率	Deficit	6720	1.2749	0.9715	0.0664	5.7450
工业占比	Ratio_Indu	6720	0.4930	0.0676	0.2131	0.6150
产能过剩率	Excessratio	2100	−0.0957	0.9603	−9.1515	14.5926

资料来源：工业土地出让数据来自中国土地市场网；市场化指数来自王小鲁等（2017）的中国分省分市场化指数报告（2016）；其余数据来自各类统计年鉴。

六、稳健性检验（控制年 × 省份固定效应）

附表5　控制年 × 省份的固定效应

变量	（1）CONC	（2）CONC	（3）CONC	（4）CONC	（5）CONC
IMPIND	0.2450*** (0.024)				
IMPgs		0.2670*** (0.025)			0.2558*** (0.071)
IMPg			−0.2713*** (0.026)		−0.0286 (0.075)
IMPs				0.2445*** (0.024)	0.2617*** (0.025)
Area_Ind	0.0005*** (0.000)	0.0004*** (0.000)	0.0004*** (0.000)	0.0005*** (0.000)	0.0004*** (0.000)

续表

变量	（1）CONC	（2）CONC	（3）CONC	（4）CONC	（5）CONC
年 × 省份固定效应	YES	YES	YES	YES	YES
行业固定效应	YES	YES	YES	YES	YES
观测值	5954	5954	5954	5954	5954
调整的 R−squared	0.692	0.694	0.694	0.691	0.700

资料来源：笔者计算整理。

七、稳健性检验（以 HHI 度量产业地理分布）

附表 6　重点产业政策对资源空间配置的影响

变量	（1）$\ln\frac{HHI}{1-HHI}$	（2）$\ln\frac{HHI}{1-HHI}$	（3）$\ln\frac{HHI}{1-HHI}$	（4）$\ln\frac{HHI}{1-HHI}$
IMPIND	−0.7420*** （0.170）		−0.7306*** （0.164）	
IMPgs		−1.0320** （0.486）		−1.0208** （0.481）
IMPg		−0.3777 （0.497）		−0.3625 （0.503）
IMPs		−0.7405*** （0.160）		−0.7386*** （0.156）
Area_Ind			0.0001 （0.000）	0.0003 （0.000）
Sd_RGDP			0.8033 （1.460）	0.7888 （1.435）
Ratio_SOE			3.4379 （2.174）	3.0988 （2.184）
FDI			0.3626* （0.181）	0.3566* （0.180）

续表

变量	（1） $\ln \dfrac{HHI}{1-HHI}$	（2） $\ln \dfrac{HHI}{1-HHI}$	（3） $\ln \dfrac{HHI}{1-HHI}$	（4） $\ln \dfrac{HHI}{1-HHI}$
Export			−0.7033 （0.622）	−0.6119 （0.637）
Area			−0.0001* （0.000）	−0.0001* （0.000）
GDP			0.2493 （0.379）	0.1906 （0.388）
lnPGDP			−2.4224** （1.165）	−2.5185** （1.178）
Pop			−0.0156 （0.020）	−0.0144 （0.020）
Deficit			−0.1087 （0.389）	−0.0880 （0.388）
Ratio_Indu			3.5063 （2.226）	3.2749 （2.252）
年固定效应	YES	YES	YES	YES
省份固定效应	YES	YES	YES	YES
行业固定效应	YES	YES	YES	YES
观测值	5309	5309	5309	5309
调整的 R-squared	0.217	0.220	0.222	0.225

注：用 HHI 度量省份各个产业的地理分布，因为 HHI 的取值范围为 0~1，取其对数形式 $\ln \dfrac{HHI}{1-HHI}$ 作为被解释变量。

资料来源：笔者计算整理。

八、稳健性检验（分时间段和分区域）

由附表 7 的回归结果可知，"十一五"和"十二五"的重点产业政策对土地资源空间配置都具有显著影响。进一步考察不同来源的重点产业政策的影响，发现中央和省份都提及的重点产业与中央未提及—省份提及的重点产业有显著影响，而中央提及—省份未提及的重点产业政策的系数在不同时间段都不显著，说明各个地级市更倾向于竞争省份提及的重点产业。

附表7　分时间段检验重点产业政策对资源空间配置的影响

变量	（1） CONC	（2） CONC	（3） CONC	（4） CONC
IMPIND1	0.2948*** （0.043）		0.2834*** （0.041）	
IMPIND2	0.2492*** （0.043）		0.2126*** （0.041）	
IMPgs1		0.2964*** （0.066）		0.2985*** （0.065）
IMPg1		−0.0059 （0.075）		0.0139 （0.077）
IMPs1		0.3402*** （0.046）		0.3275*** （0.044）
IMPgs2		0.2881*** （0.068）		0.2583*** （0.062）
IMPg2		−0.0322 （0.063）		−0.0101 （0.063）
IMPs2		0.2093*** （0.050）		0.1784*** （0.049）
控制变量			YES	YES
年固定效应	YES	YES	YES	YES
省份固定效应	YES	YES	YES	YES
行业固定效应	YES	YES	YES	YES
观测值	5954	5954	5954	5954
调整的 R-squared	0.664	0.675	0.679	0.687

注：*IMPIND1* 表示"十一五"中央或省份都提及的重点产业，*IMPIND2* 表示"十二五"中央或省份都提及的重点产业，其他变量类似。

资料来源：笔者计算整理。

由附表8的回归结果可知，在不同区域，重点产业政策都导致重点产业在各个地级市之间的分布更加均匀，空间上更加分散。并且重点产业政策的影响程度在西部地区最大，东部地区最小，可能的解释是西部地区的地级市对重点产业的竞争力度更大。另外，在不同区域，地级市层面都表现出对中央和省份都提及的重点产业与中央未提及—省份提及的重点产业的倾向性，而对中央提及—省份未提及的重点产业不具有明显的竞争倾向。

附表8　分区域检验重点产业政策对资源空间配置的影响

变量	（1）CONC	（2）CONC	（3）CONC	（4）CONC
IMPIND × 东部	0.1824*** （0.051）		0.1366*** （0.048）	
IMPIND × 中部	0.2875*** （0.080）		0.2485*** （0.081）	
IMPIND × 西部	0.3336*** （0.043）		0.3338*** （0.041）	
IMPIND × 东北	0.2683*** （0.066）		0.2400*** （0.071）	
IMPgs × 东部		0.2098*** （0.063）		0.1712*** （0.061）
IMPgs × 中部		0.2433** （0.096）		0.2159** （0.096）
IMPgs × 西部		0.3349*** （0.072）		0.3421*** （0.069）
IMPgs × 东北		0.2651*** （0.087）		0.2440** （0.091）
IMPg × 东部		−0.1434 （0.090）		−0.1241 （0.087）
IMPg × 中部		0.0864 （0.121）		0.0929 （0.116）
IMPg × 西部		0.0060 （0.067）		0.0371 （0.065）

续表

变量	（1） CONC	（2） CONC	（3） CONC	（4） CONC
IMPg × 东北		−0.1809* （0.089）		−0.1453 （0.088）
IMPs × 东部		0.1673*** （0.053）		0.1179* （0.058）
IMPs × 中部		0.2445*** （0.074）		0.2175*** （0.075）
IMPs × 西部		0.3717*** （0.061）		0.3718*** （0.061）
IMPs × 东北		0.3546*** （0.089）		0.3234*** （0.094）
控制变量			YES	YES
年固定效应	YES	YES	YES	YES
省份固定效应	YES	YES	YES	YES
行业固定效应	YES	YES	YES	YES
观测值	5954	5954	5954	5954
调整的 R-squared	0.665	0.677	0.681	0.690

注：在分区域考察时，由于省份的地级市数目会影响产业地理熵指数的计算，而不同省份包含的地级市数目不完全相同，因此，不同省份或者不同区域的产业地理熵指数不能直接进行比较。为了增加区域之间的可比性，附表 9 以产业地理熵指数为被解释变量，以重点产业政策与省份地级市数目的交互项为解释变量进行回归，控制变量与前文模型相同，结果发现，地级市数目对不同省份产业地理熵指数的比较不会产生显著影响。因此，上述分区域考察是合理的。

资料来源：笔者计算整理。

附表 9　地级市数目的影响

变量	（1） CONC	（2） CONC	（3） CONC	（4） CONC
IMPIND × 地级市数目	0.0066 （0.007）		0.0052 （0.007）	
IMPgs × 地级市数目		0.0137* （0.007）		0.0121 （0.008）

续表

变量	（1）CONC	（2）CONC	（3）CONC	（4）CONC
IMPg × 地级市数目		−0.0087 （0.010）		−0.0096 （0.010）
IMPs × 地级市数目		0.0110 （0.008）		0.0110 （0.008）
控制变量			YES	YES
年固定效应	YES	YES	YES	YES
省份固定效应	YES	YES	YES	YES
行业固定效应	YES	YES	YES	YES
观测值	5954	5954	5954	5954
调整的 R-squared	0.664	0.676	0.678	0.688

资料来源：笔者计算整理。

九、稳健性检验（DID 估计）

附图 4 是四类产业的地理熵指数的动态变化。首先比较"十一五"和"十二五"都提及的产业与"十一五"和"十二五"都未提及的产业。可以看出，被提及的重点产业相对于未被提及的产业，平均熵指数更大，这说明重点产业政策导致相关产业在空间上更加分散。其次比较"十一五"和"十二五"都提及的产业与"十一五"提及但"十二五"未提及的产业，因为这两类产业在"十一五"期间都被提及为重点产业，因此具有可比性。结果显示，"十一五"提及的重点产业在"十二五"不再提及后，熵指数相对下降，这说明，不再被提及为重点产业之后，相关产业在空间上更加集聚。最后比较"十一五"未提及但"十二五"提及的产业与"十一五"和"十二五"都未提及的产业，因为这两类产业在"十一五"期间都未被提及为重点产业，因此具有可比性。结果发现，"十一五"未提及但在"十二五"期间被提及为重点产业之后，相对而言，熵指数增加，这说明重点产业政策发布后，导致重点产业在空间上更加分散。为了排除其他因素的影响，使结果更加稳健，下面实证检验。

考察"十一五"未提及但是"十二五"提及的重点产业。具体而言，就是比较"十一五"未提及但"十二五"提及的重点产业与"十一五"

和"十二五"都未提及的重点产业,检验这两者的空间分布差异是否在"十二五"期间发生了显著变化,以此来判断"十二五"重点产业政策的影响。为此构建以下模型:

$$CONC_{ipt}=\alpha+\sum_{t=2007}^{2014}\beta_t\times IMPIND'_{ipt}+\sum\gamma X_{ipt}+\lambda_i+\lambda_p+\lambda_t+\varepsilon_{ipt}$$

其中,$IMPIND'_{ipt}$ 的赋值方法为:如果该产业为 t 年"十一五"未提及但是"十二五"提及的重点产业,那么赋值为1,否则赋值为0;如果该产业在"十一五"和"十二五"中都未被提及,赋值为0。关键系数是 β_t,表示每年重点产业政策对土地资源空间配置的影响程度。由附表10的回归结果可知,"十二五"期间将相关产业提及为重点产业之后,相关产业的空间分布更加分散。而在"十一五"期间,相关产业由于没有被提及为重点产业,其空间分布与非重点产业相比没有显著差异,由此可说明重点产业政策对资源空间配置确实存在影响。出现的一个意外情况是在2010年,相关产业与非重点产业相比较在空间上显著分散,一种可能的解释是,在2010年已经形成了"十二五"规划的《建议》,《建议》对2010年的土地资源配置已经产生影响,因此2010年表现的结果包含了"十二五"重点产业政策的影响,导致相关产业的空间分布更加分散。

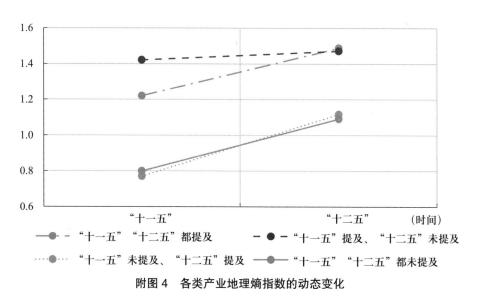

附图4　各类产业地理熵指数的动态变化

资料来源:笔者绘制。

附表 10　重点产业政策影响资源空间配置的 DID 估计

变量	（1） CONC	（2） CONC
IMPIND'2007	0.1256 （0.091）	0.1644** （0.078）
IMPIND'2008	0.1066 （0.090）	0.1415 （0.086）
IMPIND'2009	0.1235 （0.098）	0.1354 （0.089）
IMPIND'2010	0.1638** （0.078）	0.1266* （0.072）
IMPIND'2011	0.1568** （0.076）	0.0972 （0.072）
IMPIND'2012	0.2298*** （0.058）	0.1772*** （0.061）
IMPIND'2013	0.1299* （0.069）	0.1103* （0.063）
IMPIND'2014	0.1852** （0.073）	0.1549** （0.067）
控制变量		YES
年固定效应	YES	YES
省份固定效应	YES	YES
行业固定效应	YES	YES
观测值	2945	2945
调整的 R-squared	0.622	0.653

资料来源：笔者计算整理。

十、机制分析（考察地方保护主义对重点产业政策实施的影响）

附表 11 地方保护主义对重点产业政策实施的影响

变量	（1）CONC	（2）CONC	（3）CONC	（4）CONC
IMPIND × Ratio_SOE	0.1816 （0.125）		0.4150*** （0.100）	
IMPgs × Ratio_SOE		0.2328** （0.110）		0.4622*** （0.112）
IMPg × Ratio_SOE		0.0925 （0.215）		0.2287 （0.183）
IMPs × Ratio_SOE		0.3291** （0.147）		0.5550*** （0.141）
控制变量			YES	YES
年固定效应	YES	YES	YES	YES
省份固定效应	YES	YES	YES	YES
行业固定效应	YES	YES	YES	YES
观测值	5954	5954	5954	5954
调整的 R-squared	0.664	0.675	0.681	0.690

资料来源：笔者计算整理。

十一、稳健性检验政府竞争假说

附表 12 稳健性检验政府竞争对重点产业政策实施的影响

变量	（1）CONC	（2）CONC	（3）CONC
IMPIND × Sd_RGDP	1.4035*** （0.340）		0.9152** （0.339）
IMPIND × Ratio_SOE		0.5577*** （0.156）	0.4689*** （0.163）

续表

变量	（1）CONC	（2）CONC	（3）CONC
IMPIND × lnPGDP	−0.0687	−0.0376	−0.0406
	（0.047）	（0.044）	（0.043）
IMPIND × Deficit	0.0139	−0.0360	−0.0327
	（0.023）	（0.024）	（0.024）
IMPIND × Ratio_Indu	0.4513	0.8968***	0.8249**
	（0.281）	（0.301）	（0.301）
控制变量	YES	YES	YES
年固定效应	YES	YES	YES
省份固定效应	YES	YES	YES
行业固定效应	YES	YES	YES
观测值	5954	5954	5954
调整的 R-squared	0.681	0.682	0.683

资料来源：笔者计算整理。

十二、重点产业政策影响的动态变化（考察政治周期的影响）

在正文模型（1）的基础上，本书建立以下动态模型，其中，核心解释变量 IMP_{ipt} 的赋值方法与模型（1）相同。附表 13 报告了不同年份重点产业政策的回归系数，然后根据回归结果描绘附图 5。

$$CONC_{ipt}=\alpha+\beta_t \times IMP_{ipt}+\sum \gamma X_{ipt}+\lambda_i+\lambda_p+\varepsilon_{ipt}$$

附表 13　重点产业政策影响的动态变化

变量	（1）CONC	（2）CONC	（3）CONC	（4）CONC	（5）CONC	（6）CONC	（7）CONC	（8）CONC
IMP2007	0.2153***							
	（0.076）							
IMP2008		0.3046***						
		（0.055）						
IMP2009			0.2949***					
			（0.062）					

续表

变量	（1）CONC	（2）CONC	（3）CONC	（4）CONC	（5）CONC	（6）CONC	（7）CONC	（8）CONC
IMP2010				0.3004^{***} （0.072）				
IMP2011					0.1627^{**} （0.068）			
IMP2012						0.1921^{**} （0.077）		
IMP2013							0.2007^{***} （0.066）	
IMP2014								0.2380^{***} （0.084）
控制变量	YES	YES	YES	YES	YES	YES	YES	YES
年固定效应	YES	YES	YES	YES	YES	YES	YES	YES
省份固定效应	YES	YES	YES	YES	YES	YES	YES	YES
行业固定效应	YES	YES	YES	YES	YES	YES	YES	YES
观测值	711	688	733	757	776	772	772	745
调整的 R-squared	0.645	0.649	0.681	0.695	0.694	0.713	0.694	0.708

资料来源：笔者计算整理。

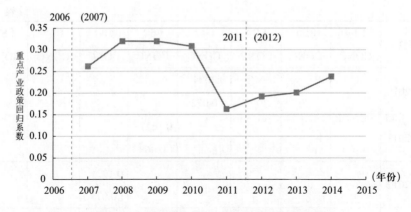

附图5 政治周期对重点产业政策实施的影响

注：图中纵轴的重点产业政策回归系数即为附表13中每年的重点产业政策系数的估计值。图中两条虚线为党代会召开的时间。省份党代会每五年召开一次，各省一般分两批召开，部分省份在10~12月召开以及部分省份在次年4~6月召开。在本书考察的时间段内，召开了两次党代会，分别是2006~2007年（2006年数据缺失）和2011~2012年。

资料来源：笔者绘制。

十三、资源空间配置对产能过剩的影响

本书用产能过剩来测度产业发展状况，"产能过剩"已经成为中国经济发展的"痼疾"，在不同领域，以不同程度和不同表现形式反复出现，对经济健康的危害越来越突出（冯飞等，2014）。为解决这一问题，中央政府在不同时期出台了多项相关政策，"促进过剩产能有效化解"也是供给侧改革的重中之重，但从当前的实际效果来看，产能过剩问题仍然没有得到根本性解决，甚至有所加剧（席鹏辉等，2017）。因此，只有找到中国产能过剩的根本原因，才能从源头上解决产能过剩问题，促进相关产业健康长远发展。关于产能过剩的成因分析大体可以归纳为产业组织、企业动态、国有产权和地方政府干预四个视角，其中，关于政府干预造成产能过剩的观点得到了较多文献的支持。周业樑和盛文军（2007）认为，转轨时期中国产能过剩的原因很大一部分来自投资体制的不合理和政府参与产业投资的强烈冲动，地方政府的利益驱动是政府主导下的过度投资和重复建设问题的重要原因，其重要工具就是土地和资金。江飞涛等（2012）认为，在体制扭曲的背景下，地区之间对企业投资的竞争是造成产能过剩最重要的原因。国务院发展研究中心（2015）认为，中国的财税体制以及地方政府的考核评价体系刺激了地方投资，其中不彻底的要素市场化为政府干预提供了便利。

地方政府干预理论确实捕捉到了地方政府这个导致中国产能过剩的关键力量，但没有从政府竞争影响要素空间配置的角度来考察产能过剩的形成机制。本书试图弥补这一不足，从地方政府争相发展重点产业，造成土地资源空间配置分散的角度来探讨政府竞争对产能过剩的影响。可能存在的一种情况是，重点产业政策发布后，各地级市政府争相在重点产业出让更多土地，通过土地出让吸引企业投资，希望通过发展重点产业来推动辖区内经济发展和获得晋升优势，进而导致重点产业的土地资源空间配置分散。这种扭曲土地要素配置，争相发展重点产业的情况容易引发两种结果：一种是在市场容量一定的情况下，各个地级市都争相在重点产业出让更多土地，引发后续建设重复投资在重点产业，最终导致重点产业过度投资和产能过剩。包群等（2017）的文章也说明，由于地区之间的恶性竞争导致主导产业结构高度雷同，进而引起相关产业出现产能过剩。2013年10月发布的《国务院关于化解产能严重过剩矛盾的指导意见》也明确指出，"一些地方过于追求发展速度，过于倚重投资拉动，通过廉价供地、税收减免、低价配置资源等方式招商引资，助推了重复投资和产能扩张"。另一种是重点产业分散布局后不利于获得规模经济优势和正向外部溢出，不利于相关产业的升级改造，容易造成大量低效产能，尤其是部分自身发展条件薄弱的地级市，难以支撑重点产业的长期发展，最终导致产能过剩。并且，上述结果又会进一步引发地方政府保护本地落后产能，从而加剧相关产业的产能过剩情况（韩保江和韩心灵，2017）。为此，本书考察政府竞争导致重点产业的土地资源空间配置分散后，是否会导致相关产业出现产能过剩问题。

本书用产能过剩率（Excessratio）作为产能过剩的度量指标，关于产能过剩率的测度借鉴了韩国高等（2011）、刘航和孙早（2014）、刘航等（2016）的做法。该方法用Morrison和Berndt的标准化可变成本函数测算各行业在成本最小化下的潜在产出，然后本书用潜在产出减去实际产出（用工业增加值度量）表示产能过剩量，再除以实际产出即为产能过剩率。根据韩国高等（2011）的思路，可变成本定义为企业购进劳动力、能源、原材料的成本之和。对可变成本 V、能源价格 P_E、原材料价格 P_M 进行标准化处理（分别除以劳动力价格）后，写出可变成本函数和成本最小化的潜在产出：

$$\tilde{V} = Y \times [\alpha_0 + \alpha_{0t} \times t + \alpha_E \times \tilde{P}_E + \alpha_M \times \tilde{P}_M + 0.5 \times (\gamma_{EE} \times \tilde{P}_E^2 + \gamma_{MM} \times \tilde{P}_M^2) + \gamma_{EM} \times \tilde{P}_E \times \tilde{P}_M + \alpha_{Et} \times \tilde{P}_E \times t + \alpha_{Mt} \times \tilde{P}_M \times t] + \alpha_K \times K + 0.5 \times [\gamma_{KK} \times (K^2/Y) + \beta_{KK} \times (\Delta K^2/Y)] + \gamma_{EK} \times \tilde{P}_E \times K + \gamma_{MK} \times \tilde{P}_M \times K + \alpha_{Kt} \times K \times t$$

$$Y^* = -\frac{\hat{\gamma}_{KK} \times K}{\hat{\alpha}_K + \hat{\gamma}_{EK} \times \tilde{P}_E \times \hat{\gamma}_{MK} \times \tilde{P}_M + \hat{\alpha}_{Kt} \times t + \tilde{P}_K}$$

其中，加波浪线的变量为经过标准化处理的变量，K 为资本存量，Y 为实际产出，t 为代表技术进步的时间趋势，P_K 为资本租赁价格，其余都为参数。用广义矩估计方法（GMM）估计出可变成本函数中的各参数之后，便可计算得到成本最小化时的潜在产出 Y^*。产业 i 的产能过剩率即为产能过剩量与实际产出的比值：$Excesratio_i = \dfrac{Y^* - Y}{Y}$。此处，变量的具体处理和参数的估计方法借鉴韩国高等（2011）的做法，不再赘述。

根据上述测度方法，本书计算了 2009 ~ 2012 年 19 个行业的产能过剩率，分别为：农副食品加工业，食品制造业，饮料制造业，烟草制造业，纺织业，造纸及纸制品业，化学原料及化学制品制造业，医药制造业，化学纤维制造业，非金属矿物制品业，黑色金属冶炼及压延加工业，有色金属冶炼及压延加工业，金属制品业，通用设备制造业，专用设备制造业，交通运输设备制造业，电气机械及器材制造业，通信设备、计算机及其他电子设备制造业，仪器仪表及文化、办公用机械制造业。

十四、缓解重点产业政策扭曲程度的有效途径

在前文模型的基础上，本书分别建立以下模型考察市场化完善程度和对外开放水平对重点产业政策实施的影响：

$$CONC_{ipt} = \alpha + \beta \times IMPIND_{ipt} \times Market_{pt} + \sum_{\gamma} X_{ipt} + \lambda_i + \lambda_p + \lambda_t + \varepsilon_{ipt}$$

$$CONC_{ipt} = \alpha + \beta \times IMPIND_{ipt} \times Open_{pt} + \sum_{\gamma} X_{ipt} + \lambda_i + \lambda_p + \lambda_t + \varepsilon_{ipt}$$

其中，$IMPIND_{ipt}$ 的赋值方法与前文模型相同；$Market_{pt}$ 为省份市场化指数的总评分；$Open_{pt}$ 为省份的开放水平，具体用省份的 FDI 和出口水平 Export 来测度。

附表 14　市场化完善程度与对外开放水平对重点产业政策实施的影响

变量	（1）CONC	（2）CONC	（3）CONC	（4）CONC
IMPIND × Market	−0.0755*** （0.023）			−0.0458 （0.028）
IMPIND × FDI		−0.0816** （0.038）		0.0474 （0.044）
IMPIND × Export			−0.1217*** （0.032）	−0.1149** （0.044）

续表

变量	（1）CONC	（2）CONC	（3）CONC	（4）CONC
IMPIND × lnPGDP	−0.0106	−0.0380	−0.0386	−0.0234
	（0.062）	（0.065）	（0.050）	（0.057）
IMPIND × Deficit	−0.0682[*]	−0.0130	−0.0322	−0.0638[*]
	（0.036）	（0.032）	（0.028）	（0.036）
IMPIND × Ratio_Indu	0.2921	0.5018	0.5638[*]	0.4296
	（0.278）	（0.311）	（0.302）	（0.301）
控制变量	YES	YES	YES	YES
年固定效应	YES	YES	YES	YES
省份固定效应	YES	YES	YES	YES
行业固定效应	YES	YES	YES	YES
观测值	5243	5243	5243	5243
调整的 R-squared	0.690	0.689	0.691	0.692

资料来源：笔者计算整理。

参考文献

［1］包群，唐诗，刘碧.地方竞争、主导产业雷同与国内产能过剩［J］. 世界经济，2017，40（10）.

［2］冯飞，高旭东，张晓晶，李新创.打赢化解产能过剩攻坚战［J］.求是， 2014（1）.

［3］席鹏辉，梁若冰，谢贞发，苏国灿.财政压力、产能过剩与供给侧改革 ［J］.经济研究，2017，52（9）.

［4］国务院发展研究中心《进一步化解产能过剩的政策研究》课题组， 赵昌文，许召元，袁东，廖博.当前我国产能过剩的特征、风险及对策 研究——基于实地调研及微观数据的分析［J］.管理世界，2015（4）.

［5］韩国高，高铁梅，王立国，齐鹰飞，王晓姝.中国制造业产能过剩的测 度、波动及成因研究［J］.经济研究，2011，46（12）.

［6］韩保江，韩心灵."中国式"产能过剩的形成与对策［J］.改革，2017 （4）.

［7］江飞涛，耿强，吕大国，李晓萍.地区竞争、体制扭曲与产能过剩的形成机理［J］.中国工业经济，2012（6）.

［8］刘航，孙早.城镇化动因扭曲与制造业产能过剩——基于2001—2012年中国省级面板数据的经验分析［J］.中国工业经济，2014（11）.

［9］刘航，李平，杨丹辉.出口波动与制造业产能过剩——对产能过剩外需侧成因的检验［J］.财贸经济，2016（5）.

［10］王小鲁，樊纲，余静文.中国分省份市场化指数报告（2016）［M］.北京：社会科学文献出版社，2017.

［11］周业樑，盛文军.转轨时期我国产能过剩的成因解析及政策选择［J］.金融研究，2007（2）.

第七章　不完全契约、制度环境与土地出让

第一节　导论

党的十九大报告指出，"我国经济已由高速增长阶段转向高质量发展阶段，正处在转变发展方式、优化经济结构、转换增长动力的攻关期"，需要"深化供给侧结构性改革，加快建设制造强国，加快发展先进制造业"，从而"促进我国产业迈向全球价值链中高端"。这意味着，我国不仅需要压缩低端产业的过剩产能，更需要通过新增中高端产业投资来调整原有产业结构，实现制造业内部的产业升级。

然而，政府如何才能有效地推动产业转型升级，这在学术界充满争论。比如，林毅夫等在2017年8月发布《吉林省经济结构转型升级研究报告》（征求意见稿），随即引发激烈争论。争论的焦点是：导致东北地区陷入经济发展困境的根本原因到底是既有产业结构不符合禀赋优势原则，还是体制机制所导致的营商环境差？进而，东北的产业结构调整到底是应该主要依靠政府出台一系列产业扶持政策，还是应该下决心改善制度环境？

虽然恰当的产业政策对于促进产业转型升级和经济增长具有积极作用，但North（1981）等早已认识到：能够有效保护产权和贸易的制度环境才是一个经济体持续增长的根本原因。不仅如此，随着不完全契约理论的发展，笔者进一步认识到：由于涉及关系专用性投资（Relationship-specific Investment，以下简称"专用性投资"）的商业契约通常具有不完全性，而良好的制度环境有利于缓解投资者对事后被"敲竹杠"的担心，进而有利于激励这类投资。因此，在那些需要大量专用性投资的行业，即高专用性投资强度行业，投资者非常在意投资目的地的制度环境（Levehenko，2007）。

既然不同行业的专用性投资强度不同，且投资者对制度环境的依赖性也不同，那么，一个有趣且重要的命题出现了，即那些具有良好制度环境的经济体，是否在吸引高专用性投资强度行业的投资方面具有某种制度比较优势

呢？遗憾的是，可能是由于缺乏细分行业的新增投资数据，[1]迄今为止，学者们只为该理论提供了一些间接证据，即利用行业层面的出口数据，发现那些具有更好制度的经济体（国家、地区，或者中国省份）在高专用性投资强度行业出口了更多产品（Levehenko，2007；Nunn，2007；李坤望和王永进，2010；Wang等，2014）。

本书希望为该命题提供一个更为直接的证据。笔者注意到，中国土地市场网（http://www.landchina.com）从2007年开始系统性地公示每一宗工业用地出让的结果信息，其中包括地块的地理位置、面积、行业用途等。因此，通过收集整理每一宗工业用地出让的信息，本书可获得2008~2014年"省份－年份－行业"的工业用地出让数据。本书认为，一宗工业用地的成功出让，不仅意味着某地赢得了一项新投资，更意味着投资者解决了投资选址问题；而且，在控制行业和年份固定效应的条件下，一宗工业用地的出让面积在很大程度上反映了项目的投资规模。因此，"省份－年份－行业"的工业用地出让宗数和面积数据能反映投资者在特定年份向特定省份的特定行业进行投资的数目和规模。[2]与此同时，《中国分省份市场化指数报告（2016）》（王小鲁等，2017）提供了2008~2014年"省份－年份"的市场化指数。该指数被广泛地用作中国各省制度环境质量的测度指标。不仅如此，该指数所包含的"政府与市场关系指数"和"中介组织和法律环境指数"在很大程度上分别刻画了各省各年份产权制度和契约制度的水平及其变化。

结合"制度重要"和不完全契约理论的文献，本书构建了一个简单理论模型，刻画了制度环境与行业投资之间的关系。制度环境越好，越有利于专用性投资更高的行业投资。产权制度和契约制度具有显著差异性，在契约制度更容易获得替代性制度安排的前提下，优化产权制度对行业投资的促进作用更强。本书参考Nunn（2007）的因果识别策略，利用土地出让数据进行相应的实证研究发现：①一个地区良好的制度环境显著增加了高专用性投资

---

[1] 据笔者所知，包括《中国工业统计年鉴》在内的公开数据库并无中国分省分行业的新增投资数据。虽然在理论上有可能通过加总"规模以上工业企业数据库"之中每个企业的新增投资而获得分省分行业的投资，但这却面临巨大挑战：①企业投资目的地未必是企业工商注册地；②企业通常是多元化经营，新增投资的行业属性难以识别；③数据库中显示的当年投资额既有可能源自企业当年新项目在当年所实际发生的投资额，也有可能源自企业当年对既有项目的后续分阶段投资。此外，笔者也有些担心该数据库关于企业投资数据的准确性。比如，根据本书所掌握的数据，在2007年前大量企业的长期投资和短期投资额为0。

[2] 虽然新增工业用地出让并不能反映所有的新增工业投资，但是现有企业在原厂址上的技改投资通常并不具有投资目的地的选择权。由于本书关注的是那些可在辖区间流动的产业资本如何选择投资目的地，因此不考虑技改投资可能更合理一些。有读者担心土地投资也许没有最终落实，但本书结果在意愿投资的角度同样成立。

强度行业的工业用地出让宗数和面积；②相对于契约制度，产权制度对高专用性投资强度行业投资的促进作用更大，尤其是自 2012 年中国经济进入新常态后，其作用进一步凸显。由于高专用性投资强度与产业转型升级的方向高度契合，技术水平要求越高的行业，专用性投资强度越高。因此，本书的研究结论意味着，改善制度环境，尤其是加强产权保护将有利于促进高专用性投资强度行业的投资和推动产业转型升级。制度环境可以通过影响行业的投资结构，进而影响长期经济增长。

本书对现有文献的边际贡献主要有以下几点：

第一，为制度环境对行业投资具有异质性影响的假说提供了一个更为直接的证据。以 Acemoglu 等（2001）为代表的研究利用跨国数据考察了制度对经济增长的影响，但没有分析制度与经济结构之间的关系；Nunn（2007）、Levehenko（2007）以及李坤望和王永进（2010）等研究了制度环境与出口结构之间的关系，发现制度可以像资本和劳动一样形成比较优势，制度环境好的国家出口更多的制度密集型产品。但他们没有讨论制度环境与投资结构之间的关系。与之不同，本书基于中国地区之间的制度环境差异，重点分析了制度环境和行业投资结构之间的关系，为制度的"结构效应"提供了一个更直接的经验证据。

第二，本书从制度环境的视角研究中国产业转型升级问题，丰富了产业转型升级问题的研究。韩永辉等（2017）讨论了产业政策对经济结构优化的影响；彭俞超和方意（2016）、张同斌和高铁梅（2016）等考察了货币政策和财政政策对产业升级的影响；高波等（2012）、周茂等（2016）关注房价变化、贸易自由化与产业升级之间的关系。根据所掌握的文献来看，本书是首次从制度环境的视角研究产业升级的驱动因素。制度环境有利于改善专用性投资较高行业的投资，而中国转型升级的一个重要方向是推动专用性投资增长，因此，改善制度环境，可以大大加快专用性投资增长，加快中国制造业转型升级。

第二节　制度环境与土地出让的文献综述与研究假说

一、文献综述

（一）制度环境与社会投资和经济增长

随着研究的深入，本书越来越认识到：除了初始的自然和经济禀赋因素，制度环境是影响经济发展的一个重要因素，甚至是更为关键的因素，因为它广泛且严重地影响着社会各方的行为方式，尤其影响投资与资本积累的积极性（North，1981，1991；Greif，1992；Bardhan，1997；La Porta 等，1998；Acemoglu 等，2001）。

具体到制度环境与产业投资的关系，投资者一旦投资于某地，就可能在事后面临两种制度性风险：①当地司法系统不能公正高效地裁决可能发生的商业纠纷而使投资者承担高昂的交易成本；②当地政府及社会精英可能会利用政治权力而对投资者的财产进行侵占。这意味着，若一个国家或地区希望获得更多投资并保证经济的长期发展，则必须确立两种制度：①能够有效维护契约精神、便于商业纠纷被公正且高效处置的"契约制度"（Contracting Institutions）；②令人置信的、政府尊重和保护各方产权的"产权制度"（Property Rights Institutions）（Acemoglu and Johnson，2005）。[①]

为检验该上述假说，Acemoglu 和 Johnson（2005）分别采用三种产权制度指标和三种契约制度指标[②]，以 75 个前欧洲殖民地国家作为研究样本进行实证研究。他们发现：①那些具有更好产权制度的国家在长期中能够获得更好的经济和金融发展，即具有更高的人均 GDP，更高的投资率，更高的私人信用与 GDP 之比值以及更高的股票市值与 GDP 之比值；②契约制度主要影响一个国家对金融中介形态的选择，而并未对经济发展产生显著影响。对于后一个结论，他们给出的解释是：投资者总是可以通过改变契约条款和企业组织结构来规避契约制度对履约行为产生的负面影响，但投资者通常都无法规避来自政府的侵占或干预。

受上述研究启发，学者们意识到，即便像中国这样的中央集权单一制国家，各地的制度水平及其变动量仍然存在差异，而这些差异很可能对各地的社会经济发展产生重大影响。比如，Cull 和 Xu（2005）从世界银行中国企业

[①] 此前，North（1981）已提出了国家的契约理论和掠夺理论。前者强调国家提供法律制度来确保私人契约得到执行，通过减少交易成本而促进交易和经济增长；后者强调国家是一种资源转移的工具，可能利用政权力量掠夺私人产权而妨碍经济增长。由于后者对社会经济发展的影响更为关键，因此一个社会的制度安排核心就是如何有效地约束政府的掠夺行为。

[②] 三个"产权制度"的代理指标分别是：① POLITY IV 数据库的"执政者约束"（constraints on executive）；②政治风险顾问公司（Politics Risk Services）的"反侵占指数"（protection against expropriation）；③美国传统基金会（Heritage Foundation）的"私有财产指数"（private property index）。三个"契约制度"代理指标分别是：①"法律形式主义指数"（the index of legal formalism）——刻画那些金额小于人均收入 5% 的空头支票纠纷通过正式司法程序处置的成本（Djankov 等，2003）；②"商业债务纠纷法院处置复杂程度指数"（the index of the overall procedural complexity）——那些金额超过人均收入 50% 的商业债务契约纠纷通过正式司法程序处置的成本；③解决这类商业债务纠纷所需"司法程序数目"（the number of distinct procedures）（注：后两个契约制度指标由 World Bank（2004）开发）。

调查数据（2000~2002 年）中的 18 个城市抽取私人股权比例大于 50% 的制造业企业作为样本进行研究，实证结果显示：产权保护，正式契约的签订和执行程度对企业的再投资有显著的正效应。[①] 不过，使用同样的样本数据，Ng 和 Yu（2014）以企业的全要素生产率（TFP）为被解释变量，发现产权制度对企业生产率有显著的正向影响，而契约制度对企业生产率没有显著影响。

实证研究还发现，若一个经济体改进政府质量，减少腐败，对产权进行更有效的保护，则有利于吸引包括外商直接投资（FDI）在内的投资（Besley，1995；Wei，2000a，2000b）。

（二）行业专用性投资强度和对制度环境的依赖

虽然上述研究已表明良好的制度环境能够在整体上促进一个社会的投资和经济增长，但还未触及如下更为精细的问题，即制度环境对不同行业发展的影响力是否有差别？或者，不同行业的发展对制度环境的依赖程度是否存在显著差别？进而，对特定行业的发展来说，产权制度和契约制度的影响力是否有差别？

对于上述问题，不完全契约理论提供了一个有力的分析工具。[②] 该理论提醒本书：虽然专用性投资有助于提高生产效率，但契约不完全容易引发事后的"敲竹杠"行为并抑制事前的专用性投资，甚至阻止商业关系的发生和发展。因此，为促进这些有生产力的专用性投资，需要设计恰当的治理机制以保障投资者的利益，防止其事后被"敲竹杠"。尽管不完全契约理论的经典文献强调专用性投资的第三方不可证实性而暗示第三方（如法院）难以向投资者提供有效的产权保护，但现实中并非如此绝对。正如 Tirole（1999）所言，即便专用性投资本身具有第三方不可证实性，交易双方通常会努力找到与该投资关联度很强的第三方可证实变量，并以此为依据签订一份可供第三方裁决的商业契约，尽管这类契约通常都比较复杂。正因如此，那些涉及专用性投资的严重商业纠纷往往在谈判失败后会诉诸第三方（如法院）裁决。这就意味着，如果商业纠纷能够被第三方更加公正高效地裁决，那么，商业契约在事后就更有可能被忠实执行，从而降低了契约的不完全程度和专用性投资方事后被"敲竹杠"的风险。基于这样的认识，Levchenko（2007）在 Heckscher-Ohlin 框架下构建了一个不完全契约理论模型来阐述这样一种国际分工，即那些制度优秀但劳动力缺乏的北方国家将专注于发展资本密集型产

---

① 在该调查问卷中，测度产权制度的问题是"在和企业打交道的官员中，你认为有多大比例的官员是在帮助你的企业而不是在掠夺你的企业？"；测度契约制度的问题是"企业出现商业纠纷时，你认为有多大可能性，法律制度会保障你的契约权益？"。

② Williamson（1985）和 Hart（1995）两本书汇集了不完全契约理论的基本思想和分析框架。

业，而那些制度环境不良但劳动力丰富的南方国家将专注于劳动密集型产业。[1]

为了验证该假说，Levchenko（2007）利用1992年美国的投入－产出表计算出各类工业品的中间投入品霍芬达尔指数（Herfindahl index）——在他看来，该指数越大，表示该种工业品的复杂程度越高，因此对于生产所在地的制度环境依赖程度越高。同时，该文以Kaufmann等（2005）开发的"法制指数"（Index of the Rule of Law）作为各国的"司法质量"（Judiciary Quality）或者契约制度环境的测度，以1998年美国从116个国家进口389类工业品的"国家－行业份额"（=国家i在美国行业j进口之中的份额／国家i在美国总体进口的份额）为被解释变量。在控制了各国的资本密度、劳动密度等因素的基础上，该书实证分析发现：那些契约制度环境更高的国家，显著性地向美国出口了更多契约密集型产品。不过，由于中间投入品的霍芬达尔指数并未测度专用性投资的强度，因此该实证研究并未为其基本理论推断提供一个强劲有力的证据。

相对而言，Nunn（2007）提供了一个相对更坚实的证据。该书利用1997年美国的投入－产出表计算出各个制造业所使用的专用性中间投入品的价值占比，并以此指标测度关系专用性投资品对各行业的重要性程度。由于专用性投资往往需要特殊的契约安排，因此该指标也被称为行业的"契约强度"（Contract Intensity）。考虑到在经济全球化的大背景下不同国别的同一个行业，尤其是那些生产出口品的工业所需的中间投入品及其资产专用性程度应该是相似的，该书就将美国各工业的专用性投资强度作为其他国家相应行业的专用性投资强度的测度。在此基础上，通过跨国数据分析，该书发现：那些"法制指数"更高，即具有更好契约制度的国家显著性地生产和出口了更多的契约密集型产品；而且，在国际贸易中，一国源自契约制度的比较优势竟然大于源自物质资本和人力资本的比较优势。

受Nunn（2007）的启发，Wang等（2014）研究了中国企业出口产品的专用性投资强度与各省级行政区域的契约制度环境之间的关系。该书主要使用的变量和数据是：①将Nunn（2007）的美国工业行业专用性投资强度作为中国相应行业的专用性投资强度的测度；②以世界银行的调查报告《中国营商环境（2008）》（Doing Business in China 2008）之中关于"司法程序解决纠纷的官方费用（the Official Cost）占申索价值的百分比"作为各省级行政

---

[1] 在此之前，一些学者以跨国公司的全球生产性布局为切入点，在不完全契约框架下构建理论模型证明跨国公司将把那些需要更多研发和专用性投资的生产环节留在具有更好制度环境的北方国家，而将那些更加依赖廉价劳动力的生产环节外包给南方的欠发达国家（Antras，2003，2005；Antras and Helpman，2004；Grossman and Helpman，2003，2005）。

单位契约制度的测度；③从国家统计局 2007 年对 7700 家企业的调查数据中获得企业层面上的出口和其他企业特征数据。与 Nunn（2007）相似，他们发现：在那些契约制度较好的省份，企业更多地出口了高专用性投资强度产品，而且这一现象在外资企业中尤为显著。[①]另外，王永进等（2010）利用 2004 年《中国经济普查数据》计算出各省各行业内聚集程度（IAMAR）并将其作为被解释变量，采用普通最小二乘法等截面数据计量分析方法发现，专用性投资强度较高的行业倾向于在制度较好的地区集聚。

（三）现有研究的不足

虽然基于不完全契约理论视角的产业投资理论非常具有启发性，但现有研究还存在一些不足或缺陷。

（1）理论上还缺乏同时考虑资产专用性和制度环境对行业投资的分析。一方面，虽然 Acemoglu 和 Johnson（2005）区分了契约制度和产权制度，并且认识到投资人可以通过商业契约和企业组织结构安排来规避契约制度的缺陷，但是，他们并没有考虑不同行业具有不同的专用性投资强度，因而还无法理解不同制度环境对不同产业发展的影响。另一方面，虽然 Levchenko（2007）的理论模型揭示了制度环境和劳动力丰富度会导致北方国家选择资本密集型产业而南方国家选择劳动密集型产业，但是，该理论模型并未细致地区分产权制度和契约制度，仅使用一个变量 φ 同时刻画制度质量和专用性投资强度，因此并不能很好地揭示契约制度和产权制度制对不同专用性投资强度的行业的影响。本书认为，应该将上述两个理论融合在一起，即不仅需要认识到不同专用性投资强度的行业对制度环境依赖度存在差异，而且需要认识到不同类型的制度，即契约制度和产权制度对产业投资的影响也将存在差异。

（2）与上述理论相关，实证研究也存在一些不足。一则，虽然不少实证已证实良好的制度环境，尤其是良好的产权制度有利于促进投资和经济增长（Djankov et al.，2003；Acemoglu and Johnson，2005；Ng and Yu，2014，樊纲等，2011），[②]但却没有考察制度环境对不同行业投资的影响。二则，虽然一些实证研究考察了制度环境对不同行业的异质性影响，但这些证据还比较间接，即主要是发现了那些制度环境良好的经济体出口了更多的高专用性投资强度行业的产品。本书认为，一个经济体当前的出口结构应该是过去若干年

[①]　Feenstra 等（2013）利用中国企业出口数据，得到类似结论。

[②]　樊纲等（2011）发现，"政府与市场关系（产权制度）指数"每增加 1 分，GDP 会提高 2.03%；而"市场中介组织发育和法律制度环境（契约制度）指数"每增加 1 分，GDP 仅提高 1.23%。

行业投资的结果，而不是出口商根据当前制度环境而做出投资决策的结果，因为从投资到产出通常需要若干年时间。三则，无论是 Kaufmann 等开发的"法治指数"，还是《中国营商环境（2008）》所使用的"司法程序解决纠纷的官方费用占申索价值的百分比"，主要都是试图测度"司法质量"或者"契约制度"而不是"产权制度"。换句话说，已有实证研究主要考查了契约制度对产业投资的影响而非更为重要的产权制度对产业投资的影响。

鉴于此，本书希望借助 2008~2014 年"省份 – 年份 – 行业"工业用地出让数据和"省份 – 年份"的市场化指数以及其中的"政府与市场关系指数"和"市场中介组织和法律制度环境指数"，一方面，深入考察制度环境对行业投资异质性的影响，另一方面，研究不同类型制度影响的差异，进而能够弥补现有文献的不足。

二、假说的提出

在这一节中，本书努力融合 Acemoglu 和 Johnson（2005），Levchenko（2007）的思想，尝试着构建一个简单的启发性模型考察不同专用性投资强度行业的投资对产权制度（pro）和契约制度（con）的敏感度及其差异。

为简化分析，假设每个投资项目的规模为 1。投资者是风险中性的，且资本市场无风险利率标准化为 0；投资者能够预测到若事后项目顺利运营，则会产生利润 r[①]。不过，技术决定了不同行业的投资项目具有不同的专用性投资强度（$s \in [0, 1]$）。由于资产专用性刻画的是某项资产在事后被转让或者被清算所遭受的价值折损程度，因此，若一个专用性投资强度为 s 的项目在事后选择从投资目的地撤资，则本书假设投资者将遭受损失 s。

虽然导致投资失败的因素非常多，但本书在此关注那些源于投资目的地的制度环境因素。追随 Acemoglu 和 Johnson（2005）等的研究，本书不仅关注投资目的地综合的制度环境质量，而且将产权制度和契约制度视为刻画制度环境质量的两个关键性的维度，尽管它们都取决于基本的政治经济制度和法治化水平而具有很强的关联性。

产权制度的实质是用来限制政府对企业可能实施的侵害行为，Acemoglu 和 Johnson（2005）采用对政府侵占行为的限制和对政府实施权力行为的约

[①] 尽管本书并不认为各个行业具有相同的预期利润率，但本书还是选择将 r 视为一个外生变量。这是因为：一则，虽然较高的专用性投资强度往往意味着企业所采取的技术较新，产品具较高的异质性而享有某种垄断力量，但这也意味着企业面临着较多的技术和市场不确定性；二则，特定地区特定行业的投资收益率不仅取决于行业特征，还取决于当地的劳动、土地等要素价格、融资成本、基础设施质量、地理位置、税收政策等众多复杂因素。

束等来衡量产权制度。本书采用"政府与市场关系"衡量产权制度，这个指标是衡量政府或者市场配置资源的程度，包括政府对企业的干预。契约制度主要用于为企业之间的交易提供便利，以保证企业之间私有契约的有效执行。由于契约制度强调的是诸如法庭等第三方在帮助私人契约有效完成中的作用，而且该指标涉及律师和会计师等市场中介组织服务条件、行业协会对企业的帮助程度等内容。本书的"市场中介组织发育和法律制度环境"是衡量契约制度的，该指标一定程度上反映了契约关系。

因此，在本书中，产权制度的实质是用来限制政府对企业可能实施的侵害行为。契约制度主要用于为企业之间的交易提供便利，以保证企业之间私有契约的有效执行。例如，如果企业在契约执行过程中存在争议，法庭作为独立于交易双方之外的第三方，应该公正、有效地解决这些争议。

（一）产权制度与预期投资净收益

虽然能够实施侵犯产权行为的主体多种多样，但掌握着国家暴力机器的政府无疑是能力最强的一个。在现实中，政府及其官员对企业的产权掠夺行为多种多样，比如，高额税费、索贿、取消许可证、管制政策、国有化（包括强行低价并购），以及纵容某些势力敲诈，甚至暴力破坏企业财产等。一旦政府发生这些侵犯产权的行为，社会危害将非常严重，因为不仅波及面很大，而且受害者往往无力反抗，通常只能选择将企业出售或者关门清算。正因如此，产权制度主要指各种能够迫使政府尊重和保护产权的正式或非正式的制度安排。

基于上述理解，本书如此测度一个地区的产权制度质量，即若产权制度质量为 $Q^{pro} \in [0, 1]$，则投资者预期该地政府不会发生严重的产权掠夺行为的概率为 Q^{pro}，而会发生的概率为 $1-Q^{pro}$。因此，若投资者向该地区的、专用性投资强度 s 的行业进行一项投资，则他们预期净投资收益为：

$$\pi_s^{pro}=rQ^{pro}-s(1-Q^{pro})=[r+s]Q^{pro}-s。$$

（二）契约制度与预期投资净收益

与产权制度相似，若一个地区的契约制度质量为 $Q^{con} \in [0, 1]$，则意味着投资者预期投资该地区不会因严重的商业纠纷而导致项目失败的概率为 Q^{con}，而发生这种不幸情况的概率为 $1-Q^{con}$。不过，不同于政府所实施的产权掠夺行为，面对商业伙伴可能采取的机会行为，投资者不仅可在事后求助于法院，而且可事先对商业契约和企业组织结构做精心安排。因此，若投资目的地的契约制度质量为 $Q^{con} \in [0, 1]$ 且投资者应对商业纠纷的努力为 $e \in [0, 1]$ 时，则令投资者在事后遭遇严重商业纠纷并导致投资失败的概率为 $(1-e)(1-Q^{con})$，预期投资损失为 s（1–e）（1–Q^{con}）。当然，这些努力会产生额外的成本$\frac{1}{2}\alpha e^2$，其中，α（>0）为常数。鉴于此，在契约制度质量 Q^{con} 的地区，投资者向专用性投资强度 s 的行业投资，其预期净收益为：

$$\pi_s^{con} = r\left[1-(1-e)(1-Q^{con})\right]-\left[s(1-e)\left(1-Q^{con}\right)+\frac{1}{2}\alpha e^2\right]。$$

由于投资者的最优努力 e*=arg max π$_s^{con}$，因此 e*=$\frac{1}{\alpha}$（r+s）（1–Q^{con}）。考虑到 e*∈[0, 1]，因此 α ≥ (r+s)(1–Q^{con})。现在，预期投资净收益可进一步表述为：

$$\pi_s^{*con} = \frac{1}{2\alpha}\left\{\left[(r+s)\left(1-Q^{con}\right)\right]^2 - 2\alpha(r+s)\left(1-Q^{con}\right)+2\alpha r\right\}$$

$$= \frac{1}{2\alpha}\left\{\left[\alpha-(r+s)\left(1-Q^{con}\right)\right]^2 - \left(\alpha^2 - 2\alpha r\right)\right\}。$$

另外，为了使分析有意义，本书令 α^2–2αr ≥ 0，即 α ≥ 2r。

（三）产权制度、契约制度与行业投资

本书知道，除非预期的投资净收益不小于 0，理性的投资者是不会向特定地区的特定产业进行投资的。换句话说，投资者会实际发生投资的必要条件是 π$_s^{pro}$ ≥ 0 和 π$_s^{*con}$ ≥ 0。因此，给定行业的专用性投资强度 s 和投资收益率 r，投资者对该地区产权制度和契约制度的最低要求分别是：

$$Q^{pro} \geqslant \overline{Q}^{pro} = \frac{s}{r+s}$$

$$\overline{Q}^{con} = 1 - \frac{\alpha-\left(\alpha^2 - 2\alpha r\right)^{\frac{1}{2}}}{(r+s)}$$

现在，本书可得出如下一些理论推断：

推断 1：$\overline{Q}^{pro}$>0，$\overline{Q}^{con}$>0 且 $\overline{Q}^{pro}$>$\overline{Q}^{con}$，[①] 即一个地区无论希望发展何种产业，当地社会都必须拥有一个足够良好的制度环境，尤其是产权制度的质量要达到一个比较高的水平。

推断 2：$\dfrac{\partial \overline{Q}^{pro}}{\partial s} = \dfrac{r}{(r+s)^2} > 0$，$\dfrac{\partial \overline{Q}^{con}}{\partial s} = \dfrac{\alpha-\left(\alpha^2 - 2\alpha r\right)^{\frac{1}{2}}}{(r+s)^2} > 0$，且 $\dfrac{\partial^2 \overline{Q}^{pro}}{\partial s^2} < 0$，

---

① 事实上，政府的产权掠夺概率（1–Q^{pro}）和一般社会成员的商业敲诈概率（1–Q^{con}）都内生于同一个政治经济制度，而投资者预期事后被敲诈的总概率可大致表述是（1–Q^{pro}+1–Q^{con}），因此，$\overline{Q}^{pro}$，$\overline{Q}^{con}$ ≥ 0.5 才能满足投资者的参与条件。

$\dfrac{\partial \overline{Q}^{con}}{\partial s} < 0$，即随着行业所要求的专用性投资强度的提高，投资者对投资目的的制度质量要求也会提高，只不过所要求的制度质量增幅要小于行业专用性投资强度的增幅。

对于推断 2 产生的原因不难理解。一方面，专用性投资强度提高，投资者在事后抗击敲诈的能力就会减弱，因此更希望得到制度性的保护；另一方面，一个地区制度质量的提高，不仅可以降低投资者对被敲诈的预期概率和损失，而且同时增加了对项目成功运营的预期概率和收益。因此，行业专用性投资强度提高 1 个单位，该行业对投资目的地的最低制度质量水平必然提高，但提高幅度小于 1 个单位。反过来，该推断也意味着，制度环境质量提高 1 个单位，该地区在制度上能够支撑的行业专用性投资强度提高幅度将大于 1 个单位。

推断 3：$\dfrac{\partial \overline{Q}^{pro}}{\partial s} > \dfrac{\partial \overline{Q}^{con}}{\partial s}$，$\dfrac{\partial \left(\overline{Q}^{pro} - \overline{Q}^{con} \right)}{\partial s} > 0$，即与契约制度相比，行业的专用性投资强度越大，产权制度对投资者的重要性将变得更为突出，因为不同于商业纠纷，投资者几乎无力应对政府的产权掠夺行为。

从前面的文献综述可知，推断 1 是制度经济学的一个基本结论，即对于一个地区的投资和经济增长，良好的制度环境，尤其是产权制度扮演着至关重要的角色。该推论已经被大量的宏观和微观数据所支持，而本书只是补充了一个行业层面的证据。对于推断 2 和推断 3，虽然 Levechenkon（2007）等已提供了间接证据，即发现契约制度质量影响出口产品的行业结构，但还缺乏制度环境质量对不同专用性投资强度行业的投资具有不同影响的直接证据，更没有为契约制度和产权制度可能具有不同的影响力提供证据。下文的实证研究试图为弥补这些不足而做一点边际贡献。

第三节　制度环境与土地出让的识别策略与数据说明

一、识别策略

本书重在讨论制度环境的比较优势及其对产业转型升级的影响。本书的逻辑非常简单，如果制度环境更有利于高契约强度行业投资，那么制度环境好的地区，将更有利于发展制度依赖行业，而制度依赖行业的技术等级更高，那么制度好的地区，技术等级高的产业发展更快，通过优化制度环境就能提高高技术等级行业的投资占比，进而推动产业转型升级。本书利用中国土地出让数据，在尽可能完善技术细节的前提下，对上述命题进行检验。借鉴 Nunn（2007）的研究，本书使用式（7-1）考察制度环境对不同行业的投资是否有不同影响：

$$\ln land_{ipt} = \alpha_i + \alpha_p + \beta_1(Z_i * Q_{pt}) + \sum X_{ipt}\lambda + year_t + \varepsilon_{ipt} \qquad (7-1)$$

其中，变量 $land_{ipt}$ 表示省份 p 在 t 年 i 行业土地出让的宗数和面积的自然对数。正如前文所言，每一宗土地出让通常意味着地方政府一个引资项目；同时，在控制了行业和年份的情况下，一宗工业用地的出让面积通常反映了该项目的投资规模。因此，"省份－行业－年份"的工业用地出让宗数和面积在很大程度上反映了投资者在特定年份对特定省份的特定行业的投资规模，尽管这并不能代表全部的新增投资情况。

α_i 和 α_p 表示行业和省份的固定效应。Z_i 表示 i 行业的专用性投资强度，反映行业资产专用性程度。根据不完全契约理论，行业专用性投资强度越高，则该行业的投资就越需要来自制度环境所提供的保护。Q_{pt} 表示 t 年省份 p 的制度环境。本书最感兴趣的解释变量是行业专用性投资强度和地区制度环境的交互项 $Z_i \times Q_{pt}$。如果交互项系数 β_1 为正，表明那些制度环境较好的省份向那些专用性投资强度较高的行业出让了更多的工业用地。这种识别策略的好处是，可以同时控制行业和省份的固定效应，交互项系数类似双重差分方法，能够反映变量之间的因果关系。[1]

另外，正如 Acemoglu 和 Johnson（2005）所言，即制度环境至少包含产权制度（Q^{pro}）和契约制度（Q^{con}）两个重要维度，而且前者对投资，尤其是专用性投资具有更重大的影响。因此，在下面的实证研究中本书更加关注 $Z_i \times Q_{pt}^{pro}$ 和 $Z_i \times Q_{pt}^{con}$ 的回归系数的显著性和大小。

二、关键变量及其数据来源

（一）工业用地出让数据

本书从中国土地市场网（http://www.landchina.com）收集了 2007~2014 年中国地方政府（不含港澳台）每一宗的工业用地出让结果公告数据，从中不仅可获知每宗工业用地的出让主体、地理位置、面积等信息，还可获知其行业用途。由此，本书可获得每年省级层面的 30 个两字节行业分类的工业用地出让宗数和面积，如图 7-1 所示。

平均而言，在 2008~2014 年，"省份－行业－年份"土地出让的宗数为 32

---

[1] 这种估计方式最初来自 Rajan 和 Zinglase（1998）。他们使用跨国－跨行业数据，构造国家金融发展程度与行业外部融资依赖强度的交互项，发现更加依赖外部融资的行业，在金融发展更好的国家增长更快。

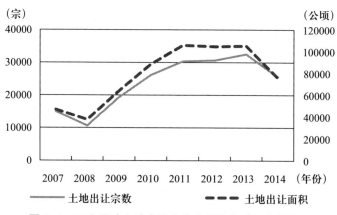

图 7-1　工业用地土地出让宗数和面积的时间变化趋势

资料来源：笔者根据土地市场网数据整理。参见 http://www.landchina.com/。

宗，面积为 106 公顷。从时间趋势看，2008 年底开启的"四万亿"经济刺激计划显著增加了工业用地出让的宗数和面积；但随着刺激计划的退出和中国经济进入新常态，2013 年后工业用地出让宗数和面积开始下滑（见图 7-1）。从工业用地出让的行业分布来看，金属制品业获得的土地出让宗数最多，面积最大（见图 7-2）。从地域特征看，工业土地出让仍然集中在东部沿海地区，其中，山东出让工业用地宗数和面积最大。本书中，"省份－行业－年份"工业用地出让数据主要反映各省每年在各个制造业行业所吸引的投资数量和规模。在现实中，工业用地出让确实存在拿地后没有开工建设的情况，但并不能完全认为全部工业用地出让后都没有开工建设。总体上，中国制造业的快速发展，与招商引资、工业园区发展具有密切联系，所以土地出让在一定程度上是能够反映新增投资的。同时，为了避免片面"使用土地面积衡量投资"，本书主要使用了土地出让宗数，一般来说，每一宗土地代表一个招商项目。

（二）制度环境的测度

测度不同地区的制度环境是本书面临的重要挑战。首先，目前学术界的一个共识是：虽然中国的基本政治经济制度相同，但各地市场经济发育程度和制度环境的差异客观存在。其次，常用的测度指标有两类。一类是基于企业调查数据来测度不同地区的营商环境。比如，李坤望和王永进（2010）以世界银行《中国营商环境报告（2008）》中商业纠纷打官司所需成本来测度制度环境。不过，这类指标主要反映了各地的"契约制度"，未必很好地测度了"产权制度"，该指标通常只有一年的截面数据。另一类被更广泛采纳的制度环境代理变量是樊纲等编制的各省市场化指数。《中国市场化指数（2000）》（樊纲和王小鲁，2001）第一次发布了该指数，之后不断更新。罗党论和唐清

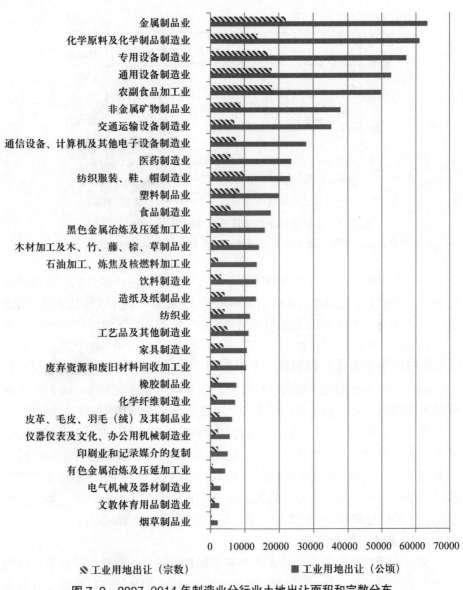

图 7-2　2007~2014 年制造业分行业土地出让面积和宗数分布

泉（2009）分别使用政府与市场的关系、法律与中介组织发育，衡量不同省份政府干预指数和法律制度环境，研究了制度环境对民营上市公司的影响。余明桂等（2013）使用市场化指数衡量制度环境，认为"政府与市场关系"这一指标类似于 Acemoglu 和 Johnson（2005）对产权制度的衡量，并以"市场中介组织的发育和法律制度环境"指标作为契约制度的替代变量。

　　必须指出，由于制度的概念比较宽泛，所以制度经济学的研究中，对制度进行量化是比较困难的。在一定程度上，用市场化指数衡量制度环境，可能存在测量误差，市场化指数中的"政府与市场关系""市场中介组织发育和法律制度环境"的指标，并不能完美体现本书的产权制度和契约制度。但是，根据现有相关理论和文献，本书认为，市场化指数衡量制度环境，两个分项指标衡量地区的产权制度环境和契约制度差异，可能具有一定合理性。具体理由如下：第一，从制度环境含义来看，以及产权制度和契约制度的含义，本书使用的代理变量具有一定合理性。市场化指数能够反映中国地区之间的制度差异。樊纲等（2011）指出，市场化作为一种从计划经济向市场经济过渡的体制改革，不是简单的几项规章制度的变化，而是一系列经济、社会、法律制度的变革（樊纲等，2003），或者说是一系列的大规模制度变迁。樊纲等（2011）指出："总的来说，本书的市场化指数有如下几个特点：第一，从不同方面对各省市自治区的市场化进程进行全面的比较；第二，使用基本保持一致的指标体系对各地的市场化进程进行持续的测度，从而提供了一个反映制度变革的稳定的观测框架。"

第二，本书中产权制度的含义是限制政府对企业可能实施的侵害行为，Acemoglu 和 Johnson（2005）采用对政府侵占行为的限制和对政府实施权力行为的约束等来衡量产权制度。本书采用"政府与市场关系"衡量产权制度，"政府与市场关系"这个指标设计的时候，就是衡量政府或者市场配置资源的程度，政府对企业的干预，符合产权保护的含义。

第三，契约制度主要用于为企业之间的交易提供便利，以保证企业之间私有契约的有效执行。例如，如果企业在契约执行过程中存在争议，法庭作为独立于交易双方之外的第三方，应该公正、有效地解决这些争议。Acemoglu 和 Johnson（2005）采用法庭解决简单案例所需的正式法律程序的数量衡量地区的契约制度。由于契约制度强调的是诸如法庭等第三方在帮助私人契约有效完成中的作用，而且该指标涉及律师和会计师等市场中介组织服务条件、行业协会对企业的帮助程度等内容。因此，"市场中介组织发育和法律制度环境"同样涉及法律保护，该指标一定程度上也反映了契约关系。本书用来衡量契约制度具有一定合理性。

第四，国内学术同行也使用了同样的指标研究制度环境问题。例如，罗党论和唐清泉（2009）指出"制度环境衡量指标方面本书采用了樊纲等（2007）编制的《中国市场化指数》。其中，法律制度环境指数由市场中介组织的发育、对生产者合法权益的保护、对知识产权的保护以及对消费者权益的保护等构成，指数越大，说明当地的法律制度环境越好，也说明当地的产权保护水平越高。政府干预指数衡量了政府与市场的关系，由市场分配资源的比重、减轻农民的税费负担、减少政府对企业的干预、减少企业的税费负担以及缩小政府规模等构成，指数越大，说明政府干预越少"。余明桂等（2013）认为，"樊纲等（2010）主要考虑了市场分配经济资源的比重、减轻农民的税费负担、减少政府对企业的干预、减轻企业的税外负担以及缩小政府规模五个方面的因素。从经济含义上讲，这五个方面的内容均能较好地反映政府对个体经济行为的影响，因此，'政府与市场关系'这一指标类似于 Acemoglu 和 Johnson（2005）对产权制度的衡量。由于契约制度强调的是诸如法庭等第三方在帮助私人契约有效完成中的作用，而且该指标涉及律师和会计师等市场中介组织服务条件、行业协会对企业的帮助程度等内容，所以，选择这一指标作为契约制度的替代变量是可行的"。

邓路等（2014）、邓宏图和宋高燕（2016）、杨瑞龙等（2017）、诸竹君等（2017）也使用市场化指数度量不同省份的制度环境差异。当然，不能认为其他文献采用了这个测度，本书使用的制度环境指标就是完全合理的。本书也认识到，市场化指数度量制度环境存在不足，所以本书在稳健性检验部分，还基于世界银行 2008 年的营商环境指数，进行了稳健性检验。结论同样支持本书的结论。

参考已有文献，本书选用最新报告《中国分省份市场化指数报告（2016）》（王小鲁等，2017）所公布的 2008~2014 年的市场化指数来衡量地区之间的制度差异。如图 7-3 所示，2008~2014 年，中国 31 个省市区的市场化指数分布具有这样的关键特征，即虽然市场化指数的均值随时间推移而有所提高，但其离散程度较高且并没有收敛的趋势。这表明，中国地区之间制度环境存在较大差异且地区之间的制度差异并没有随时间变化而显著缩小。这种地区之间的制度差异，构成了本书识别制度环境差异与工业土地出让关系的基础。

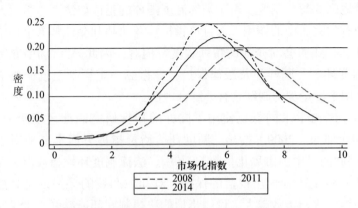

图 7-3　中国 31 个省市区的市场化指数分布

与此同时，市场化指数由"政府与市场关系""非国有经济的发展""产品市场的发育程度""要素市场的发育程度"和"市场中介组织发育和法律制度环境"五个方面指数合成。与很多文献一样，本书使用市场化指数作为各地制度综合质量的测度。[1]同时，与余明桂等（2013）一样，本书以"政府与市场关系"为产权制度的代理变量，而以"市场中介组织发育和法律制度环境"作为契约制度的代理变量。[2][3]采用市场化指数中"政府与市场关系"衡量产权制度，这个指标衡量了政府或市场配置资源的程度，包括政府对企业的干预，这符合产权保护的含义。Acemoglu 和 Johnson（2005）采用法庭解决简单案例所需的正式法律程序的数量来衡量地区的契约。由于契约制度强调的是诸如法庭等第三方在帮助私人契约有效完成中的作用，而且该指标涉及律师和会计师等市场中介组织服务条件、行业协会对企业的帮助程度等内容。本书实证研究使用"市场中介组织发育和法律制度环境"衡量契约制度。

（三）行业专用性投资强度的测度

除了制度质量外，在式（7-1）中另一个关键性的解释变量是行业所需中间品投入的专用性强度，即行业的专用性投资强度。如前文所言，相对于 Levchenko（2007）所构建的行业中间投入品霍芬达尔指数，Nunn（2007）利用美国 1997 年投入产出表所构建的如下行业专用性投资强度指标被认为更符合不完全契约理论的精神：

$$z_i^{rs1} = \sum_j \theta_{ij} R_j^{neither} \text{ , 或者，} \quad z_i^{rs2} = \sum_j \theta_{ij}(R_j^{neither} + R_j^{refprice})$$

其中，θ_{ij} 表示在行业的所有投入品中投入品 j 的比重；$R_j^{neither}$ 表示在投入品 j 的市场上那些既没通过有组织的交易市场，也没根据参考价格进行交易的比重；$R_j^{refprice}$ 表示在中间投入品 j 的市场上仅仅根据市场参考价格

---

[1] 使用该指标作为各地制度质量测度的文献非常多。比如，毛其淋和许家云（2015）利用该指数考察了贸易自由化、制度环境与企业生产率之间的关系。为节省篇幅而不列出更多文献。

[2] "市场中介组织发育和法律制度环境"包括由 4 个一级指数和 8 个二级指数组成，即市场中介组织（律师人数与当地人口的比例、注册会计师人数与当地人口比例）、对生产者合法权益的保护（市场秩序 =1- 经济案件发生数 /GDP，执法效率 = 经济案件结案数 / 经济案件收案数），知识产权保护（三种专利申请受理数量 / 科技人员数量、三种专利申请批准数量 / 科技人员数量），消费者权益保护（消费者投案数 /GDP、消费者投案解决率）。

[3] 在《中国分省分市场化指数报告（2016）》中，"政府与市场关系"不再包含一级指标"减轻农村居民的税费负担"和"减轻企业的税外负担"，而仅有 3 个一级指标合成，即"市场分配资源的比重"（=1- 政府支出 / 本省 GDP），"减少政府对企业的干预"（源于对企业家关于"行政审批手续方便简捷情况"的抽样调查），和"缩小政府规模"（=1- 公共关系、社会保障和社会组织就业人数 / 本省人口）。可见，"政府与市场关系"指标取值越小，说明政府卷入市场活动和相关利益分配的程度就越深，就越有可能发生对投资者的产权侵犯行为。

进行交易的比重。Nunn（2007）对中间投入品交易性质的上述分类方法来自 Rauch（1999）对中间投入品专用性程度的判断，即①那些能够在有组织市场（Organized Exchange，如期货交易所）中进行大规模交易的中间投入品，通常都是高度标准化的非专用品；②那些存在正式的市场参考价格（Reference Priced）的中间品，其市场规模可能较大且专用性程度较低；③那些不具有上述两个条件的中间品，其市场应该很薄，专用性投资程度高。一般而言，若投入－产出表中的某种中间投入品主要通过后两种，尤其是第三种方式进行交易，则意味着该类中间品之中存在大量的异质性的子类产品被用于满足特殊的专用性投资，从而暗示该种中间品的平均专用性程度较高。显然，z_i^{rs1} 和 z_i^{rs2} 的差别在于那些存在市场参考价格的中间投入品是否被本书视为专用性投资品。由此，Nunn（2007）测算了美国三字节行业代码制造业行业的专用性投资强度，以此反映该行业的企业在投资后被"敲竹杠"的风险和事前所需防范该类风险的努力程度。在此基础上，Ciccone 和 Papaioannou（2009）测算了 30 个美国两字节行业的专用性投资强度。[①]

与 Nunn（2007）类似，相关研究基本上都是以美国行业专用性投资强度作为其他经济体行业专用性投资强度的代理变量。这是因为：①一般认为，在经济全球化的大背景下各国的行业专用性投资强度特征基本相似；② Ciccone 和 Papaioannou（2016）通过跨国－跨行业数据分析表明，使用美国行业专用性投资强度作为基准，一般会导致回归结果存在向下偏差，即回归结果更有可能是对制度环境效应的下限估计；③若一个经济体的行业契约密集度不可避免地受到当地制度环境的影响，直接采用美国的行业专用性投资强度指标可在很大程度上消除这种干扰，因为美国的市场经济制度相对完善（李坤望和王永进，2010）。鉴于此，本书直接采用 Ciccone 和 Papaioannou（2009）的行业专用性投资强度数据。此外，李坤望和王永进（2010）估算了 28 个两字节行业的专用性投资强度，因而将其用于稳健性检验。关于两字节行业专用性投资强度的数据，如表 7-1 所示。

表 7-1　两个字节制造业行业特征变量统计

行业代码	行业名称	专用性投资强度 Z1	专用性投资强度 Z2	资本密集度	技能强度	外部融资依赖
33	有色金属冶炼及压延加工业	0.160	0.8162	2.013	0.097	0.01
32	黑色金属冶炼及压延加工业	0.242	0.8162	3.194	0.083	0.09

---

① 计算原理是两字节行业中包含的三字节行业代码的契约强度进行加权平均。

续表

行业代码	行业名称	专用性投资强度Z1	专用性投资强度Z2	资本密集度	技能强度	外部融资依赖
16	烟草制品业	0.317	0.4832	0.730	0.110	−0.45
13	农副食品加工业	0.331	0.6308	1.366	0.097	0.14
14	食品制造业	0.331	0.5573	1.366	0.097	0.14
22	造纸及纸制品业	0.348	0.8851	2.215	0.109	0.17
17	纺织业	0.376		1.807	0.059	0.19
25	石油加工、炼焦及核燃料加工业	0.395	0.9634	1.199	0.141	0.33
29	橡胶制品业	0.407	0.9230	2.265	0.079	0.23
30	塑料制品业	0.408	0.9848	1.416	0.102	1.14
31	非金属矿物制品业	0.420	0.9634	2.010	0.110	0.25
34	金属制品业	0.435	0.9446	1.173	0.097	0.24
26	化学原料及化学制品制造业	0.49	0.8837	0.800	0.270	0.75
28	化学纤维制造业	0.49	0.8837	0.800	0.270	0.75
20	木材加工及木、竹、藤、棕、草制品业	0.516	0.6698	1.632	0.071	0.28
27	医药制造业	0.544	0.8837			
24	文教体育用品制造业	0.547	0.8634	0.878	0.119	0.47
35	通用设备制造业	0.547	0.9748	0.878	0.119	0.47
21	家具制造业	0.568	0.910	0.789	0.071	0.24
19	皮革、毛皮、羽毛（绒）及其制品业	0.571	0.8479	0.663	0.071	−0.14
15	饮料制造业	0.713	0.9486	1.744	0.131	0.08
23	印刷业和记录媒介的复制	0.713	0.9953	0.785	0.200	0.20
39	电气机械及器材制造业	0.740	0.9602	0.924	0.163	0.95
18	纺织服装、鞋、帽制造业	0.745	0.9099	0.481	0.051	0.03
40	通信设备、计算机设备制造业	0.764	0.9832	1.017	0.139	0.60
41	仪器仪表及文化、办公用机械制造业	0.764	0.9602	1.017	0.139	0.60
42	工艺品及其他制造业	0.764	0.8634	1.017	0.139	0.60

续表

行业代码	行业名称	专用性投资强度 Z1	专用性投资强度 Z2	资本密集度	技能强度	外部融资依赖
43	废弃资源和废旧材料回收加工业	0.764		1.017	0.139	0.60
36	专用设备制造业	0.785	0.9808	0.654	0.185	0.96
37	交通运输设备制造业	0.859	0.9846	1.320	0.159	0.36

资料来源：笔者基于相关数据整理。

（四）控制变量集合 X_{ipt} 的选择

考虑到企业对投资目的地的选择主要是对不同地理位置比较优势的一种反映。除制度因素外，这种比较优势还可能源于当地的经济发展水平和经济规模、行业结构、对外开放程度和政府的财政状况等影响。因此，本书控制了省级层面的人均 GDP，人均工资水平，工业产值占 GDP 比重，出口占比和财政赤字水平。同时，一个地区的行业集聚会产生某种源于知识共享、运输成本节约、企业产品多样性增加等方面的溢出效应，从而会影响新企业的投资选址（Glaeser 等，1992）。这些溢出效应被分为两种类型：源于行业内部的规模收益递增和学习效应，即马歇尔－阿罗－罗默（Marshall-Arrow-Romer，MAR）外部性；（2）源于行业之间相互协作的雅各布斯（Jacobs，JAB）外部性。现在，MAR 和 JAB 外部性通常采用如下公式进行测度：

$$IA_{ip}^{MAR} = \frac{y_{ip}/y_p}{y_i/y} , \quad IA_{ip}^{JAB} = 1 - \sum_{k \neq i} \left(\frac{y_{kp}}{y_p} \right)^2$$

其中，y_{ip} 和 y_{kp} 表示行业 i 和 k（$\neq$ i）在 p 省的销售收入（或就业），y_p 表示该省全部工业企业的销售收入；y_i 表示 i 行业的销售收入，y 表示全部行业销售收入。本书利用 1999~2007 年规模以上工业企业销售和就业数据计算了分省分行业的 IA_{ip}^{MAR} 和 IA_{ip}^{JAB}。显然，$IA_{ip}^{MAR} > 1$，表明该省份的行业相对全国的水平更加集聚；IA_{ip}^{JAB} 越大，意味着该省行业所受到其他行业溢出效应可能越大。

本书所使用的主要变量的描述性统计如表 7-2 所示。

表 7-2　描述统计

变量	符号	观测数	均值	标准差	最小值	最大值
土地面积	AREA	5433	106	169	0.05	2130

续表

变量	符号	观测数	均值	标准差	最小值	最大值
面积对数	logarea	5433	3.65	1.66	−2.98	7.66
出让宗数	NUMBER	5433	32	57	1	801
宗数对数	logzong	5433	2.51	1.43	0.00	6.68
制度环境	Q	5433	6.10	1.63	1.15	9.95
产权制度	Q^{pro}	5433	6.42	1.59	−1.25	9.65
契约制度	Q^{con}	5433	4.70	3.32	−0.2	16.19
制度 × 专用性投资强度	Z*Q	5433	3.30	1.46	0.39	8.54
MAR 外部性（销售收入）	IA^{MAR}	5428	1.0561	1.2624	0.0006	22.7226
MAR 外部性（就业人数）	IA^{MAR}	5428	1.0830	1.0484	0.0034	13.0878
JAB 外部性（销售收入）	IA^{JAB}	5428	0.9073	0.0398	0.7566	0.9756
JAB 外部性（就业人数）	IA^{JAB}	5428	0.9281	0.0186	0.8427	0.9640
人均 GDP 对数	LOG_PGDP	5433	10.4539	0.4910	9.0852	11.5639
财政赤字率	DEFICIT	5433	1.1897	0.8974	0.0664	14.6245
人均工资对数	LOG_WAGE	5433	10.5670	0.2976	9.9329	11.5354
出口占比	EX_RATIO	5433	0.5578	0.1386	0.1461	0.9338
工业占比	IND_RATIO	5433	49.316	6.2952	21.3063	61.5000
人口对数	LOG_POP	5433	8.2880	0.6743	5.6700	9.2802

资料来源：土地数据来自土地市场网，制度变量数据来自王小鲁等（2017）中国市场化指数测度，行业外部性数据来自笔者根据规模以上工业企业的计算。各省特征数据来自国家统计局。

三、内生性和遗漏变量的处理

对于识别制度环境与引资行业结构之间的因果关系，估计式（7-1）可能仍然面临互为因果的内生性问题。例如，为了吸引高契约密集度行业的投资，地方政府可能主动改善辖区的制度环境，从而导致制度环境受到地方政府引资行业结构的影响。对此，本书尝试使用工具变量法来加以缓解。参考方颖和赵扬（2011）、Wang 等（2014），本书使用 1919 年基督教小学注册人数作为各省制度质量的工具变量，而后以该变量与行业专用性投资强度的交互项作为制度环境和专用性投资强度交互项的工具变量。[①]另外，式（7-1）可能还存在遗漏变量的问题。除了引入更多的反映省份特征的变量，本书还在稳健性检验部分尽可能地控制了其他的省份特征和行业特征的交互项，比如控制人均 GDP 与契约密集度交互项，财政压力与契约密集度交互项等来减轻遗漏变量的影响。本书也控制了最严格的"省份 - 行业"固定效应。

第四节　制度环境与土地出让的主要结果

一、初步分析

根据前文的理论推测，制度环境较好的地区，土地出让的平均专用性投资强度也会更高。为检验该推测，本书构造了一个反映各省新增投资项目的平均专用性投资强度，即 $\bar{Z}_p = \sum_i \varphi_{ip} z_i$，其中，$\varphi_{ip}$ 表示 p 省 i 行业的工业用地出让宗数（面积）占该省全部行业工业土地出让宗数（面积）的份额，z_i 表示 i

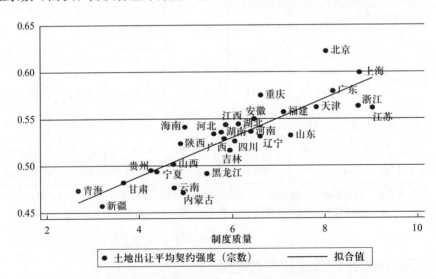

图 7-4　制度环境与工业用地出让平均专用性投资强度（2008~2014 年）

[①] 关于该工具变量的合理性具体解释，可以参考方颖和赵扬（2011），具体数据来自她们的工作论文 Fang 和 Zhao（2009）。

行业的专用性投资强度。

无论是直接观察 2008~2014 年各省级行政单位的制度环境质量与工业用地出让的平均专用性投资强度的分布（见图 7–4），还是控制了年份固定效应的回归分析（见表 7–3），本书发现那些具有良好制度环境（产权制度和契约制度）的省份，其新增投资项目的平均专用性投资强度更高。当然，本书还不能就此断言两者之间的因果关系。因为一个制度环境高的地区吸引更多高专用性投资强度的投资，也可能是该地区其他因素导致的，所以本书需要进行更严谨的计量分析。

表 7–3　制度环境与土地出让的行业平均专用性投资强度

变量	（1）$\overline{Z}_p$ 宗数	（2）$\overline{Z}_p$ 面积	（3）$\overline{Z}_p$ 宗数	（4）$\overline{Z}_p$ 面积
Q	0.0363***	0.0365***		
	（0.0061）	（0.0062）		
Q^{pro}			0.0352***	0.0351***
			（0.0058）	（0.0060）
Q^{con}			−0.0020	−0.0017
			（0.0019）	（0.0020）
年份	yes	yes	yes	yes
观测值	217	217	217	217
R–squared	0.482	0.452	0.639	0.598

注：被解释变量是根据工业用地出让的宗数或面积而计算出的"省份–年份"平均新增投资的行业专用性投资强度；解释变量是由市场化指数所测度的"省份–年份"的制度环境。系数反映了制度环境对各省土地出让的平均专用性投资强度的影响。yes 表示控制了年份的固定效应。*** 表示在 1% 的水平上显著。

二、制度环境与土地出让的行业结构

表 7–4 是式（7–1）的回归结果。在所有的回归方程中，被解释变量是 2008~2014 年分省分行业工业用地出让的宗数或面积的自然对数；主要解释变量是各省的制度质量，而且都控制了行业、省份和年份固定效应。回归分析显示，尽管在引入了辖区禀赋特征变量后，制度环境（Q）的回归系数从显著为负变为不再显著，但本书所关注的核心变量，即制度环境与行业专用性投资强度交互项系数始终为正且在 1% 水平上显著，仅仅是系数的绝对值有所下降。这意味着，相较于那些制度环境较差的地区，制度环境较好的地

区向那些高专用性投资强度行业出让了宗数更多、面积更大的工业用地，即吸引了更多高专用性投资强度行业的投资。具体而言，表 7-4 第（3）列和第（4）列制度环境与专用性投资强度交互项系数分别为 0.315 和 0.383。假设平均每年省份－行业的土地出让宗数为 30 宗，出让面积 101 公顷，以专用性投资强度为 0.86 的专业设备制造业为例，如果制度环境提高一个标准差 1.93，那么可以导致土地出让宗数增加 20 宗，土地出让面积增加 89 公顷。[①] 这意味着，制度环境提高一个标准差，相比平均土地出让水平，可以导致专用设备行业土地出让宗数增加 66%，土地出让面积增加 88%。

表 7-4　制度环境与土地出让的行业结构

变量	（1）logzong	（2）logarea	（3）logzong	（4）logarea
Q	−0.323** （0.140）	−0.414*** （0.148）	−0.061 （0.129）	−0.141 （0.138）
Z*Q	0.492*** （0.0818）	0.590*** （0.1010）	0.315*** （0.0793）	0.383*** （0.0971）
IA^{MAR}			0.177*** （0.0587）	0.215*** （0.0576）
IA^{JAB}			4.412 （2.851）	4.191 （2.998）
LOG_PGDP			−0.026 （0.554）	1.150 （0.678）
DEFICIT			−0.261 （0.169）	−0.300 （0.229）
LOG_WAGE			0.545 （0.879）	−0.162 （1.049）
EX_GDP			1.123*** （0.381）	1.077** （0.509）

[①] 具体而言，假设该地区行业初始土地出让宗数为 30 宗，该行业以专用性投资强度为 0.86 的专业设备制造业为例，如果制度环境提高一个标准差 1.93，假设土地出让宗数为 X，那么土地出让 lnX=ln（30）+0.315×0.86×1.93=3.922837，解得 X=50。相比平均土地出让宗数 30 宗，增加一个制度环境标准差导致土地出让宗数增加 20 宗。

续表

变量	（1） logzong	（2） logarea	（3） logzong	（4） logarea
IND_RATIO			−0.030** （0.012）	−0.042*** （0.015）
LOG_POP			−3.714*** （1.151）	−2.944** （1.300）
Observations	5433	5433	5428	5428
R−squared	0.735	0.623	0.766	0.656
年固定效应	yes	yes	yes	yes
行业固定效应	yes	yes	yes	yes
省份固定效应	yes	yes	yes	yes

注：被解释变量是 2008~2014 年省份 – 行业层面制造业土地出让宗数和面积自然对数，关键的解释变量是省份的制度环境和行业专用性投资强度的交互项 Z*Q。行业是两字节供给 30 个行业的分类。每一个回归都控制了行业、省份和年份的固定效应。括号中报告的是聚类在省份层面的稳健型标准误差，yes 表示控制了相应的固定效应。***、** 和 * 分别表示 1%、5% 和 10% 的显著性水平。

　　除此之外，在上述回归分析中反映产业聚集效应的两个变量的回归结果也值得关注。具体而言，在控制了辖区禀赋特征变量的情况下，无论被解释变量是土地出让宗数还是面积，反映产业内聚集效应的 IAMAR 系数都显著为正；与之不同，反映产业间聚集效应的 IAJAB 系数都不显著。这意味着，一个地区既有的行业内聚集状态有利于吸引该行业的新投资，但一个地区所具有的行业多样性未必能够显著地增强其对制造业投资的吸引力。不过，就本书而言，更想强调的是：在控制产业集聚变量之后的这些计量结果说明，制度环境不仅可以通过影响地区产业集聚来影响投资（王永进等，2010），而且可能通过其他渠道对产业投资产生重要影响。

三、稳健性检验

　　由于存在互为因果和遗漏变量问题，上述回归结果未必反映了制度环境与行业层面的工业用地土地出让之间的因果关系，因此有必要采取措施加以克服。

　　（1）考虑到地区的制度环境也可能反映了地区其他特征。比如，如果地区制度环境越好，地区的经济发展水平越高，从而导致制度和专用性投资强度交互项可能反映的是地区经济发展水平与行业专用性投资强度交互项；那么，表 7-4 的结果可能被解读为在地区发展水平越高，专用性投资强度越高的行业土地出让越多。鉴于此，本书控制了省级禀赋特征变量（人均 GDP，赤字水平、出口占比和产业结构）与专用性投资强度的交互项。回归结果显示：无论是单独加入某一个交互项还是同时加入四个交互项，制度环境与专用性投资强度交互项都显著为正，如表 7-5 所示。

表 7-5　稳健性检验Ⅰ：加入省其他特征与专用性投资强度的交互项

变量	（1）logzong	（2）logzong	（3）logzong	（4）logzong	（5）logzong
Z*Q	0.324***	0.315***	0.305***	0.305***	0.288**
	（0.088）	（0.079）	（0.079）	（0.104）	（0.118）
LOG_PGDP*Z	−0.044				−0.011
	（0.255）				（0.246）
EX_RATIO*Z		0.067			0.388
		（0.828）			（0.554）
IND_RATIO*Z			−0.0318**		−0.034**
			（0.014）		（0.015）
DEFICIT*Z				−0.023	−0.045
				（0.127）	（0.136）
观测值	5428	5428	5428	5428	5428
R−squared	0.766	0.766	0.766	0.766	0.767
Controls	yes	yes	yes	yes	yes
年份固定效应	yes	yes	yes	yes	yes
行业固定效应	yes	yes	yes	yes	yes
省份固定效应	yes	yes	yes	yes	yes

注：被解释变量是 2008~2014 年省份－行业层面制造业土地出让宗数和面积自然对数，关键的解释变量是省份的制度环境和行业专用性投资强度 Z*Q。行业是两字节供给 30 个行业的分类。每一个回归都控制了行业、省份和年份的固定效应。Controls 表示控制变量的集合。括号中报告的是聚类在省份层面的稳健型标准误差，yes 表示控制了相应的固定效应。***、** 和 * 分别表示 1%、5% 和 10% 的显著性水平。

（2）考虑到行业专用性投资强度可能反映了其他行业特征（比如，专用性投资强度较高的行业资本密集程度也较高），上述结果可能表明制度环境对不同资本密集程度的行业具有不同的影响。为了证明制度环境是通过行业契约密集程度的差异产生影响，本书有必要在回归分析中加入制度环境与其他的行业特征变量的交互项。一则，如果制度环境通过影响资产专用性行业契约履约情况，进而影响契约的执行效率和企业的产出成本，那么加入制度环境乘以其他行业特征的变量后，并不会影响上述结果。二则，如果行业专用性投资强度是行业其他特征的反映，那么，在回归方程中加入制度环境和其他行业特征的交互项之后，制度和专用性投资强度交互项系数可能不再显著。不过，在表7-6的回归方程中，分别引入制度环境与资本强度交互项（Q*K），制度环境与行业技能强度（Q*L），制度环境与外部融资依赖的交互项（Q*E）后，制度环境与行业专用性投资强度交互项系数仍然显著为正。

表7-6　稳健性检验Ⅱ：加入更多的行业特征与制度交互项

变量	（1） logzong	（2） logzong	（3） logzong	（4） logzong
Z*Q	0.244** （0.098）	0.356*** （0.093）	0.300*** （0.095）	0.236** （0.103）
Q*K	−0.0403** （0.0187）			−0.052** （0.020）
Q*L		−0.371** （0.183）		−0.776*** （0.216）
Q*E			0.040 （0.032）	0.098*** （0.036）
观测值	5225	5225	5225	5225
R-squared	0.769	0.769	0.768	0.770
Controls	yes	yes	yes	yes
年份固定效应	yes	yes	yes	yes
行业固定效应	yes	yes	yes	yes
省份固定效应	yes	yes	yes	yes

注：被解释变量是2008~2014年省份-行业层面制造业土地出让宗数自然对数，关键的解释变量是省份的制度环境和行业专用性投资强度交互项Z*Q。Z*K、Z*L、Z*E分别是制度与行业资本密集度，人力资本密集度和外部融资强度的交互项。参见附录表1。行业是两字节供给30个行业的分类。yes表示控制了相应的固定效应。Controls表示控制变量的集合。括号中报告的是聚类在省份层面的稳健型标准误差，***、** 和 * 分别表示1%、5%和10%的显著性水平。

（3）对数据可靠性的担心而改用其他来源的数据进行验证。在表7-7中，第（1）列改用李坤望和王永进（2010）所计算的行业专用性投资强度（Z_{li}）；第（2）列使用世界银行2008年投资环境调查数据，度量中国地区制度环境（Q_w）；在第（3）、第（4）和第（5）列中分别控制省份–行业、省份–年和行业–年份等固定效应。不过，基本的回归结果仍然保持不变。

表7-7　稳健性检验Ⅲ：改用其他来源数据

变量	（1）logzong	（2）logzong	（3）logzong	（4）logzong	（5）logzong
Z*Q			0.320***	0.318***	0.217*
			（0.081）	（0.088）	（0.116）
Z_{li}*Q	0.427***				
	（0.079）				
Z*Q_w		17.43***			
		（5.512）			
观测值	5078	5428	5428	5428	5428
R-squared	0.774	0.765	0.788	0.796	0.341
Controls	yes	yes	yes	yes	yes
省份固定效应	yes	yes	yes	yes	
年份固定效应	yes	yes	yes		yes
行业固定效应	yes	yes	yes		
省份–年份固定效应			yes		
行业–年份固定效应				yes	
省份–行业固定效应					yes

注：被解释变量是2008~2014年省份–行业层面制造业土地出让宗数自然对数，关键的解释变量是省份的制度环境和行业专用性投资强度交互项Z*Q。行业是两字节供给30个行业的分类。yes表示控制了相应的固定效应。Controls表示控制变量的集合。括号中报告的是聚类在省份层面的稳健型标准误差，***、**和*分别表示1%、5%和10%的显著性水平。

（4）对于土地出让与制度环境之间存在互为因果的关系的担心。这是因为，如果地方政府意识到制度环境能够影响招商引资，地方政府就有可能为了招商引资而改善本地的制度环境。与Wang等（2014）相同，本书也参考方颖和赵扬（2011）的研究，以1919年中国不同城市每千人中的基督教会初级小学注册学生数作为该地区所受西方影响的测度，并以此作为该地区产权保护制度的工具变量。由于方颖和赵扬（2011）已经进行了讨论，所以本书没有重复说明。

表7-8中，奇数列是OLS回归结果，偶数列报告了采用工具变量方法的两阶段最小二乘法的回归结果。[①] 第一阶段的回归结果显示，工具变量显著影响了内生变量。第二阶段工具变量回归结果表明，制度环境仍然显著影响土地出让，在契约密集度越高的行业，制度环境越高地区工业用地的出让宗数越多。使用土地面积作为被解释变量，同样得到基本相同的结果（为节省空间而未报告）。

表 7-8　稳健性检验IV：工具变量回归

变量	（1）logzong OLS	（2）logzong IV	（3）logzong OLS	（4）logzong IV
Z*Q	0.308***	0.650***	0.277***	0.354**
	（0.041）	（0.158）	（0.046）	（0.154）
观测值	4083	4083	4083	4083
R-squared	0.751	0.746	0.786	0.786
Controls	no	no	yes	yes
年份固定效应	yes	yes	yes	yes
行业固定效应	yes	yes	yes	yes
省份固定效应	yes	yes	yes	yes
First		0.7479		0.7144
		（0.047）		（0.038）
F 值		254.18		353.34

注：第（1）和第（3）列是OLS回归，第（2）和第（4）列是工具变量回归结果。被解释变量是2008~2014年省份–行业层面制造业土地出让宗数自然对数，关键解释变量是省份的制度环境和行业专用性投资强度交互项Z*Q。行业是两字节供给30个行业的分类。每一个回归都控制了行业、省份和年份的固定效应。Controls表示控制变量的集合。括号中报告的是聚类在省份层面的稳健型标准误差，yes表示控制了相应的固定效应。***、** 和 * 分别表示1%、5%和10%的显著性水平。First是第一阶段工具变两的回归系数和标准误差。

[①]　由于在方颖和赵扬（2011）的研究中一些省份的数据缺失，因此工具变量回归中样本数目有所减少。

四、产权制度、契约制度与土地出让的行业结构

上述结果表明，制度环境对于投资结构有显著影响。现在，本书进一步问：产权制度和契约制度的影响是否存在差别？谁的影响更大？为此，本书回归如下方程：

$$\ln land_{ipt} = \alpha_i + \alpha_p + \beta_1(Z_i * Q_{pt}^{pro}) + \beta_2(Z_i * Q_{pt}^{con}) + \sum X_{ipt}\lambda + year_t + \varepsilon_{ipt}$$

$$（7-2）$$

其中 $Z_i*Q_{pt}^{pro}$ 和 $Z_i*Q_{pt}^{con}$ 分别表示行业专用性投资强度与产权制度和契约制度的交互项。表 7-9 给出了回归结果。显然，无论被解释变量是省份 – 行业的工业用地出让宗数的自然对数（第（1）~（3）列）还是面积的自然对数（第（4）~（6）列），基本结论都是：对于高专用性投资强度行业的投资，产权制度的影响更大。不妨以第（1）~（3）列为例。在第（1）列中产权制度与行业专用性投资强度的交互项系数为 0.2 且在 1% 水平上显著；在第（2）列中契约制度与行业专用性投资强度交互项系数为 0.06 且在 1% 水平上显著为正；在第（3）列将上述两个交互项同时放入回归模型中，前者的系数为 0.170，而后者下降为 0.038。这表明产权制度变动一个标准差产生的影响要高于契约制度变动产生的影响。[1]

表 7-9　制度环境对工业用地出让行业结构的影响：区分产权制度和契约制度

变量	（1）logzong	（2）logzong	（3）logzong	（4）logarea	（5）logarea	（6）logarea
Z*Q^pro	0.200*** （0.069）		0.170** （0.072）	0.233*** （0.080）		0.201** （0.080）
Z*Q^con		0.056*** （0.020）	0.038** （0.016）		0.062*** （0.023）	0.041** （0.019）
观测值	5428	5428	5428	5428	5428	5428
R-squared	0.764	0.763	0.764	0.653	0.652	0.654
Controls	yes	yes	yes	yes	yes	yes
年份固定效应	yes	yes	yes	yes	yes	yes

---

[1] 严格地说，系数不能直接比较。不过，本书发现标准化后的系数与没有标准化的系数基本相同。这可能是因为王小鲁等（2017）通过指数化处理而消除了指标之间的量纲差别。

续表

变量	（1）logzong	（2）logzong	（3）logzong	（4）logarea	（5）logarea	（6）logarea
行业固定效应	yes	yes	yes	yes	yes	yes
省份固定效应	yes	yes	yes	yes	yes	yes

注：前三列被解释变量是土地出让宗数，后三列被解释变量是土地出让面积。$Z*Q^{pro}$ 和 $Z*Q^{con}$ 分别表示产权制度、契约制度和行业专用性投资强度 Z 的交互项。交互项系数反映了制度环境对土地出让的影响如何随着行业专用性投资强度而变化。

第五节　制度环境影响行业投资结构的异质性分析

考虑到制度环境对土地出让的影响可能随着时间、地理区域和行业特征的变化而变化，本书有必要在前文平均效应的基础上做更多的异质性分析。因此，本书主要估计如下方程：

$$\ln land_{ipt} = \alpha_i + \alpha_p + \beta_1(Z_i*Q_{pt}) + \beta_3(Z_i*Q_{pt})I + \sum X_{ipt}\lambda + year_t + \varepsilon_{ipt}$$

（7-3）

显然，式（7-3）主要是在式（7-1）的基础上引入了一个新的交互项 $(Z_i*Q)I$。变量 I 是一个显示变量，可分别表示：是否 2012 年后的虚拟变量和东中西部地区的虚拟变量。这个交互项系数可以反映制度环境与行业专用性投资强度交互项对土地出让的影响是否随着不同时间或地区的变化而变化。

一、2012 年前后的变化

2012 年可能是中国经济发展的一个重要时间节点。伴随着经济刺激计划的退出，不仅中国的 GDP 增速同比从 2011 年的 9.5% 回落到 2012 年的 7.9%，而且宏观经济的运行机制也发生了一些深刻变化，进入了所谓的经济"新常态"。这是否会导致制度环境对制造业行业投资结构的影响发生显著变化呢？为此，本书构造了一个显示变量 post2012（若是 2012 年后，取值 1，否则 0），并在式（7-3）中引入了交互项 Z*Q*post2012。回归结果（见表 7-10）显示：①若以市场化指数所衡量地区总体制度环境 Q 时，则交互项 Z*Q*post2012 的回归系数为负但不显著；②若以政府与市场关系所衡量的地区产权制度 Q^{pro} 时，交互项 Z*Q^{pro}*post2012 的回归系数显著为正；③若以中介组织和法律环境指数所衡量的契约制度 Q^{con} 时，交互

183

项 $Z*Q^{con}*post2012$ 的回归系数显著为负。这意味着，总体的制度环境 Q 对行业投资结构的影响在 2012 年前后未发生显著变化，很可能是源自产权制度 Q^{pro} 和契约制度 Q^{con} 对行业投资结构的影响在 2012 后发生了力量相反的作用。本书估计该现象的主要原因是：2012 年后，一方面，进入经济新常态的中国经济急需大力发展高技术产业，而这些行业的投资者对投资目的地的产权保护水平更加敏感；另一方面，中央开展了持续的大规模反腐运动抑制了地方政府，尤其是抑制了契约制度较发达地区的地方政府参与的投资活动。可见，在大量资源掌握在政府手中的中国，高技术产业的发展严重依赖政府的积极协调。

表 7-10　制度环境对工业用地出让行业的影响：2012 年前后的变化

变量	（1）logzong	（2）logzong	（3）logzong	（4）logzong
$Z*Q$	0.345*** （0.0906）			
$Z*Q^{*post}2012$	−0.0313 （0.0191）			
$Z*Q^{pro}$		0.199*** （0.0698）		0.136* （0.0754）
$Z*Q^{pro*}post2012$		0.0325** （0.0133）		0.0891** （0.0349）
$Z*Q^{con}$			0.0981*** （0.0321）	0.0860** （0.0330）
$Z*Q^{con}*post2012$			−0.0517** （0.0229）	−0.0861** （0.0329）
观测值	5428	5428	5428	5428
R−squared	0.766	0.764	0.764	0.766
Controls	yes	yes	yes	yes
年份固定效应	yes	yes	yes	yes
行业固定效应	yes	yes	yes	yes
省份固定效应	yes	yes	yes	yes

　　注：Controls 表示控制变量的集合。yes 表示控制了相应变量。***、** 和 * 分别表示 1%、5% 和 10% 的显著性水平。

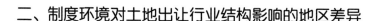

二、制度环境对土地出让行业结构影响的地区差异

考虑到制度环境对产业投资结构的影响在东、中、西部之间可能存在的差异，本书设置了区域虚拟变量并将之与制度和行业专用性投资强度形成交互项（中部 *Z*Q，西部 *Z*Q）放入回归方程（7-3）。表 7-11 的回归结果显示：虽然以市场化指数反映的地区总体制度环境对产业投资结构的影响在东、中、西部之间似乎没有显著差异，但产权制度和契约制度对产业投资结构的影响却在区域间存在一些差异。具体而言，相对于东部，产权制度和契约制度对高专用性投资强度产业投资的影响力，在中部有弱化的迹象，而在西部却显著地弱化了。这很可能是由于中西部地区，尤其是西部地区整体的经济发展水平和人文环境等因素欠佳，从而影响了制度环境，尤其是产权制度对高专用性投资强度行业的投资吸引力。

表 7-11　制度环境对工业用地出让行业结构影响：东、中、西部的差异

变量	（1）logzong	（2）logzong	（3）logzong	（4）logzong
Z*Q	0.292*** （0.0744）			
中部 *Z*Q	0.0262 （0.0390）			
西部 *Z*Q	−0.0384 （0.0373）			
$Z*Q^{pro}$		0.158** （0.0695）		0.141* （0.0783）
中部 $*Z*Q^{pro}$		−0.0295 （0.0424）		−0.0477 （0.0594）
西部 $*Z*Q^{pro}$		−0.107** （0.0441）		−0.102* （0.0588）
$Z*Q^{con}$			0.0536** （0.0197）	0.0292* （0.0148）
中部 $*Z*Q^{con}$			0.0331 （0.0485）	0.0601 （0.0695）

续表

变量	（1）logzong	（2）logzong	（3）logzong	（4）logzong
西部 *Z*Q^{con}			−0.0787**（0.0373）	0.0160（0.0559）
观测值	5428	5428	5428	5428
R–squared	0.766	0.765	0.764	0.765
Controls	yes	yes	yes	yes
年份固定效应	yes	yes	yes	yes
行业固定效应	yes	yes	yes	yes
省份固定效应	yes	yes	yes	yes

注：被解释变量是 2008~2014 年省份 – 行业层面制造业土地出让宗数自然对数，关键的解释变量是省份的制度环境和行业专用性投资强度 Z*Q。行业是两字节供给 30 个行业的分类。每一个回归都控制了行业、省份和年份的固定效应。Controls 表示控制变量的集合。括号中报告的是聚类在省份层面的稳健型标准误差，yes 表示控制了相应的固定效应。***、** 和 * 分别表示 1%、5% 和 10% 的显著性水平。First 是第一阶段工具变量的回归系数和标准误差。

第六节　制度环境驱动产业转型升级

前文结果说明，一个地区制度环境越好，越能够促进该地区高专用性投资强度行业的投资。那么，这是否就意味着良好的制度环境有利于驱动制造业内部的产业升级呢？如果本书把产业升级理解为这样一个过程：即一个经济体制造业内部从低技术产业比重下降而高技术产业比重上升，更多地依赖创新技术和专用性投资去生产更多的异质性产品，那么该问题的答案应该是肯定的。

首先，高专用性投资强度行业往往就是那些高技术行业。本书根据 OECD 对 2 位数行业制造业技术水平等级的分类而把制造业从低到高分为 1、2、3 和 4 四个等级，[①] 即低技术制造业、中低技术制造业、中高技术制造业和高技术制造业（见图 7–5 纵坐标）。不难发现，专用性投资强度越高的行业，制造业技术水平越高。

[①] http://www.oecd.org/sti/inno/48350231.pdf. [EB/OL]. "ISIC REV. 3 Technology Intensity Definition: Classification of Manufacturing Industries into Categories based on R&D Intensities". OECD Directories for Science, Technology and Industry Economic Analysis and Statistics Division 9, 2011.

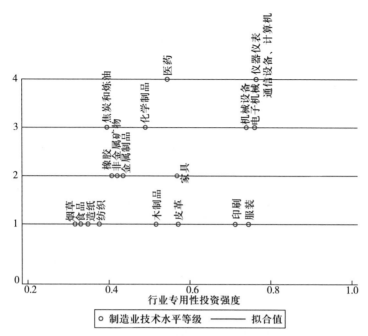

图 7-5　行业专用性投资强度与制造业技术等级

其次，根据 OECD 的技术等级分类，本书进行了分组回归。表 7-12 中
Panel A，考察了制度环境对不同技术等级行业土地出让宗数的影响。总体
上，制度环境越好的地区，土地出让宗数越多。进一步通过系数对比发现，
制度环境对高技术行业土地出让的影响更加明显，制度环境每增加一个单
位，导致高技术行业土地出让宗数增加 0.32 个对数点，而对低技术行业的
影响是 0.24。表 7-12 中 Panel B 和 Panel C，分别考察了产权制度和契约制
度的影响。结果同样表明，对于高技术行业，制度环境的影响更大。虽然这
个回归相对简单，但能够一定程度反映出不同技术等级行业，对制度环境的
反应存在差异：越是高技术行业，制度环境，特别是产权制度对投资的影响
越大。

表 7-12　制度环境与产业转型升级

变量	（1） 低技术 logzong	（2） 中低技术 logzong	（3） 中高技术 logzong	（4） 高技术 logzong
Panel A				
Q（制度环境）	0.240** （0.0969）	0.206* （0.109）	0.211** （0.0797）	0.327*** （0.0801）

续表

变量	（1）低技术 logzong	（2）中低技术 logzong	（3）中高技术 logzong	（4）高技术 logzong
年份固定效应	yes	yes	yes	yes
Observations	1807	770	836	960
R-squared	0.097	0.088	0.076	0.253
Panel B				
Q^{pro}（产权制度）	0.293*** （0.0940）	0.265*** （0.0926）	0.226*** （0.0787）	0.365*** （0.0782）
年份固定效应	yes	yes	yes	yes
Observations	1807	770	836	960
R-squared	0.123	0.113	0.078	0.275
Panel C				
Q^{con}（契约制度）	0.0521 （0.0530）	0.0425 （0.0632）	0.0515 （0.0423）	0.0989** （0.0430）
年份固定效应	yes	yes	yes	yes
Observations	1807	770	836	960
R-squared	0.039	0.045	0.038	0.136

注：被解释变量是省份－行业土地出让宗数，关键的解释变量是制度环境，系数反映各省制度环境对土地出让的影响，分组回归比较系数的差异。括号中报告的是聚类在省份层面的稳健型标准误差，***、** 和 * 分别表示 1%、5% 和 10% 的显著性水平。

最后，行业的专用性投资强度 Z_i 在很大程度上反映了行业对技术创新的依赖和产品的异质化程度。正如前面所言，Nunn（2007）所构造的行业专用性投资强度指标 Z_i 测度的是在 i 行业的所有投入品中那些难以通过正式交易市场竞价购买，甚至还没有市场参考价格的投入品的比重。本书有理由推测，某种投入品之所以未能形成正式的交易市场和基本统一的市场价格，很可能就是因为下游企业所采纳的生产技术和生产的产品存在很大异质性，进而对该投入品提出了异质性需求。因此，行业专用性投资强度指标 Z_i 在很大程度上反映了创新及其相关的专用性投资 i 在行业投资中的重要程度。既然那些创新活跃的行业通常是朝阳产业，或者至少不是那些缺乏创新的夕阳产业，因此，若一个经济体发生产业升级，则很可能表现为新增投资更多地涌向那些高专用性投资强度行业。

综上所述，良好的制度环境，尤其是产权保护制度不仅可以普遍性地增进各个行业的投资，而且对于促进高专用性投资强度行业的投资具有特别的重要性，从而有利于促进产业升级。换句话说，制度环境越好的地区，越有利于契约强度较高的、资产专用性更强的行业发展；而契约强度高的行业技术等级高，提高技术等级高的行业占比就会优化地区的产业结构，推动产业转型升级。

第七节　结论

近些年来，在不完全契约理论的引导下，本书在理论上已意识到，如果一个经济体改善其制度环境，即在制度上减少当地政府和政治精英对投资者产权的侵犯，提高司法体系裁决商业纠纷的公正高效程度，那么，不仅能够在总体上增进各种物质和人力投资而有利于经济增长，而且特别能够增强其在吸引高专用性投资强度行业投资方面的制度比较优势。为了验证该理论推断，本书以中国地方政府工业用地出让的行业结构为切入点，利用 2008~2014 年中国分省－分行业的工业用地土地出让数据，考察了省级辖区总体的制度环境和其组成部分，产权制度和契约制度对于行业投资结构的影响。

在控制了各省的经济发展水平、行业聚集等多种因素并采取了多种稳健检验后，本书研究发现：①制度环境越好的地区，向专用性投资强度越高的行业出让的土地宗数和面积越多；②相对于契约制度，良好的产权制度更能够增进高专用性投资强度行业的工业用地出让宗数和面积。由于中国地方政府每一宗成功的工业用地出让就意味着其辖区内新增了一个工业投资项目，因此这两个主要的实证结果说明，制度环境对不同行业投资的影响存在差异——行业的专用性投资强度越高，制度环境，尤其是产权制度对该行业投资的积极影响越大。除此之外，本书还发现，对于促进高专用性投资强度行业的投资，2012 年后，产权制度的作用有所强化，但契约制度的作用却有所弱化；相对于东部地区，产权制度的作用在中西部地区要弱一些。

相对于那些利用国际贸易数据而发现制度环境影响经济体出口行业比较优势的现有文献，本书所做出的边际贡献是：①为制度环境影响行业投资结构的理论推断提供了一个更直接的经验证据；②从契约制度和产权制度两个维度考察了制度环境因素对行业投资结构的影响，并发现前者确实具有更大影响力。本书发现，现有文献主要考察了契约制度对行业投资结构的影响，尽管几乎都意识到产权制度的作用可能更大。

制度环境越好的地区，越有利于契约强度较高的、资产专用性更强行业发展，而契约强度高的行业，技术等级高，提高技术等级高的行业占比，会优化地区的产业结构，推动产业转型升级。本书认为，这个制度环境与投资结构的故事，具有一定的理论意义和现实意义。

当下中国非常重视产业转型升级问题，也非常强调营商环境，本书从学术研究角度出发，结合制度重要和不完全契约理论，通过一个简单模型，讨论制度环境和行业投资结构之间的关系，通过土地出让数据进行了相应检验，结论发现，制度环境好的地区更有利于专用性投资更强的行业发展，产权制度相比契约制度，对行业投资结构的影响更重要，进入经济新常态以来，产权制度的影响更加突出。本书希望该研究，不仅具有一定的理论意义，也对解决中国的现实问题具有参考价值。

由于那些高技术的且创新活跃的行业往往都是高专用性投资强度行业，因此，对于步入经济新常态且正大力推进供给侧结构性改革的中国，本书研究结论可能具有特别意义，一则，对于地方政府而言，如果希望在辖区间竞争中吸引更多的新投资，尤其是高技术产业的投资促进本地区的经济增长和产业升级，那么，地方政府有必要大力改善自己辖区的制度环境，尤其是增强保护产权的制度建设；二则，对于主张推动形成全面开放新格局的中国，必须继续切实地改善市场经济制度环境，加强产权保护和司法公正，以便保证在全球经济竞争中的资本，尤其是国内资本主要投资于国内而非国外的高技术行业。

参考文献

［1］邓宏图，宋高燕.学历分布、制度质量与地区经济增长路径的分岔［J］.经济研究，2016（9）.

［2］邓路，谢志华，李思飞.民间金融、制度环境与地区经济增长［J］.管理世界，2014（3）.

［3］樊纲，王小鲁，朱恒鹏.中国市场化指数——各地区市场化指数相对进程2009年报告［M］.北京：经济科学出版社，2010.

［4］樊纲，王小鲁，马光荣.中国市场化进程对经济增长的贡献［J］.经济研究，2011（9）.

［5］方颖，赵扬.寻找制度的工具变量：估计产权保护对中国经济增长的贡献［J］.经济研究，2011（5）.

［6］高波，陈健，邹琳华.区域房价差异、劳动力流动与产业升级［J］.经

济研究，2012（1）.

［7］韩永辉，黄亮雄，王贤彬. 产业政策推动地方产业结构升级了吗？——基于发展型地方政府的理论解释与实证检验［J］. 经济研究，2017（8）.

［8］李坤望，王永进. 契约执行效率与地区出口绩效差异——基于行业特征的经验分析［J］. 经济学（季刊），2010（9）.

［9］罗党论，唐清泉. 中国民营上市公司制度环境与绩效问题研究［J］. 经济研究，2009（2）.

［10］毛其淋，许家云. 中间品贸易自由化、制度环境与生产率演化［J］. 世界经济，2015（9）.

［11］彭俞超，方意. 结构性货币政策、产业结构升级与经济稳定［J］. 经济研究，2016（7）.

［12］王小鲁，樊纲，余静文. 中国分省份市场化指数报告（2016）［M］. 北京：社会科学文献出版社，2017.

［13］王永进，李坤望，盛丹. 契约制度与产业集聚：基于中国的理论及经验研究［J］. 世界经济，2010（1）.

［14］余明桂，李文贵，潘红波. 民营化，产权保护与企业风险承担［J］. 经济研究，2013（9）.

［15］杨瑞龙，章逸然，杨继东. 制度能缓解社会冲突对企业风险承担的冲击吗？［J］. 经济研究，2017（8）.

［16］张同斌，高铁梅. 财税政策激励、高新技术产业发展与产业结构调整［J］. 经济研究，2012（5）.

［17］周茂，陆毅，符大海. 贸易自由化与中国产业升级：事实与机制［J］. 世界经济，2016（10）.

［18］诸竹君，黄先海，宋学印，胡馨月，王煌. 劳动力成本上升、倒逼式创新与中国企业加成率动态［J］. 世界经济，2017（8）.

［19］Acemoglu, D., S. Johnson, and J. A. Robinson. The Colonial Origins of Comparative Development: An Empirical Investigation, *American Economic Review*, 2001（91）: 1369–1401.

［20］Acemoglu, D. and S., Johnson. Unbundling institutions［J］. *Journal of Political Economy*, 2005, 113（5）: 949–995.

［21］Antràs, Pol. Firms, Contracts, and Trade Structure［J］. *Quarterly Journal of Economics*, 2003, 118（4）: 1375–1418.

［22］Antràs, Pol. Incomplete Contracts and the Product Cycles［J］. *American Economic Review*, 2005, 95（4）: 1054–1073.

［23］Antràs，Pol，and E. Helpman. Global Sourcing［J］. *Journal of Political Economy*，2004，112（3）：552–580.

［24］Bardhan，Pol.Corruption and Development：A Review of Issues［J］. *Journal of Economic Literature*，1997，35（3）：1320–1346.

［25］Besley，Timothy. Property Rights and Investment Incentives：Theory and Evidence from Ghana［J］. *Journal of Political Economy*，1995（103）：903–937.

［26］Ciccone，Antonio，and Elias Papaioannou.Estimating Cross–Industry Cross–Country Interaction Models Using Benchmark Industry Characteristics ［R］. NBER Working Paper No. w22368，2016.

［27］Ciccone，Antonio，and Elias Papaioannou.Human Capital，the Structure of Production，and Growth［J］. *Review of Economics and Statistics*，2009，91（2）：66–82.

［28］Cull，R.，and L. C.，Xu.Institutions，Ownership，and Finance：The Determinant of Profit Reinvestment among Chinese Firms［J］. *Journal of Financial Economics*，2005，77（1）：117–146.

［29］Djankov，S.，E. Glaeser，R. La Porta，F. Lopez–de–Silanes，and A. Shleifer.The New Comparative Economics［J］. *Journal of Comparative Economics*，2003，31（4）：595–619.

［30］Du，Julan，Yi Lu，and Zhigang Tao.Economic Institutions and FDI Location Choice：Evidence from U.S. Multinationals in China［J］. *Journal of Comparative Economics*，2008，36（3）：412–429.

［31］Fang，Y.，and Y. Zhao.*Do Institutions Matter? Estimating the Effect of institutions on Economic Performance in China*［D］. Mimeo. WISE，Xiamen University，2009.

［32］Feenstra，Robert，Chang Hong，Hong Ma，and Barbara J. Spencer. Contractual Versus Non–Contractual Trade：The Role of Institutions in China［J］. *Journal of Economic Behavior and Organization*，2013，94（1）：281–294.

［33］Glaeser，E. L.，H. D. Kallal，J. A. Scheinkman，and A. Shleifer.Growth in Cities［J］. *Journal of Political Economy*，1992，100（6）：1126–1152.

［34］Greif，Avner.Institutions and International Trade：Lessons from the Commercial Revolution［J］. *American Economic Review*，1992，82（2）：128–133.

［35］ Grossman, Gene M., and E. Helpman.Outsourcing versus FDI in Industry Equilibrium ［ J ］. *Journal of the European Economic Association*, 2003, 1 (2–3): 317–327.

［36］ Grossman, Gene M., and E. Helpman.Outsourcing in a Global Economy ［ J ］.*Review of Economic Studies*, 2005 (72): 135–159.

［37］ Hart, Oliver. Firm, Contracts and Financial Structure ［ M ］. Oxford University Press, 1995.

［38］ Kaufmann, D., A. Kraa, and M. Mastruzzi.Governance Matters Ⅳ: Governance Indicators for 1996–2004 ［ R ］. Policy Research Working Paper Series 3630, The World Bank, 2005.

［39］ LaPorta, R., F. Lopez–de–Silanes, A. Shleifer, and R. Vishny. Law and Finance ［ J ］. *Journal of Political Economy*, 1998, 106 (6): 1113–1155.

［40］ Levchenko, A. Institutional Quality and International Trade ［ J ］.*Review of Economic Studies*, 2007, 74 (3): 791–819.

［41］ Nunn, Nathan.Relationship–Specificity, Incomplete Contracts, And the Pattern of Trade ［ J ］. *Quarterly Journal of Economics*, 2007, 122 (2): 569–600.

［42］ Ng, T., and Linhui Yu.Which Types of Institutions Hinder Productivity Among Private Manufacturing Firms in China? ［ J ］. *China Economic Review*, 2014 (13): 17–31.

［43］ North, Douglass C. Structure and Change in Economic History ［ M ］. New York: Norton, 1981.

［44］ North, Douglass C. Institutions ［ J ］.*Journal of Economic Perspectives*, 1991, 5 (1): 97–112.

［45］ Rajan, R.G., and L. Zingales.Financial Dependence and Growth ［ J ］. *American Economic Review*, 1998 (88): 559–586.

［46］ Rauch, J. E.Networks versus Markets in International Trade ［ J ］.*Journal of international Economics*, 1999, 48 (1): 7–35.

［47］ Tirole, Jean.Incomplete Contracts: Where Do We Stand? ［ J ］.*Econometrica*, 1999, 67 (4): 741–781.

［48］ Wang, Y., Y. Wang, and K. Li.Judicial Quality, Contract Intensity and Exports: Firm–level Evidence ［ J ］. *China Economic Review*, 2014, 31 (C): 32–42.

［49］Wei，S. How Taxing is Corruption on International Investors? ［J］. *Review of Economics and Statistics*，2000a，82（1）：1–11.

［50］Wei，S. Local Corruption and Global Capital Flows ［J］. *Brookings Papers on Economic Activity*，2000b（2）：303–354.

［51］Williamson，Oliver.The Economic Institutions of Capitalism ［M］. New York，N.Y，The Free Press，1985.

第八章　高铁城市与土地出让

第一节　导论

基础设施对经济发展具有重要意义（Fogel，1962；张学良，2012；Banerjee 等，2012；Duranton 和 Turner，2012；Donaldson 和 Hornbeck，2016）。随着中国经济的持续增长，中国交通基础设施建设也取得了长足进步。其中，高速铁路（以下简称"高铁"）的发展尤为引人注目。自 2008 年第一条高铁线路开通运营以来，截至 2017 年底，中国运营高铁里程达 2.5 万千米，超过世界其他国家高铁运营里程的总和。中国还是世界上高铁在建规模最大、拥有动车组列车最多、运营最繁忙的国家，近些年高铁更是成为中国优势装备"走出去"的靓丽名片。2016 年 6 月，国务院常务会议原则通过的《中长期铁路网规划》，将 2008 年版方案中"四横四纵"铁路快速客运主干线升格为"八横八纵"。可以预期未来相当长一段时期，高铁将深刻地改变中国的区域经济版图与生产生活方式。

高铁的"引流"效应有助于促进区域间要素流动，将沿线城市转化为经济"节点"，从而促进区域经济发展。以日本于 1964 年开通运营的高铁"新干线"为例，1985 年与 1960 年相比，设站城市比未设站城市，人口增长速度高出 22%，产业增长高出 16%~34%。[①]另有研究显示，高铁显著地提高了都市圈周边城市的房价（Zheng 和 Kahn，2013；Chen 和 Heynes，2015）。

近年来，已有一批实证文献研究了中国高铁对经济社会发展的多重影响。有所不同的是，本书研究中国高铁建设对土地市场的影响，从而为其他诸多影响提供来自要素市场的解释。本书的研究思路是：①高铁会影响沿线地区的通达性，从而对区域土地市场供求产生冲击，并反映在土地的出让价格上；②城市建设用地又可分为工业用地和非工业用地，且两个细分市场具有不同市场结构，地价受高铁的冲击或存在异质性；③高铁对土地价格的影响，还与土地自身特征关系密切，不同特征的土地的出让价格对高铁冲击的反应也可能具有异质性。该书的新颖之处，体现在以下几个方面：

---

① 见王垚和年猛（2014）的综述。

（1）本书收集了2007~2014年约100万宗城市微观土地出让数据，与高铁车站数据和城市宏观经济数据结合后，能够从微观土地出让的视角评估高铁对土地市场的影响，不仅能够有效控制地块特征对其出让价格的影响，而且可以挖掘更充分的数据信息，更为细致地考察高铁对地价的异质性影响。

（2）本书将高铁建设视为准自然实验，即假设设有高铁车站的城市土地市场受到了高铁的直接影响，反之则不受，相应地将微观土地分为受影响的处理组和不受影响的控制组，以便对高铁影响地价的机制进行因果推断。

（3）本书还利用宏观层面细分土地市场的加总数据，进一步验证高铁异质性冲击的作用机制。

（4）本书还利用匹配方法，并首次利用历史铁路线路作为高铁建设的工具变量，有效纠正了现有研究中普遍存在高铁车站选址与地方发展水平及土地出让之间的潜在偏误问题。

本书实证研究结果发现，高铁车站会使所在的城市土地出让价格提高7%，且每多建一个高铁车站，会导致地价再提高约1%。本书在估计模型中加入了高铁变量与其他变量的交叉项，估计高铁冲击的异质性，结果表明：高铁分别导致当地商服用地和住宅用地（以下简称"商住用地"或非工业用地）出让价格提高21.9%和10.5%，但工业用地出让价格下降16.8%；每多开设一个高铁车站，将导致商住用地价格上升3.8%和3.0%，工业用地价格下降3.6%；用地行业的平均收入越高，或者越靠近市中心的地块，出让价格受高铁的正向影响越大。对城市加总数据的分析表明，高铁建设能够显著提高城市土地出让的总收入，为地方政府间争夺高铁车站的经济激励提供了经验证据；高铁对工业用地和非工业用地市场产生相反的冲击，印证了地方政府存在利用商住用地出让收益补贴低价工业用地的"横向补贴"机制。本书使用倾向得分值匹配方法以及工具变量法后，上述结论仍然稳健。

本书试图在三个方面拓展现有研究。①大量文献已研究了高速公路和普通铁路等传统交通基础设施的要素空间分配效应（Faber，2014；Baum-Snow等，2017；Banerjee等，2012；Li和Chen，2013；Qin，2017；Wang和Wu，2015），但备受关注的高铁对区域发展和要素配置的影响，仍处于研究的起步阶段。本书首次实证评估了高铁对土地市场的影响，有助于为后续研究提供经验证据。②本书论证了高铁影响土地价格的机制，有助于深化中国地方政府土地出让行为的研究（张莉等，2011；Cai等，2013；杨继东、杨其静，2016）。本书收集了土地交易的单笔交易数据，获得了《中国国土资源年鉴》等其他数据中不包括的土地用途、行业、类型、出让方式和来源等详细信息，可以从微观层面更细致、更严格地评估高铁对土地市场的差异化影响，有助于消除不同时间内出让土地自身的特征对地价的影响，细致分析中国多样化的土地市场结构。③在研究基础设施产生的增长效应的同时，必须要关注基础设施的分配效应（Faber，2014）。本书研究结果发现，高铁提高土地市场的一体化程度后，却对商住用地和工业用地的影响具有显著差异，从而产生较强的分配效应，为后续深入考察高铁的空间经济效益奠定了一定基础。

第二节　高铁影响城市土地出让的理论框架

一、文献综述

按研究对象分，交通基础设施的经济分析包括高速公路、城市轨道交通、普通铁路和高速铁路等，研究问题涵盖交通基础设施对通达性、房价、经济增长和要素空间分配等的影响。其中，交通基础设施对通达性的影响，可视为其他影响的基础（Rietveld 和 Bruinsma，2012；贾善铭、覃成林，2014）。下面按高铁对通达性的影响及其后果，对相关文献加以评述。

仅就高铁所属的轨道交通而言，现有研究又可分为市域轨道交通和城际铁路两个类别。部分文献研究了轻轨和地铁等市域轨道交通对住宅和商业地产价格的冲击：一方面，市域轨道交通可提高区位的通达性，改善居住和营商环境，从而提高站点周边的地产价值；另一方面，市域轨道交通也会带来噪声、污染等环境干扰，且过密的人流还可能滋生犯罪，降低区域的宜居性和房地产的价值（Bowes 和 Ihlanfeldt，2001）。尽管相关研究结论莫衷一是，但基本认为有利因素超过不利因素（Roderick 和 Mclean，1999；Debrezion 等，2007；谷一桢、郑思齐，2010）。另有文献研究了城际铁路的影响（Coffman 和 Gregson，1998；Ahlfeldt，2011；周浩、郑筱婷，2012；Wang 和 Wu，2015）。相较于市域轨道交通，城际铁路运营里程更长，辐射范围更大，能够影响多个城市或大都市圈的通达性，对城市间居民生产生活选址的潜在影响更大，不仅影响到房地产价值及城市服务业的发展，甚至可能影响工农业的发展。此外，城际铁路车站往往择市郊而建，对城郊发展的带动效应也甚于市域轨道交通。以此逻辑推理，高铁对通达性的影响又甚于普通城际铁路（Levinson，2012；Preston，2012；Chandra 和 Vadali，2014），所产生的经济影响比普通城际铁路更为深远。但是，现有针对日本和欧洲等国家或地区高铁[①]的实证研究，就高铁如何影响土地或房地产价值，尚无定论（Hensher 等，2012）。

中国的经济发展水平和人口分布具有鲜明的经济地理特征，尚处于改革进程中的要素市场也带有独特的制度特征，有必要对中国高铁所产生的经济社会影响加以专门的研究。但是，中国高铁开通时间较晚，实证研究文献相对较少，研究问题侧重于高铁对通达性、房价和区域发展的影响。①在对通达性的研究方面，一些研究发现，高铁有效缩短了节点城市间的旅行时间，显著提高了时间通达性（Cao 等，2013；Shaw 等，2014；蒋海兵等，2015），但受工资水平和高铁票价等因素的影响，高铁对经济通达性的影响不明显，甚至可能提高了乘客的出行成本。②在对房价的研究方面，Zheng 和 Kahn（2013）利用 2006~2010 年 262 个地级市数据构建了市场潜力变量，发现高铁建设可以解释城市 59% 的市场潜力增长，另外发现市场潜力每增长 10%，会导致当地房价增长 4.5%。Chen 和 Heynes（2015）在控制空间溢出效应后，发现京沪高铁车站的通达性提高 10% 会造成沿线中小城市房价上涨约 0.1%，但对省会城市的影响并不显著。③区域发展方面，董艳梅和朱英明（2016）、Qin（2017）、Ke 等（2017）发现，高铁促进了设站城市的经济增长，但加剧了东部发达地区与西部欠发达地区之间的区域不平衡。

实际上，高铁对以上层面的影响均直接与土地市场相关。然而，高铁对土地市场带来了什么样的影响？这种影响对不同类型的土地是否存在差异？其中的机制如何？这些基本问题尚未得到系统的研究。本书提出高铁对土地价格形成冲击的理论框架，并利用土地出让的微观数据和高铁数据加以实证检验，推进相关问题的研究。

二、理论框架

高铁被称为 20 世纪后半叶最重要的客运技术突破（Zheng 和 Kahn，2013），其技术经济特征决定了高铁可以有效提高区域的通达性，从而提高市场一体化水平。①按照高铁的技术性定义，高速动车组的运营速度通常是普通列车的 3 倍以上，可有效缩短城际旅行时间；②高铁采用更先进的通信信号系统和列控系统，运行密度远高于普通列车，可有效改善客运效率[②]；

[①] 包括日本新干线、德国 ICE、法国 TGV、西班牙 AVE、英国 HS1、意大利 HSR 以及中国台湾地区的 THSR 等。

[②] 实际上，建设新干线和法国高铁 TGV 的主要原因是提高线路运力，而英国发展高铁较晚的原因也是早年已有线路的运力较为富余（Givoni，2007）。

③中国高铁基本上是在新修的客运专线上运行[①]，采用客货分离的专业化运营后有效释放了线路的运力，可提高铁路的客货运能力[②]；④随着中国高铁加速成网，网络正外部性逐渐显现，高铁的市场需求也在不断上升，有助于形成供求的正反馈机制。

正如城市土地的竞租理论指出，地租反映了所在区位商品和服务的通达程度。因此，给定其他因素不变，高铁提升沿线地区通达性和土地市场的一体化程度，将会提高沿线土地的价格。考虑到中国特有的土地市场结构和居民消费的结构特征，高铁对地价的影响可能并非如理论预期的那样一致和简单，而是存在异质性。当前，中国通过市场化方式出让的土地主要包括居住用地、商业服务业设施用地等非工业用地及工业用地[③]。大量研究表明，中国地方政府出让工业用地和非工业用地的行为存在显著差异，概括起来是采取"低价出让工业用地，高价出让商住用地"的策略（陶然等，2009），从而形成了不同的细分市场。因此，土地细分市场对高铁带来的土地市场一体化提升所做出的反应可能存在差异。本书分别对非工业用地市场和工业用地市场进行分析，深化高铁冲击不同用地市场的理论逻辑。

在工业用地市场上，相互竞争的地方政府作为土地出让方，为了竞争工业税收这一流动税基，通常采用廉价出让工业用地的方式吸引工业资本。而在工业用地需求方面，由于工业用地不像居住用地、商服用地那样依赖于稀缺的地段，工业投资者的选址空间更大。这种供求结构使得中国的工业用地市场呈现出买方市场的特点（陶然等，2009）。此外，高铁网络连接了更多的城市，极大地降低了工业投资者的信息成本（黄张凯等，2016），显著提高了土地市场的一体化程度（Zheng 和 Kahn，2013）。在一个买方市场上，市场一体化程度的提高，将强化土地需求方（工业投资者）的议价能力，加剧了土地供给者（地方政府）之间的工业引资竞争，最终促进工业用地价格的下降。从另一个角度来看，目前中国高铁仅提供客运服务，对货运的影响并不是工业企业选址的重要因素（Bonnafous，1987）。综上，可以预期高铁的开通会降低工业用地的出让价格。

而非工业用地市场上，市场结构呈现出卖方市场的特征，土地出让价格受高铁建设的冲击可能与工业用地价格相反。一方面，相较于工业用地，住宅用地对配套基础设施和公共服务的要求较高，商住用地的价值则以住宅区

[①] 2013 年，大约 79% 的乘坐动车组的乘客是运行在高铁专用线路上（世界银行，2014）。

[②] 被高铁改变的物流 [EB/OL]. http://finance.huanqiu.com/roll/2015-02/5672640.html。

[③] 2007~2014 年中国此三类用途的土地出让宗数占总出让宗数的比重为 84%。

或旅行的人流量为基础，更依赖于其所在的地段，往往位于市中心或基础设施条件优越的地区，这两类用地的市场结构较为相似，因此土地需求方（开发商）之间竞争的激烈程度远高于工业用地市场。另一方面，为了"弥补"廉价出让工业用地的损失，地方政府也可能利用非工业用地的稀缺性特征，如通过限制非工业用地的出让总量来提高地价，激化开发商之间的竞争，达到尽可能地提高出让收入的目的。在具有卖方市场结构的非工业用地市场中，高铁提高土地市场的一体化程度将增强地方政府的谈判能力，非工业用地的价格趋于上升。因此，此处提出假说1：

假说1：高铁对同一地区商住用地和工业用地的价格带来相反的影响。

除上述直接影响外，以客运为主的高铁可能经由乘客的异质性需求，间接地影响相关行业和区域土地的引致需求和出让价格。高铁对通达性的影响，可细分为时间通达性和经济通达性。①在时间通达性方面，高铁客运不仅有效节约了交通时间，且在准点率指标上要显著优于民航客运①。因此，高铁具有正向的时间通达性，使得时间成本越高或者生产率越高的乘客对高铁的需求越大。高铁的开通可能会导致相关行业调整空间布局，无论是促进特定经济活动在空间集聚②，还是推动经济活动向沿高铁线路拓展，都可能会导致相应地块的需求及出让价格变化。②在经济通达性方面，高铁不仅票价有所提高，而且挤出了部分普通列车运营线路，从而降低了高铁的经济通达性。从理论上推断，高支付能力的乘客对高铁的需求更大。假设劳动力市场是有效的，高支付能力的乘客会集中于高收入的行业或者地区，如平均工资水平相对较高的商务金融行业，或者人均收入更高的市辖区，相应的土地价格更容易在高铁开通后上涨。因此，综合两种通达性的分析，此处提出以下假说：

假说2：高铁对高收入行业用地或发达地区土地的价格影响较大。

本书研究的逻辑框架如图8-1所示，下文将利用微观土地交易数据对以上假说进行验证，并进一步分析高铁在城市层面带来的福利效应，以便对以上影响进行详尽的机制分析。

---

① 根据中国民用航空局发布的《2015年民航行业发展公报》，2015年中国平均航班正常率为68.33%，10家主要航空公司的平均航班正常率为68.90%。中国高铁的平均准点率并没有披露过权威的统计数据，流行的观点认为中国高铁平均准点率超过90%，不仅总体上现在高于民航，而且在一些特定季节（如春夏雷雨和秋冬雾霾季节），更少受到自然条件的影响。
② 例如，Qin（2017）发现，中国列车提速后，大城市间交通成本的下降将一些县里的经济活动向人口稠密的城市转移，导致受影响的县固定资产投资和GDP下降。沿此思路，高铁也可能导致经济活动的空间布局的调整。

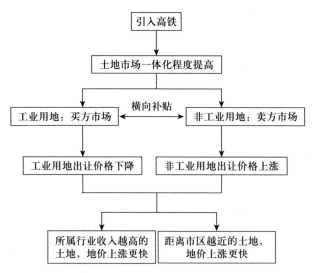

图 8-1　高铁对不同土地市场出让价格的影响机制

资料来源：笔者绘制。

第三节　高铁影响城市土地出让的识别策略和数据

一、识别策略

假设虚拟变量 $p=0$ 表示高铁建设前，$p=1$ 表示高铁建设后。设 Y 表示土地价格，Y_0 和 Y_1 分别表示高铁建设前后的土地价格。假设其他因素不变，在满足随机性的条件下，高铁影响地价的因果效应为 $E(Y_1)-E(Y_0)$，那么可以估计如下方程

$$Y=\alpha+\beta p+\varepsilon \tag{8-1}$$

当且仅当不存在其他时间可变因素影响土地价格 Y，系数 β 便可识别高铁对地价的影响。反之，如果存在其他时间可变因素，如经济增长、人口流动、城市规划调整、税收政策、产业结构等导致地价变化，式（8-1）的估计就会出现偏差。因此，这种简单时间序列的差分估计方程存在遗漏变量问题。

对此，本书考虑如下思想实验：假设可找到两组样本，其中一组受到高铁车站建设的影响（处理组），另一组没有或者受到高铁的影响可忽略不计（控制组）。令虚拟变量 $d=1$ 表示样本属于处理组，$d=0$ 表示样本属于控制组。那么高铁对地价的影响可表示为：

$$[E(Y|p=1, d=1)-E(Y|p=0, d=1)]-[E(Y|p=1, d=0)-E(Y|p=0, d=0)] \quad （8\text{-}2）$$

可用式（8-3）执行双重差分来识别高铁的因果效应：

$$Lnland_{ct} = \alpha + \beta_1(Dstation_c \times After_t) + \beta_2 Dstation_c + \beta_3 After_t + \lambda \sum_n Controls_{ct} + \varepsilon_{ct}$$

$$（8\text{-}3）$$

其中，下标 c 指代城市，t 为时间，$Lnland$ 指取自然对数值的土地价格。$Dstation_c=1$ 表示样本期内建有高铁车站的城市，未修建的城市为 0。如果高铁车站建设的时间为 t，则在 t 年之后的 $After_t=1$，反之为 0。$Controls_{ct}$ 为影响地价且随时间和城市变动的控制变量，ε_{ct} 为残差项。

由于各城市建设高铁车站的时间有先有后，而标准的双重差分方法一般要求 t 为同一时间点。本书借鉴 Bertrand 和 Mullainathan（1999）提出的"多期双重差分方法"，将所有观测值中还未建设高铁车站的观测值作为控制组，已经建设的观测值作为处理组，即使最终所有城市都建有高铁车站，也可以将未建设车站之时的观测值作为控制组。

另外，与房产交易类似，非重复性是土地交易的重要特征，每宗出让的土地都受到地块特征的影响。如式（8-3）只控制了城市层面的特征，而不控制地块特征，将无法分离出高铁对土地出让价格的影响。本书将房价实证研究中的特征模型（Hedonic Model）与上述双重差分模型结合（Bak 和 Hewings，2016），设处理组中的城市土地皆受到高铁影响，控制组中的则不受，以便在估计中引入土地特征的变量。综上，本书最终使用的估计方程如下：

$$Lnland_{ict} = \alpha + \beta_1 Dstation_{ct} + \lambda \sum_n Controls_{ict} + \gamma_t + \mu_c + \varepsilon_{ict} \quad （8\text{-}4）$$

其中，i 指代地块。如果城市 c 在第 t 年开始建设高铁，则 t 年之前 $Dstation_{ct}$[①] 为 0，否则为 1。本书控制时间固定效应 γ_t 和地块所在城市固定效应 μ_c，并控制地块特征以及城市随时间变化的特征变量（$Controls_{ict}$）。同时，本书将标准误聚类在区县层面，在允许区县间地价存在系统性差异的同时，控制区县内的自相关效应。本书感兴趣的估计系数 β_1 可以识别建设高铁对地价的冲击。

以此为基础，为了检验高铁车站数量对地价的影响，本书将 $Dstation_{ct}$ 替换为城市 c 在第 t 年高铁车站数量的变量 $Station_{ct}$，回归方程成为：

$$Lnland_{ict} = \alpha + \beta_1 Station_{ct} + \lambda \sum_n Controls_{ict} + \gamma_t + \mu_c + \varepsilon_{ict} \quad （8\text{-}5）$$

---

① 相当于标准双重差分中的交叉项。

为检验高铁冲击地价的异质性，本书在式（8-4）和式（8-5）中加入高铁变量与土地用途、所属行业收入和距离市中心距离等变量的交叉项进行三重差分回归，估计交叉项的系数。

最后，为考察高铁对城市整体土地市场的冲击并分析作用机制，本书还利用微观加总数据与高铁数据结合进行分析，将式（8-4）和式（8-5）分别改写为式（8-6）和式（8-7）进行回归。

$$Lnland_{ct} = \alpha + \beta_1 Dstation_{ct} + \lambda \sum_n Controls_{ct} + \gamma_t + \mu_p + \varepsilon_{ct} \qquad （8-6）$$

$$Lnland_{ct} = \alpha + \beta_1 Station_{ct} + \lambda \sum_n Controls_{ct} + \gamma_t + \mu_p + \varepsilon_{ct} \qquad （8-7）$$

其中，被解释变量 $Lnland_{ct}$ 分别为城市 c 在 t 年出让土地的宗数、出让面积以及出让金总额的对数值，μ_p 表示省份固定效应。为缓解高铁建设的样本自选择性导致的回归偏误和内生性问题，本书在估计时使用倾向值得分匹配（PSM）和引入工具变量的方法进行了进一步检验。

二、数据

本书从土地市场网（http://www.landchina.com）收集了 2007~2014 年全国所有区县的单笔（宗地）土地交易数据。每条观测值包括地块所在县区、单独的电子监管号、项目名称、地址、土地面积、土地来源、土地用途、供地方式、土地使用年限、行业分类、土地级别、成交价格及合同签订日期等特征数据。去除异常值后[①]，共获得 989831 个土地交易观测值，构成中国城市微观土地交易数据库。为了验证所用微观数据的准确性和全面性，本书按照年份加总土地出让面积和金额数据，与相应年份《中国国土资源统计年鉴》和《国土资源公报》的统计数据进行对比（见图 8-2），发现两种来源的数据高度匹配，也即本书收集的微观数据是准确和全面的。表 8-1 是微观数据的[②]描述性统计，可见不同类别的土地价格具有明显的差异。

[①] 同时，本书进一步对数据中的异常值进行了处理：①删除金额或面积不大于 0 的交易；②本书发现土地出让金变量为 0.0001 和 0.03 时的观测值数量明显多于其他值，因此删除；③由于网站等级的金额单位和面积单位分别为万元和公顷，因此存在单位登记错误的可能，因此本书对每个地级市的土地价格数据进行了汇总，发现个别交易金额和面积有明显的异常大值，将异常大值除以 10000；④将金额大于 2600000 的交易金额除以 10000；⑤在实际回归中，本书根据出让金额、面积以及单价排除极端值。

[②] 剔除了没有土地价格的观测值，不包含地价之外的土地变量的描述性统计可向笔者索取。

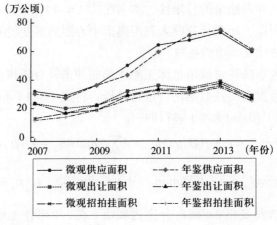

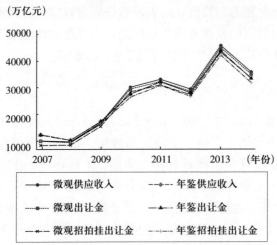

图 8-2　微观加总与统计数据对比

资料来源：笔者绘制。

表 8-1　土地价格分类统计

分类标准	类别	观测值数量	价格 （万元／公顷）	标准差
出让方式	协议出让	401687	355.410	1123.540
	招标出让	8334	2143.320	5602.030
	拍卖出让	86468	1893.380	3189.500
	挂牌出让	489429	859.750	2369.270

续表

分类标准	类别	观测值数量	价格（万元/公顷）	标准差
用地类型	工业用地	265911	197.290	250.690
	商服用地	77584	1697.040	3733.200
	普通住宅用地	383967	1864.480	3284.780
	保障性住房用地	11062	982.830	2154.590
	中小普通商品住房用地	88316	1815.260	3183.990
土地来源	现有建设用地	539545	1213.420	3079.400
	新增建设用地	371877	688.910	1898.560
	新增建设用地（库存量）	74496	1321.390	3095.660
土地位置	非市本级	807094	646.000	1564.280
	市本级	178824	1578.100	3803.940
土地等级	1级	191947	1061.850	2699.290
	2级	126955	1033.000	2514.230
	3级	155170	818.620	2096.180
	4级	101322	922.320	2560.160
	5级及以上	406745	865.360	2425.430

注：价格为按照面积加权求得；囿于篇幅，本书将5~18级的土地汇总为5级及以上土地报告。为了避免异常值干扰，本书删除了每公顷价格大于10亿元或小于1万元、面积大于100公顷或小于0.001公顷以及转让金小于0.01万元的观测值。

地价的地理分布表明，基本以胡焕庸线分界：东南地区的地价显著高于西北地区。分城市看，多数省会城市的地价高于省内其他城市。

本书根据公开资料整理了各地级市高铁车站建设和开通时间、车站数量、通过线路情况、运行速度和线路总里程等信息，构建了中国高铁车站数据库[①]。中国第一条真正意义上的高铁是为服务北京奥运会、于2008年开通的京津城际铁路，之后高铁建设遍地开花，年均新开通高铁里程超2200千米，运送旅客9.1亿人，如图8-3所示。

---

① 参考维基百科等公开资料 [EB/OL]https://zh.wikipedia.org/wiki/%E4%B8%AD%E5%9B%BD%E9%A
B%98%E9%80%9F%E9%93%81%E8%B7%AF。

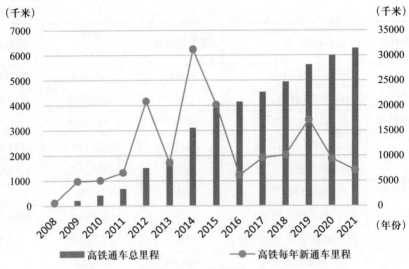

（千米）   （千米）

图 8-3　中国高铁通车里程演变（2008~2021）

注：根据所整理高铁数据库计算，2016 年 4 月及以后为根据在建或规划线路所估计值。其中每年高铁通车里程数对应左侧主纵坐标轴；截至当年高铁通车总里程数对应右侧次坐标轴。

资料来源：笔者绘制。

在本书研究期间，中国均利用 CRH 系列电动车组。截至 2015 年底，中国已经开通运营共 40 条高铁线路（见表 8-2），各线路平均运营里程约为418.68 千米。其中，运营里程最短的津滨城际铁路仅为 45 千米，里程低于100 千米的线路还有 4 条；最长的为兰新铁路第二双线，里程为 1787 千米。按速度等级分，时速 250 千米的线路总里程为 8492 千米，300 千米及以上的里程为 8259 千米。本书根据《中国城市统计年鉴》和《中国国土资源统计年鉴》等资料，整理了城市宏观经济数据库，包括各地级市的所有宏观经济特征、土地出让金额、面积及房价等信息。合并以上三个数据库获得了本书的基本数据，覆盖全国 285 个地级及以上城市，包含完整变量信息的有效样本数超过 50 万个。

表 8-2　中国的高铁线路

线路名称	运营里程 （千米）	速度 （千米 / 时）	开通日期
京津城际铁路	115	350	2008 年 8 月 1 日
武广客运专线	968	300	2009 年 12 月 26 日
郑西客运专线	484	300	2010 年 2 月 6 日

续表

线路名称	运营里程（千米）	速度（千米/时）	开通日期
昌九城际铁路	131	300	2010 年 9 月 20 日
海南东环铁路	308	250	2010 年 12 月 30 日
长吉城际铁路	111	250	2010 年 12 月 30 日
京沪高速铁路	1318	325	2011 年 6 月 30 日
合蚌客运专线	131	350	2012 年 10 月 16 日
哈大客运专线	904	300	2012 年 12 月 1 日
石武客运专线	841	300	2012 年 12 月 26 日
杭甬客运专线	150	300	2013 年 7 月 1 日
宁杭客运专线	249	300	2013 年 7 月 1 日
盘营客运专线	90	300	2013 年 7 月 1 日
衡柳铁路	498	250	2013 年 12 月 28 日
柳南城际铁路（湘桂铁路扩能改造/新线：柳州至南宁段）	226	250	2013 年 12 月 28 日
武咸城际铁路（武汉城市圈城际铁路）	90	300	2013 年 12 月 28 日
西宝客运专线	148	250	2013 年 12 月 28 日
钦防铁路	63	250	2013 年 12 月 30 日
邕北线	199	250	2013 年 12 月 30 日
南广铁路	577	250	2014 年 4 月 18 日
武黄城际铁路（武汉城市圈城际铁路）	133	250	2014 年 6 月 18 日
大西客运专线	859	250	2014 年 7 月 1 日
杭长客运专线	924	300	2014 年 9 月 16 日
长昆客运专线（长沙南站至新晃西站段）	706	300	2014 年 12 月 16 日
成绵乐客运专线	319	250	2014 年 12 月 20 日
贵广客运专线	861	250	2014 年 12 月 26 日
兰新铁路第二双线	1787	250	2014 年 12 月 26 日
青荣城际铁路（即墨北站至荣成站段）	299	250	2014 年 12 月 28 日
合福客运专线	808	300	2015 年 6 月 28 日
哈齐客运专线	286	250	2015 年 8 月 17 日
沈丹客运专线	208	250	2015 年 9 月 1 日

续表

线路名称	运营里程（千米）	速度（千米/时）	开通日期
吉珲客运专线	378	250	2015 年 9 月 20 日
津滨城际铁路	45	350	2015 年 9 月 20 日
兰中城际铁路	63	250	2015 年 9 月 30 日
宁安客运专线	257	250	2015 年 12 月 6 日
南昆客运专线（百色站至昆明南站段）	710	250	2015 年 12 月 11 日
成渝客运专线	305	300	2015 年 12 月 26 日
金温铁路扩能改造工程	188	250	2015 年 12 月 26 日
兰渝铁路	352	250	2015 年 12 月 26 日
津保铁路	145	250	2015 年 12 月 28 日

资料来源：根据维基百科整理。

　　具体到各种指标的度量，本书采用了三种方式衡量高铁变量：一是各城市在各个年份是否有高铁车站在建[①]或运营的虚拟变量 $Dstation$，是则取值为 1，否则为 0，用于考察是否引进高铁对地价的二元冲击；二是各城市各年在建或运营的高铁车站数量 $Station$；三是在建或运营的高铁线路的数量 $Route$。后两种代理变量考察多修建一个高铁车站或一条线路对地价的边际影响。

　　城市和地块特征控制变量都包含在 $Controls_{ict}$ 中。其中，城市控制变量中：$structure$ 为产业结构，以第一产业产值占总产值的比重（％）度量，控制产业发展对地价的影响，预期符号为正；$fiscal$ 为财政压力变量，即地方财政支出与剔除土地出让金的财政收入之差占财政收入的比重，扣除土地出让金是为了排除土地财政与财政压力的互为因果效应，预期符号为正；$lngonglu$ 为城市单位面积道路里程的对数值，以控制道路通达性对地价的影响，预期符号为正；$lnmidu$ 为用城市常住人口除以城市面积求得的人口密度的对数值，预期系数为正；$lnfangjia$ 为城市平均住宅价格的对数值，是为了控制城市发展水平对地价的影响，预期符号为正。地块特征控制变量中：$lncitydis$ 代表地块与市中心距离（千米）的对数值，用于控制地块区位及相应基础设施等因素[②]，预期符号为负；$dengji$ 代表土地等级，共分为 1~18 级，数字越小表示土地综合质量越高，预期符号为负；zpg 代表该地块是否

---

① 由于高铁建设的预期效应，本书皆使用了以开建时间为标准统计的高铁变量。

② 感谢匿名审稿人的意见。

通过招拍挂出让，是则取值为 1，否则为 0，用于控制土地是否采用市场化方式出让，预期符号为正；*xinzeng* 指代土地来源，新增建设用地取值为 1，现有建设用地或新增建设用地存量库则取 0，由于新增用地的供应成本低于库存用地，预期符号为负；*benji* 表示土地是否位于市辖区，是则取值为 1，否则为 0，位于市辖区的土地往往配套设施和区位优越，预期符号为正；*shangzhu* 表示是否为商服或住宅用地，是则取值为 1，否则为 0，用于控制工业与非工业用地市场的差异性特征，预期符号为正。

以上变量的描述性统计如表 8-3 所示。

表 8-3　变量描述性统计

	变量	样本数	均值	标准差	最小值	最大值
高铁变量	Dstation	565301	0.400	0.490	0	1
	Station	565302	3.250	4.170	0	26
	Route	565302	1.350	1.470	0	8
地块变量	lncitydis	565302	1.900	1.270	−6.090	6.200
	dengji	565302	5.140	3.950	1	18
	zpg	565301	0.750	0.430	0	1
	xinzeng	565302	0.560	0.500	0	1
	benji	565302	0.210	0.410	0	1
	shangzhu	565302	0.620	0.490	0	1
城市变量	structure	564830	12.200	7.880	0.040	49.890
	fiscal	565302	1.370	1.590	−0.200	17.400
	lngonglu	550902	−0.030	0.550	−3.070	0.810
	lnmidu	560611	−0.970	0.890	−5.330	1.680
	lnfangjia	526112	8.260	0.520	5.510	10.260

第四节　高铁影响城市土地出让的基本结果

一、高铁对土地价格的总体冲击

本书利用单笔土地交易数据对式（8-4）和式（8-5）进行逐步回归，结果如表 8-4 所示。前四列的高铁变量皆为是否修建高铁的虚拟变量，最后两列的高铁变量分别为高铁车站和线路数量。前两列未控制时间和城市固定效应，其余四列皆进行了控制。同时第（1）列和第（3）列未加入任何控制变量。第（2）、（4）、（5）、（6）列加入了所有控制变量。

表 8-4　高铁对地价的总体影响

变量	（1）	（2）	（3）	（4）	（5）	（6）
Dstation	0.381***	0.013	0.101***	0.070**		
	（0.039）	（0.025）	（0.032）	（0.028）		
Station					0.013***	
					（0.004）	
Route						0.027**
						（0.013）
lncitydis		−0.151***		−0.150***	−0.150***	−0.150***
		（0.006）		（0.005）	（0.005）	（0.005）
dengji		−0.015***		−0.023***	−0.023***	−0.023***
		（0.002）		（0.002）	（0.002）	（0.002）
zpg		0.918***		0.908***	0.906***	0.907***
		（0.030）		（0.026）	（0.026）	（0.026）
xinzeng		−0.163***		−0.198***	−0.198***	−0.198***
		（0.017）		（0.015）	（0.015）	（0.015）
benji		0.595***		0.723***	0.723***	0.723***
		（0.034）		（0.029）	（0.029）	（0.029）
shangzhu		1.312***		1.302***	1.301***	1.301***
		（0.020）		（0.019）	（0.019）	（0.019）
structure		−0.002		−0.015***	−0.017***	−0.016***
		（0.002）		（0.005）	（0.005）	（0.005）
fiscal		−0.028***		0.019**	0.022***	0.022***
		（0.008）		（0.008）	（0.008）	（0.008）
lngonglu		0.142***		−0.006	−0.032	−0.020
		（0.045）		（0.065）	（0.066）	（0.065）
lnmidu		0.128***		−0.215**	−0.240***	−0.236***
		（0.033）		（0.086）	（0.082）	（0.080）
lnfangjia		0.690***		0.065	0.072	0.068
		（0.032）		（0.049）	（0.048）	（0.048）

续表

变量	（1）	（2）	（3）	（4）	（5）	（6）
时间固定效应	否	否	是	是	是	是
城市固定效应	否	否	是	是	是	是
样本数	565301	510165	565184	510060	510060	510060
A_R-squared	0.021	0.478	0.139	0.522	0.522	0.522

注：被解释变量是以 2007 年为基期土地实际价格（万元/公顷）的对数值，括号内聚类于县级行政区的标准误，显著性水平分别为 *** p<0.01，** p<0.05，* p<0.1，余表同。同时为了消除异常值的影响，所有回归都删除了每公顷价格小于 1 万元和大于 10 亿元以及与市中心不大于 0 和大于 500 千米的极端值。为了节省篇幅，省略常数项系数汇报。

　　表 8-4 的结果中，所有的高铁变量的系数皆为正，加入控制变量并控制固定效应后高铁对地价的冲击有所降低，表明有效控制了其他因素的干扰。一个城市建设了高铁车站[①]，总体地价约会上涨 7.0%，且每新增一个高铁车站，还将提高地价约 1.3%。表 8-4 第（6）列的系数还表明，经过一个城市的高铁线路增加，也会显著提高城市平均地价，且每多建一条高铁线路，城市平均地价上涨 2.7%。

　　控制变量的回归系数符号基本符合预期。在地块控制变量中，距离市中心越远、土地等级越高的土地出让地价越低，招拍挂出让的地价比协议出让的地价高约 90%，存量土地的出让价格比新增土地的出让价格高约 20%，而位于市本级的土地价格比非市本级的土地价格高约 70%；其他条件等同时，非工业用地的出让价格约为工业用地出让价格的 1.3 倍。在城市特征控制变量中，第一产业产值比重越低、财政压力越大的城市，地价越高。

　　以上结果表明[②]，无论从二元还是从边际影响看，高铁对城市地价有显著且较为稳健的正向影响。下文进一步利用高铁建设对地价的异质性。

二、不同用途土地价格响应的异质性

　　为检验假说一，本书在之前的回归中加入土地用途虚拟变量和高铁变量

[①]　如无特别指出，高铁车站指运行动车组的高铁站点。

[②]　另外，本书还利用所有运营 CRH 动车组的线路、所有运营 CRH 动车组的新建线路、总里程在 100 千米以上所有运营 CRH 动车组的线路以及总里程在 100 千米以上时速 200 千米以上的所有运营 CRH 动车组的新建线路等特征对车站进行定义，并且利用价格的水平值、排除北上广三市的数据进行回归检验结论的稳健性，发现结果与以上回归基本一致。

的交叉项，进行三重差分检验。*gongye*、*shangfu* 和 *zhuzhai* 三个虚拟变量分别表征工业用地、商服用地和住宅用地三类土地。结果如表 8-5 所示。从交叉项的系数来看，高铁对三类土地的影响，具有明显的异质性：城市建设高铁车站，可以分别提高商服用地和住宅用地价格约 11% 和 22%，但降低工业用地价格 17%；多建一个高铁车站，导致商服用地和住宅用地价格再上涨 3.0% 和 3.8%，降低工业用地价格 3.6%。回归结果支持了假说一的观点。

表 8-5　高铁影响不同用途地价的异质性

变量	（1）	（2）	（3）	（4）	（5）	（6）
Dstation*gongye	-0.168*** (0.034)					
Dstation*shangfu		0.105*** (0.040)				
Dstation*zhuzhai			0.219*** (0.034)			
Station*gongye				-0.036*** (0.004)		
Station*shangfu					0.030*** (0.005)	
Station*zhuzhai						0.038*** (0.004)
Dstation	0.143*** (0.031)	0.075** (0.030)	0.023 (0.031)			
Station				0.027*** (0.004)	0.015*** (0.004)	0.002 (0.004)
gongye	-1.232*** (0.023)			-1.178*** (0.019)		
shangfu		0.598*** (0.024)			0.544*** (0.023)	
zhuzhai			0.751*** (0.024)			0.711*** (0.021)
控制变量	是	是	是	是	是	是

续表

变量	（1）	（2）	（3）	（4）	（5）	（6）
时间固定效应	是	是	是	是	是	是
城市固定效应	是	是	是	是	是	是
样本数	510165	510165	510165	510165	510165	510165
A_R-squared	0.523	0.348	0.414	0.525	0.349	0.416

注：前三列和后三列分别代表以是否建设或运营高铁车站和在建设及运营中的高铁车站数量衡量处理效应的回归，控制变量与表 8-4 中后三列加入的控制变量相同，囿于篇幅，其他变量系数在此省略。其他同表 8-4 注。

三、行业和区位异质性

为了检验假说二，本书从土地所在区位与所属行业的平均工资考察高铁影响的异质性，分别将这两个变量及其与高铁变量的交叉项加入回归。结果如表 8-6 所示，第（1）~（4）列为全样本回归，第（5）~（6）列为商服用地样本回归；在交叉项变量中，除地块与市中心距离变量的对数 *lncitydis* 外，*lngongzi* 变量代表根据国民经济行业分类（GB 4754-2011）对应的各行业人均劳动报酬的对数值。与低收入行业相比，高收入行业人群对车票价格敏感性较低，推断高收入行业对应的土地通达性以及价格受高铁的正面影响更强；*jinrong* 变量为虚拟变量，当土地为商务金融用地[①]时取值为 1，否则为0。加入此变量是因为高铁乘客中，车票价格弹性较低的商务出行者较多[②]，高铁对此类行业所带来的便利更大，进而导致此类用地价格受高铁的正面冲击更大。

表 8-6 前两列的系数皆显著为负，表明地块与市中心的距离缩短 10%，高铁车站的首次建设对地价的冲击增强 0.43%，且每多建一个车站影响再增长 0.03%。表 8-6 第（3）~（4）列交叉项的结果表明，土地所属行业的人均收入每提高 10%，多建一个高铁车站提升地价 0.16%。最后两列的交叉项系数表明，与其他商服用地相比，商务金融用地出让价格受高铁的影响更大，溢价可高达 33%。该经验研究结果较为稳健地证实了假说二。

---

① 根据土地利用现状分类（GB/T 21010-2007），商服用地样本分为批发零售用地、住宿餐饮用地、商务金融用地和其他商服用地。

② 世界银行报告《中国高铁区域经济影响分析》的调查显示，"乘坐高铁的商务出行乘客百分比要比乘坐普通铁路高很多（例如，长吉线高出 17%，京沪线高出 11%），并且商务出行者所占比例很高（例如，长吉线 40%，京沪线 63%）"。

表 8-6　高铁影响地价的区位和行业异质性

变量	全样本				商服用地样本	
	（1）	（2）	（3）	（4）	（5）	（6）
Dstation* lncitydis	−0.043***					
	（0.011）					
Station*lncitydis		−0.003**				
		（0.001）				
Dstation *lngongzi			−0.008			
			（0.037）			
Station*lngongzi				0.016***		
				（0.004）		
Dstation *jinrong					0.332**	
					（0.144）	
Station*jinrong						0.014***
						（0.005）
Dstation	0.159***		0.153		0.133	
	（0.034）		（0.387）		（0.175）	
Station		0.020***		−0.153***		0.011**
		（0.005）		（0.045）		（0.006）
lncitydis	−0.136***	−0.141***				
	（0.006）	（0.006）				
lngongzi			0.223***	0.172***		
			（0.023）	（0.022）		
jinrong					−0.040	0.169
					（0.113）	（0.105）
控制变量	是	是	是	是	是	是
时间固定效应	是	是	是	是	是	是
城市固定效应	是	是	是	是	是	是
样本数	510165	510165	500748	500748	44098	44098
A_R-squared	0.522	0.522	0.524	0.524	0.612	0.612

注：控制变量与表 8-4 中后三列加入的控制变量相同，囿于篇幅，其他变量系数在此省略。其他同表 8-4 注。

四、高铁对城市层面土地市场的冲击

上文的微观实证研究结果验证了本书提出的两个假说，但地方政府作为城市建设用地市场的供给方，其决策动机也值得考察。本书将城市层面的微观加总数据与高铁数据结合，构建了 2007~2014 年中国 285 个地级及以上城市的面板数据[①]，考察高铁对城市总出让面积、宗数和出让金额的影响。

对式（8-6）和式（8-7）进行回归时，除前文微观分析中所施加的控制变量外，还加入了一些新的控制变量：用以面积加权的城市平均地价对数值 *lnland_price*，控制价格效应；用货运量对数值 *lnfreight*，控制城市对工业用地需求的影响；用是否通地铁的虚拟变量 *durbanrail*，控制商住用地需求的影响。

回归结果表明（见表 8-7），给定其他因素不变，一个初建高铁的城市，土地出让总面积将增长 19%，出让宗数增长 17%，出让金额增长 21%；每多建一个高铁车站，当年土地出让总面积、宗数和金额分别上涨 5.4%、5.5% 和 5.2%。这就表明，高铁建设能够显著改善城市的土地财政状况。这为地方政府间的"高铁争夺战"现象，提供了直接的经验解释。

表 8-7 高铁对城市土地出让总量的影响

变量	（1）面积	（2）宗数	（3）出让金	（4）面积	（5）宗数	（6）出让金
Dstation	0.193*** （0.050）	0.170** （0.070）	0.212*** （0.055）			
Station				0.054*** （0.011）	0.055*** （0.011）	0.052*** （0.011）
structure	−0.003* （0.002）	−0.003 （0.002）	−0.003** （0.001）	−0.002 （0.002）	−0.002 （0.001）	−0.003* （0.001）
fiscal	0.008 （0.013）	0.024 （0.023）	0.014 （0.013）	0.007 （0.013）	0.026 （0.024）	0.015 （0.013）
lngonglu	−0.038 （0.039）	−0.164*** （0.049）	0.011 （0.055）	−0.038 （0.036）	−0.165*** （0.046）	0.013 （0.051）
lnfangjia	0.748*** （0.133）	0.614*** （0.161）	0.736*** （0.124）	0.681*** （0.133）	0.548*** （0.151）	0.681*** （0.123）

---

① 样本不包括西藏自治区。

续表

变量	（1）面积	（2）宗数	（3）出让金	（4）面积	（5）宗数	（6）出让金
lnmidu	−0.062 （0.074）	−0.072 （0.119）	−0.044 （0.115）	−0.058 （0.070）	−0.069 （0.113）	−0.042 （0.111）
lnland_price	−0.112** （0.042）	−0.022 （0.066）	0.698*** （0.050）	−0.124*** （0.044）	−0.037 （0.068）	0.686*** （0.052）
lnfreight	0.367*** （0.033）	0.301*** （0.048）	0.405*** （0.039）	0.366*** （0.033）	0.296*** （0.045）	0.405*** （0.037）
durbanrail	0.326* （0.178）	0.295* （0.167）	0.243 （0.229）	0.082 （0.179）	0.001 （0.189）	−0.028 （0.233）
时间固定效应	是	是	是	是	是	是
省份固定效应	是	是	是	是	是	是
样本数	1868	1872	1868	1868	1872	1868
A_R−squared	0.589	0.533	0.819	0.597	0.546	0.821

注：涉及价格的变量已经调整至 2007 年不变价。回归皆控制了年份和省份固定效应，括号内为聚类于省级行政区的标准误，显著性水平分别为 *** $p<0.01$，** $p<0.05$，* $p<0.1$。为了节省篇幅，省略常数项系数汇报。

第五节　高铁影响城市土地出让的机制分析

上述实证研究从多维度讨论了高铁对城市土地市场的影响，结论是显著且复杂的。本书认为，这既反映了高铁作为基础设施的一般经济效应，更体现了中国土地管理制度和土地市场结构的多样性和复杂性。因此，有必要紧密结合中国的情境，对实证结果所反映的现象加以深入的机制分析。

一、高铁的"引流"机制

高铁车站冲击土地价格的结果显示，高铁作为当今通达性最强的地面交通方式，能够显著影响沿线城市的土地市场价格。本书认为，这一现象背后的核心机制是高铁运输服务的"引流"作用，重构了沿线土地市场的供求关系：给定其他因素不变，城市的区位优势因设有高铁车站而得以提升，促进生产要素和商业活动聚集，刺激了当地土地市场的需求，从而推高地价。但是，供求关系的变化，对具有不同市场结构的细分市场产生了不同的影响。

一是市场化水平越高的细分市场，高铁车站提升地价的效应更为明显，表现为以招拍挂方式出让的土地价格变动，要明显高于以协议方式出让的土地价格变动。这是因为土地采用招拍挂出让时，市场竞争性更为强，更能将传导高铁车站的"引流效应"，也即对土地市场的冲击更大。

二是利用强度更高的存量土地价格受高铁车站的影响，要明显高于利用强度较低的新增土地。这是因为对城市低效利用和闲置土地的收储，是存量土地的主要来源，通常也是潜在需求高的土地，因而地价更容易受到高铁车站的正面冲击。类似地，市本级的土地也具有较高的潜在需求，开设高铁车站更能加速潜在需求的显性化，其价格上涨幅度要大于非市本级土地。

二、高铁与"横向补贴"机制

在中国特色的财政分权和土地管理制度之下，高铁车站对不同用途土地市场的供给关系具有不同的表现。财政分权改革后，地方政府配置建设用地的目标，倾向于实现土地收益最大化，其主要机制可以概括为"以地生财"

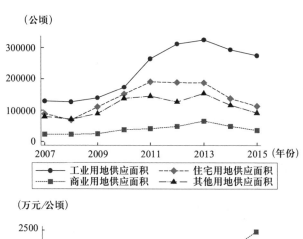

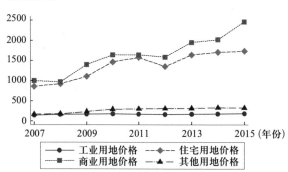

图 8-4 不同用途土地市场的差异

资料来源：笔者绘制。

和"以地引资"两种方式，也分别对应着两种类型的土地市场结构和价格形成机制。如图 8-4 所示，在本书的考察期内，工业用地的供应面积及其增长率远高于其他用途的土地，但工业用地的出让价格却远低于商住用地的出让价格，而且在商住用地价格不断上涨的情况下，工业用地的价格却十分稳定。商住用地市场上，地块所处的位置是级差地租最为重要的决定因素，垄断一级土地市场的地方政府更具谈判能力，使得商住用地市场具有卖方市场的特点，成为地方政府"以地生财"的主要手段。

如上所述，高铁车站的建设将提高城市土地的潜在需求，那么将强化商住用地卖方市场的结构，表现为商住用地价格的上涨。这一机制可在靠近市中心的土地价格变动上得到验证：越靠近市中心的土地稀缺性越高，买方之间的竞争就越激烈，相应的价格上涨幅度会更大。但是，这一机制在工业用地市场上的效果恰恰相反。由于工业投资对基础设施和人流量等区位条件的要求较低，使得工业资本的流动性要高于商业资本。虽然地方政府也垄断了工业用地的一级市场，但面临着其他地区工业招商引资的激烈竞争，使工业用地市场表现出买方市场的特征。地方政府为了追求工业投资引致的工业税收和就业机会，通常以低价出让工业用地的方式，增强其在工业资本引资竞争中的优势，即"以地引资"，而这种压低工业用地价格带来的损失，则由高价出让商住用地获得的收入来补贴。

三、对机制的实证分析

为了验证以上机制，本书利用微观加总的面板数据，分析高铁对工业和非工业用地市场出让总量的影响，验证高铁对工业用地与非工业用地冲击的异质性。具体做法是：分别以工业用地和商住用地出让的面积和金额作为被解释变量，对高铁变量进行回归。其中与表 8-7 中所加入的控制变量相比，此处所有回归都额外控制了本年度的土地出让总面积对数值 $lnarea\_sup$、对应类别土地的均价 $lnprc\_ind$（工业用地均价对数值）或 $lnprc\_cr$（商住用地均价对数值），以及其他需求侧影响因素 $lnfreight$ 或 $durbanrail$。结果表明（见表 8-8），$Dstation$ 和 $Station$ 的系数皆为正，但工业用地回归中系数皆不显著，商住用地回归中系数显著，表明高铁建设对工业用地出让金额和面积无显著影响，但能显著增加商住用地的出让金额和出让面积。该结果与中国高铁的运送属性相一致。目前，中国高铁是客运专线，而商住用地对人口分布更为敏感，比工业用地更容易受到高铁影响。对地方政府而言，引入高铁后，商住用地出让收入的增量大于工业用地出让收入的减少，高铁对地方政府出让土地的净收入就有促进作用，地方政府便可持续地实施"横向补贴",也即验证了上述机制。另根据表 8-8 的回归结果,可计算得出商住用地和工业用地受高铁冲击的弹性[①]。商住用地富有弹性(1.16),而工业用地缺乏弹性(0.58),从另一个方面验证了本书对两类土地市场结构的推断。

表 8-8　高铁对不同用途土地出让总量的影响

变量	(1) 工业面积	(2) 商住面积	(3) 工业金额	(4) 商住金额	(5) 工业面积	(6) 商住面积	(7) 工业金额	(8) 商住金额
Dstation	0.052 (0.046)	0.094*** (0.023)	0.030 (0.047)	0.109** (0.041)				
Station					0.004 (0.006)	0.013** (0.006)	0.006 (0.007)	0.015* (0.008)
structure	0.001 (0.001)	−0.001*** (0.000)	0.001 (0.001)	−0.001*** (0.000)	0.001 (0.001)	−0.001*** (0.000)	0.001 (0.001)	−0.001** (0.000)
fiscal	−0.024** (0.011)	−0.002 (0.005)	−0.017 (0.012)	−0.001 (0.008)	−0.024** (0.011)	−0.002 (0.005)	−0.017 (0.012)	−0.001 (0.008)
lngonglu	−0.023 (0.050)	0.032* (0.016)	0.014 (0.052)	0.027 (0.031)	−0.022 (0.050)	0.034* (0.018)	0.013 (0.052)	0.028 (0.033)
lnfangjia	0.239** (0.092)	0.099* (0.051)	0.253** (0.097)	0.090 (0.079)	0.236** (0.092)	0.090* (0.049)	0.245** (0.094)	0.080 (0.078)
lnmidu	0.154* (0.080)	0.008 (0.033)	0.132 (0.091)	0.001 (0.054)	0.156* (0.080)	0.011 (0.035)	0.133 (0.091)	0.005 (0.056)
lnland_price	−0.386*** (0.078)	0.740*** (0.070)	−0.311*** (0.076)	1.116*** (0.069)	−0.384*** (0.079)	0.737*** (0.071)	−0.312*** (0.076)	1.112*** (0.070)
lnarea_sup	0.787*** (0.041)	0.801*** (0.027)	0.763*** (0.045)	0.817*** (0.025)	0.788*** (0.040)	0.804*** (0.027)	0.761*** (0.046)	0.820*** (0.026)
lnprc_ind	−0.032 (0.075)	0.722*** (0.069)			−0.034 (0.075)	0.721*** (0.069)		
lnfreight	0.162*** (0.042)	0.184*** (0.047)			0.164*** (0.042)	0.184*** (0.047)		

[①] 即出让金总额变动率与出让面积变动率之比。

续表

变量	（1）工业面积	（2）商住面积	（3）工业金额	（4）商住金额	（5）工业面积	（6）商住面积	（7）工业金额	（8）商住金额
lnprc_cr		-0.679***		-0.113**		-0.674***		-0.106*
		（0.058）		（0.052）		（0.059）		（0.053）
durbanrail		0.086		-0.007		0.019		-0.090
		（0.079）		（0.089）		（0.083）		（0.097）
时间固定效应	是	是	是	是	是	是	是	是
省份固定效应	是	是	是	是	是	是	是	是
样本数	1850	2109	1854	2113	1850	2109	1854	2113
A_R-squared	0.754	0.834	0.787	0.915	0.753	0.834	0.787	0.914

注：同表 8-7 注。

本书进一步假设，如果地方政府不受财力约束，可无限补贴工业用地，那么高铁提高商住用地出让金对工业地价也无显著影响。因此这种商住用地和工业用地出让中横向补贴存在的另一个假设是地方政府来自土地市场外的财政收入有限。当地方政府高度依赖土地财政时，财政压力越大的城市，越可能限制商住用地的供应以提高地价，谋求更高的土地出让收益和横向补贴力度，从而更大幅度地压低工业用地价格，以增强对产业资本的吸引力。此处用城市商住用地与工业用地的出让金之比度量地方政府横向补贴的能力，将其作为被解释变量，分别对高铁变量及与财政压力的交叉项回归。回归模型中还控制财政压力对土地出让激励的影响，以及用第三产业与第二产业产值之比（*stru_cr_ind*）控制产业结构影响。回归结果如表 8-9 所示。

表 8-9　高铁对不同用途出让金比重的影响

变量	（1）	（2）	（3）	（4）
Dstation	1.352**		-0.040	
	（0.507）		（0.885）	
Station		0.307***		0.017
		（0.098）		（0.144）

续表

变量	（1）	（2）	（3）	（4）
Dstation*fiscal			0.564**	
			（0.232）	
Station *fiscal				0.187***
				（0.043）
fiscal	0.321	0.369*	−0.027	−0.047
	（0.215）	（0.212）	（0.186）	（0.175）
stru_cr_ind	6.255**	5.709**	6.893***	6.678**
	（2.272）	（2.401）	（2.374）	（2.511）
时间固定效应	是	是	是	是
省份固定效应	是	是	是	是
样本数	2223	2223	2223	2223
A_R-squared	0.183	0.188	0.188	0.196

注：同表 8-7 注。

表 8-9 前两列中，高铁变量的系数皆显著为正，说明高铁的开建和增加车站数量会加剧商住用地出让金与工业用地出让金的差距。结合一个城市修建高铁后土地出让金总额显著提高（见表 8-7）的结果，有理由推断地方政府在城市建设高铁后，在增加土地出让总收益的情况下，具有更强的横向补贴能力，以增强招商引资的政策力度。表 8-9 后两列高铁变量与财政压力变量的系数皆显著为正，表明一个城市的财政压力越大，高铁建设越能加剧商住用地与工业用地出让金的差距，强化地方政府横向补贴的倾向。

本节的分析表明，本书所提出的假说不仅得到了微观层面实证结果的支持，同时也得到了加总层面机制分析的验证。

第六节　高铁影响城市土地出让的稳健性检验

一、对微观层面地块分析的稳健性检验

（1）安慰剂检验[①]。DID 有效的基本条件是平行趋势假设成立，也即关键变量在高铁建设前后的变化趋势平行。安慰剂检验是一种常用的检验方法，

---

① 感谢匿名审稿人的意见。

通过替换处理组或假设政策起作用的虚拟时间加以实现。按此思路，此处假设城市没有修建高铁，或变动高铁发生作用的时间。由于全部样本中，高铁的修建时间并不一致。为了更直观地进行安慰剂检验，本书在全体样本中保留了控制组样本和直到 2009 年 [1] 才首建高铁城市的处理组，然后对 2009 年前的样本作标准 DID 回归。这里将高铁建设的时间，按季度虚拟为 2007 年第二季度至 2008 年第三季度。如果平行趋势成立，那么对虚拟的高铁修建时间进行的 DID 回归，交叉项系数应该不显著。安慰剂检验结果显示（见表 8-10），交叉项系数皆不显著，表明高铁修建前处理组和控制组城市地价变化满足平行趋势假设。

表 8-10　安慰剂检验回归结果

变量	（1）2007q2	（2）2007q3	（3）2007q4	（4）2008q1	（5）2008q2	（6）2008q3
Dstation*After	−0.078 (0.053)	−0.071 (0.048)	−0.005 (0.049)	−0.017 (0.052)	−0.022 (0.061)	−0.030 (0.079)
Dstation	0.140** (0.066)	0.128** (0.062)	0.090 (0.061)	0.093 (0.059)	0.093* (0.056)	0.092* (0.055)
After	0.010 −0.078	−0.006 −0.071	−0.048 −0.005	−0.036 −0.017	−0.022 −0.022	−0.012 −0.030
lncitydis	−0.137*** (0.012)	−0.136*** (0.012)	−0.136*** (0.012)	−0.136*** (0.012)	−0.136*** (0.012)	−0.136*** (0.012)
dengji	−0.016*** (0.005)	−0.016*** (0.005)	−0.017*** (0.005)	−0.017*** (0.005)	−0.016*** (0.005)	−0.016*** (0.005)
zpg	0.718*** (0.039)	0.721*** (0.038)	0.723*** (0.038)	0.721*** (0.038)	0.718*** (0.038)	0.717*** (0.038)
xinzeng	−0.115*** (0.040)	−0.115*** (0.040)	−0.116*** (0.040)	−0.115*** (0.040)	−0.115*** (0.040)	−0.115*** (0.040)
benji	0.469*** (0.055)	0.469*** (0.055)	0.470*** (0.056)	0.470*** (0.055)	0.469*** (0.055)	0.469*** (0.055)

---

[1] 2009 年首次修建高铁的城市是样本期间内最多的，达到了 46 个，为历年之最，因此取 2009 年保留了最多的样本数。

续表

变量	（1）2007q2	（2）2007q3	（3）2007q4	（4）2008q1	（5）2008q2	（6）2008q3
shangzhu	0.878***	0.878***	0.878***	0.877***	0.877***	0.876***
	（0.033）	（0.034）	（0.034）	（0.034）	（0.034）	（0.034）
structure	0.001	0.001	0.001	0.001	0.001	0.002
	（0.004）	（0.004）	（0.004）	（0.004）	（0.004）	（0.004）
fiscal	−0.017	−0.016	−0.014	−0.015	−0.016	−0.017
	（0.014）	（0.014）	（0.015）	（0.014）	（0.014）	（0.014）
lngonglu	0.198**	0.200**	0.203**	0.201**	0.198**	0.197**
	（0.085）	（0.085）	（0.085）	（0.085）	（0.085）	（0.085）
lnmidu	0.104	0.103	0.101	0.102	0.103	0.104
	（0.072）	（0.072）	（0.072）	（0.072）	（0.072）	（0.072）
lnfangjia	0.769***	0.771***	0.779***	0.776***	0.772***	0.771***
	（0.075）	（0.075）	（0.076）	（0.076）	（0.076）	（0.075）
样本数	46840	46840	46840	46840	46840	46840
A_R-squared	0.351	0.351	0.351	0.351	0.351	0.351

注：涉及价格的变量已经调整至 2007 年不变价。括号内为聚类于省级行政区的标准误，显著性水平分别为 *** $p<0.01$，** $p<0.05$，* $p<0.1$。

（2）平行趋势检验。对样本的处理方法与安慰剂检验一致，平行趋势检验图如图 8-5 所示：上图为按照面积加权汇总的地价均值比较；下图为按照地价对数值为被解释变量，对表 8-3 中地块、城市变量、年份和城市固定效应回归后的残差，再按照面积加权汇总的比较。左图显示，高铁修建前后地价变化的平行趋势较弱，但右图中回归残差的趋势在高铁修建前后有显著的差异：2009 年前的平行性高于之后。这意味着如不控制地块和城市特征，分析地价变化将导致严重的估计偏误，而控制了微观和宏观特征后，DID 估计有效识别高铁修建对地价的因果效应。

（3）匹配后的回归分析。交通基础设施的线路选择通常不具备随机性，容易受城市发展水平、城际旅行需求、国防、政治乃至历史线路等影响。高铁车站选址可能并不是随机分配的，从而造成选择性偏误。假如选择性偏

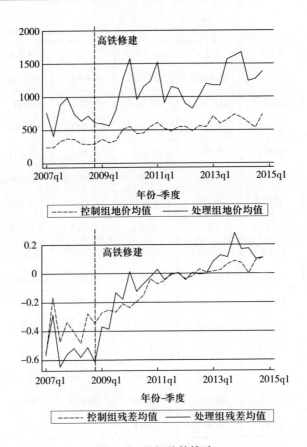

图 8-5 平行趋势检验

资料来源：笔者绘制。

误是基于城市发展水平和人口等可观测变量的，那么可用倾向得分值匹配（PSM）方法重构控制组和处理组，降低高铁建设的选择性偏误。PSM首先根据影响建设高铁车站的因素计算倾向得分值，然后对处理组的每个样本找到与其倾向得分值最接近的控制组样本，形成除车站修建以外其他因素最接近的处理组和控制组，获得处理组和控制组的平均地价差别（即平均处理效应ATT），视为高铁对地价的平均影响。

由于本书将处理组设定为位于设有高铁车站的城市土地，那么本书根据决定是否修建高铁的城市特征重新匹配样本。匹配的处理变量为是否建设或运营高铁车站的虚拟变量，协变量主要是年份虚拟变量（控制时间效应）、财政缺口（表征建设高铁能力）、人口 pop（表征与高铁规划的契合度）、GDP（表征发展水平）、货运总量 freight（表征物流水平）和客运总量 travel

（表征人流水平）。匹配方法使用二次核密度函数一阶近邻匹配①。

　　需要指出的是，微观土地交易价格受到地块特征的影响，仅利用 PSM 方法获得的 ATT 可能存在遗漏变量偏误内生性。对此，本书还控制微观地块特征，对匹配后的样本回归，获得更准确的因果效应（见表 8-11）。回归结果表明，利用匹配后的样本结论，与前文的分析结论基本一致，显示了前文结论的稳健性。

表 8-11　微观匹配样本的回归结果

变量	（1）	（2）	（3）	（4）	（5）	（6）	（7）	（8）
Dstation	0.092*** (0.031)							
Station		0.014** (0.007)						
Dstation*gongye			−0.076** (0.032)					
Dstation*shangfu				−0.010 (0.037)				
Dstation*zhuzhai				0.137*** (0.034)				
Station*gongye					−0.055*** (0.007)			
Station*shangfu						0.036*** (0.008)		
Station*zhuzhai							0.062*** (0.007)	
控制变量	是	是	是	是	是	是	是	是
时间固定效应	是	是	是	是	是	是	是	是
城市固定效应	是	是	是	是	是	是	是	是
共同支撑样本数	417532	417532	417532	417532	417532	417532	417532	417532
A_R-squared	0.499	0.499	0.501	0.330	0.395	0.503	0.330	0.397

　　注：控制变量与表 8-4 中后三列加入的控制变量相同，囿于篇幅，其他变量系数在此省略。其他同表 8-4 注。

二、对宏观城市层面分析的稳健性检验

　　（1）匹配分析。与上文的微观数据处理类似，本书对城市层面的样本

----

① 匹配前后变量差异图见附录图 1。

进行了 PSM 分析①。另外，为了进一步检验数据的质量，本书同时利用年鉴数据和微观加总数据进行分析，结果如表 8-12 所示。其中，前两列是以城市出让土地总面积的对数值为结果变量的匹配，后两列是以城市土地出让金总金额对数值为结果变量的匹配；奇数列是使用年鉴数据的回归结果，偶数列为使用微观加总数据的回归结果。表中的 ATT 皆显著为正，表明高铁车站的建设会使当年城市土地出让面积增加 10%~13%，土地出让总金额上涨22%~31%。该结论再次证明，高铁建设对地方土地财政具有较强的促进作用，强化了本书从土地财政角度对"高铁争夺战"的解释。

表 8-12　城市层面的 PSM 结果

	总面积		总金额	
	年鉴数据	微观加总数据	年鉴数据	微观加总数据
	（1）	（2）	（3）	（4）
ATT	0.100^{**}	0.129^{*}	0.222^{**}	0.311^{***}
	（0.051）	（0.066）	（0.094）	（0.087）
共同支撑样本数	1203	1400	1203	1400
Pseudo R^2	0.152	0.202	0.152	0.202

注：价格变量皆为 2007 年不变价，括号内为使用 Bootstrap 模拟重复 500 次获得的标准误。显著性水平为 *** p<0.01，** p<0.05，* p<0.1。

（2）工具变量回归。尽管 DID 和 PSM 分析有助于缓解高铁建设与城市地价之间的内生性问题，但宏观层面的回归中可能存在遗漏不可观测关键变量的可能，造成遗漏变量偏差。本书进一步使用工具变量法，对城市层面的估计和机制分析进行了稳健性检验。现有文献在研究高速公路等交通基础设施的效应时（Baum-Snow 等，2017；Duranton 和 Turner，2012；Faber，2014），利用历史铁路线路和地理因素等信息构建工具变量。高铁的修建要考虑地形地势和政治国防等因素，而历史铁路线路也需要考虑这些因素，并且还要考虑高铁线路与既有铁路网路的连通，因此高铁选址与历史线路存在较高的相关性，工具变量满足相关性条件。本书利用一个城市 1961 年和

① 匹配的协变量不变，结果同样通过了平衡性检验。本书还利用了前文其他类型高铁车站定义处理效应和其他匹配方法进行回归，结果仍然稳健，囿于篇幅不在此汇报结果，有兴趣的读者可向笔者索取。

1984 年是否通铁路的两个虚拟变量 [1] 为高铁建设的工具变量，进行两阶段最小二乘法回归（见表 8-13~ 表 8-15）。所有工具变量回归中第一阶段的 F 值皆超过了 10，因此拒绝弱工具变量的假设。同时，历史的铁路线路不太可能通过铁路之外的因素影响土地市场，过度识别检验均拒绝了工具变量内生的原假设，表明工具变量满足外生性条件。

表 8-13　高铁对城市土地出让总量的影响（工具变量回归）

变量	（1） 面积	（2） 宗数	（3） 出让金	（4） 面积	（5） 宗数	（6） 出让金
Dstation	0.373** （0.169）	0.253 （0.170）	0.301* （0.174）			
Station				0.058** （0.029）	0.036 （0.029）	0.051* （0.028）
控制变量	是	是	是	是	是	是
时间固定效应	是	是	是	是	是	是
省份固定效应	是	是	是	是	是	是
样本数	1868	1872	1868	1868	1872	1868
A_R-squared	0.582	0.531	0.818	0.597	0.544	0.821
第一阶段 F 值	23.86	24.30	23.89	47.34	51.34	50.04
过度识别检验 p 值	0.29	0.25	0.70	0.15	0.16	0.93

注：价格变量皆为 2007 年不变价，控制变量与表 8-7 对应列的相同，囿于篇幅不再汇报系数。显著性水平为 *** $p<0.01$，** $p<0.05$，* $p<0.1$。

表 8-14　高铁对不同用途土地出让总量的影响（工具变量回归）

变量	（1） 工业 面积	（2） 商住 面积	（3） 工业 金额	（4） 商住 金额	（5） 工业 面积	（6） 商住 面积	（7） 工业 金额	（8） 商住 金额
Dstation	−0.317 （0.198）	0.336** （0.141）	−0.124 （0.278）	0.572*** （0.208）				

---

[1] 1961 年铁路虚拟变量手工整理自 1961 年 6 月版本的中国铁路图，藏于美国国会图书馆。1984 年铁路虚拟变量利用地理信息系统软件根据南开大学吴浙教授提供的电子地图整理，资料来源为《全国铁路旅客列车时刻表》，中国铁路出版社，1984 年 5 月。

续表

变量	（1）工业面积	（2）商住面积	（3）工业金额	（4）商住金额	（5）工业面积	（6）商住面积	（7）工业金额	（8）商住金额
Station					−0.044（0.027）	0.059**（0.025）	−0.018（0.041）	0.088***（0.031）
控制变量	是	是	是	是	是	是	是	是
时间固定效应	是	是	是	是	是	是	是	是
省份固定效应	是	是	是	是	是	是	是	是
样本数	1850	2115	1928	1929	1850	2115	1928	1929
A_R-squared	0.733	0.836	0.589	0.820	0.743	0.836	0.588	0.828
第一阶段 F 值	23.42	28.05	24.52	24.65	40.19	56.25	52.00	48.76
过度识别检验 p 值	0.62	0.16	0.25	0.57	0.27	0.19	0.20	0.86

注：控制变量与表 8-8 对应列的相同。其他同表 8-13 注。

表 8-15　高铁对不同用途出让金比重的影响（工具变量回归）

变量	（1）	（2）	（3）	（4）
Dstation	3.940**（1.956）		−0.040（0.885）	
Station		0.579***（0.110）		0.017（0.144）
Dstation*fiscal			−0.676（0.747）	
Station *fiscal				0.054（0.159）
控制变量	是	是	是	是
时间固定效应	是	是	是	是
省份固定效应	是	是	是	是
样本数	2223	2223	2223	2223
A_R-squared	0.138	0.160	0.128	0.162
第一阶段 F 值	23.970	33.580	92.960	89.430
过度识别检验 p 值	0.740	0.970	0.650	0.960

注：控制变量与表 8-9 对应列的相同。其他同表 8-13 注。

土地出让总量对高铁工具变量的回归结果表明，高铁建设仍能够有效提高土地出让的总面积和出让总金额，与前文的非工具变量回归结果保持一致；对土地出让宗数的影响仍然为正，尽管不再显著，但由于本书关心的关键变量是出让的总面积和出让总金额，因此认为工具变量回归结果验证了结论的稳健性。

工具变量回归结果还验证了高铁对不同用途土地市场的冲击，仍然具有异质性，高铁变量的系数符号、显著性与前文非工具变量的回归结果一致。换言之，利用工具变量回归后，高铁能够有效提高商住用地的出让面积和金额，但对工业用地的出让影响不显著。

在对不同用途土地出让金比重的工具变量回归中，修建高铁依然显著提高了商住用地与工业用地的出让金比值。虽然高铁变量与财政压力变量的交叉项系数不再显著，但将出让金比重作为被解释变量回归，已经有效降低了内生性。本书还对后两列工具变量回归与表8-9中对应的回归进行了Hausman检验，结果显示二者不存在显著差别，可认为表8-9的非工具变量回归更有效率。换言之，前文城市层面的回归并未受到内生性的干扰。

第七节　结论

本书收集了2007年以来的中国城市微观土地出让数据，结合中国高铁这一短时间内完成的大规模基础设施建设数据，综合利用双重差分模型、倾向得分匹配以及工具变量等方法，实证考察了高铁对城市建设用地价格的影响。本书研究发现：高铁建设会显著提高设站城市的总体土地出让价格和出让金收入，为城市间的"高铁争夺战"提供了来自土地财政的证据；高铁显著提高了商住用地的出让价格，但工业用地的出让价格反而降低；用地行业的平均工资越高，以及距离市中心距离越近的地块，土地出让价格受到高铁的影响越大。这些结论提醒研究者，不仅要研究高铁对土地市场的一般性影响，更要研究高铁对各类土地细分市场的异质性影响。本书研究发现，为后续研究高铁以土地市场为中介，对区域、城市、产业经济产生的次生影响提供了一个初步的经验基础，也为构建全面评估高铁建设的经济、社会和环境影响的分析框架带来了一定的启示。

本书的政策含义体现在三个方面。第一，高铁作为新时代最重要的基础设施之一，能够显著增强通达性，为城市化模式提供了多种选择。一方面，大城市人口受到高房价和生活成本影响，会因循高铁网络向周边地区疏解，促进人口流入地区商住用地的价格上涨。另一方面，原来相对封闭的城市接入高铁网络后，便利的信息、知识、人才交流，提高了城市的内在价值，商住用地的价格也相应提高。这种城市化发展模式提高了对内开放水平，从而促进增长的逻辑与对外开放促进发展的逻辑有一定的一致性。因此，在谋划未来城市化推进过程中，将高铁布局放到更重要的位置十分必要。

第二，关注基础设施产生的分配效应。虽然基础设施能够联通地区之间的交通，降低交易成本，但同时可能导致更多的资源向大城市流动，加剧地区间竞争，造成更严重的区域不平衡。党的十九大报告指出，中国特色社会主义进入新时代，中国社会主要矛盾已经转化为人民日益增长的美好生活需要和不平衡不充分的发展之间的矛盾。本书发现，高铁压低了设站城市工业土地价格，也反映了地区招商引资竞争被激化。这意味着一个地区的要素禀赋结构和发展潜力，会因为高铁的引入而被重新定义，导致资源流动效应和分配效应，有可能加剧区域经济发展的不平衡性。而建设现代化经济体系需要构建区域协调发展，逐步缩小差距区域差距。因此，在高铁建设的线路勘察设计和规划方案的编制与评估中，应高度重视动态的配置效应，在利用高铁促进宏观经济发展时，防范区域差距扩大。

第三，高铁建设导致商住用地过度开发，需防范基础设施建设积蓄的系统性金融风险。中国的城市化模式，要从土地的城市化向人的城市化转变。之所以出现土地的城市化，是因为地方政府依赖土地出让收入弥补财政缺口，借地价上涨提高土地抵押资金，以增加地方政府的融资能力，导致积累金融风险。根据本书的研究结论，高铁对城市土地，特别是商住用地价格具有显著提升作用，会增加地方土地出让总面积和出让金总额，强化地方政府对土地财政的依赖，导致"鬼城"和"睡城"蔓延，加大金融部门"去杠杆"和房地产"去库存"的压力。因此，高铁发展的金融问题，已经远远超出了铁路系统的融资与债务处置范畴，需要加快构建"高铁建设—土地开发—金融风险"的监控系统，谨防系统性金融风险的发生。

参考文献

[1] 董艳梅，朱英明. 高铁建设能否重塑中国的经济空间布局——基于就业、工资和经济增长的区域异质性视角 [J]. 中国工业经济，2016（10）：92-108.

[2] 谷一桢，郑思齐. 轨道交通对住宅价格和土地开发强度的影响——以北京市 13 号地铁线为例 [J]. 地理学报，2010，65（2）：213-223.

［3］黄张凯，刘津宇，马光荣．地理位置，高铁与信息：来自中国 IPO 市场的证据［J］．世界经济，2016（10）：127-149.

［4］贾善铭，覃成林．国外高铁与区域经济发展研究动态［J］．人文地理，2014，29（2）：7-12.

［5］蒋海兵，张文忠，祁毅，等．高速铁路与出行成本影响下的全国陆路可达性分析［J］．地理研究，2015，34（6）：1015-1028.

［6］陶然，陆曦，苏福兵，汪晖．地区竞争格局演变下的中国转轨：财政激励和发展模式反思［J］．经济研究，2009（7）：21-33.

［7］王垚，年猛．高速铁路与城市规模扩张——基于中国的实证研究［J］．财经科学，2014（10）：113-122.

［8］杨继东，杨其静．保增长压力，刺激计划与工业用地出让［J］．经济研究，2016，51（1）：99-113.

［9］张莉，王贤彬，徐现祥．财政激励，晋升激励与地方官员的土地出让行为［J］．中国工业经济，2011（4）：35-43.

［10］张学良．中国交通基础设施促进了区域经济增长吗——兼论交通基础设施的空间溢出效应［J］．中国社会科学，2012（3）：60-77.

［11］周浩，郑筱婷．交通基础设施质量与经济增长：来自中国铁路提速的证据［J］．世界经济，2012（1）：78-97.

［12］Ahlfeldt, G. M. The Train Has Left the Station：Do Markets Value Intracity Access to Intercity Rail Connections?［J］. German Economic Review, 2011, 12（3）：312-335.

［13］Bonnafous, A. The Regional Impact of the TGV［J］. Transportation, 1987, 14（2）：127-137.

［14］Banerjee, A., E. Duflo, and N. Qian. On the Road：Access to Transportation Infrastructure and Economic Growth in China［R］. NBER Working Paper, 2012.

［15］Baum-Snow, N., L. Brandt, J. V. Henderson, M. A. Turner, and Q. Zhang. Roads, Railroads, and Decentralization of Chinese Cities［J］. Review of Economics and Statistics, 2017, 99（3）：435-448.

［16］Bertrand, M., and S. Mullainathan. Is There Discretion in Wage Setting? A Test Using Takeover Legislation［J］. The Rand Journal of Economics, 1999（1）：535-554.

［17］Bowes, D. R., and K. R. Ihlanfeldt. Identifying the Impacts of Rail Transit Stations on Residential Property Values［J］. Journal of Urban Economics,

2001（50）: 1-25.

［18］Cai, H., J. V. Henderson, and Q. Zhang. China's Land Market Auctions: Evidence of Corruption? ［J］. Rand Journal of Economics, 2013（44）: 488-521.

［19］Cao, J., X. C. Liu, Y. H. Wang, and Q. Q. Li. Accessibility Impacts of China's High-Speed Rail Network ［J］. Journal of Transport Geography, 2013（28）: 12-21.

［20］Chandra, S., and S. Vadali. Evaluating Accessibility Impacts of the Proposed America 2050 High-Speed Rail Corridor for the Appalachian Region ［J］. Journal of Transport Geography, 2014（37）: 28-46.

［21］Chen, Z., and K. E. Haynes. Impact of High Speed Rail on Housing Values: An Observation from the Beijing-Shanghai Line ［J］. Journal of Transport Geography, 2015（43）: 91-100.

［22］Coffman, C., and M. E. Gregson. Railroad Development and Land Value ［J］. Journal of Real Estate Finance and Economics, 1998（16）: 191-204.

［23］Debrezion, G., E. Pels, and P. Rietveld. The Impact of Railway Stations on Residential and Commercial Property Value: A Meta-analysis ［J］. Journal of Real Estate Finance and Economics, 2007（35）: 161-180.

［24］Diaz, R. B., and V. A. Mclean. Impacts of Rail Transit on Property Values ［C］. American Public Transit Association Rapid Transit Conference Proceedings, 1999: 1-8.

［25］Donaldson, D., and R. Hornbeck. Railroads and American Economic Growth: A "Market Access" Approach ［J］. The Quarterly Journal of Economics, 2016, 131（2）: 799-858.

［26］Duranton, G., and M. A. Turner. Urban Growth and Transportation ［J］. Review of Economic Studies, 2012（79）: 1407-1440.

［27］Faber, B. Trade Integration, Market Size, and Industrialization: Evidence from China's National Trunk Highway System ［J］. Review of Economic Studies, 2014（81）: 1046-1070.

［28］Fogel, R. W. A Quantitative Approach to the Study of Railroads in American Economic-Growth – a Report of Some Preliminary Findings ［J］. Journal of Economic History, 1962（22）: 163-197.

［29］Givoni, M. Development and Impact of the Modern High-speed Train: A

Review [J] . Transport Reviews, 2007, 26 (5): 593-611.

[30] Hensher, D., Z. Li, and C. Mulley. The Impact of High Speed Rail on Land and Property Values: A Review of Market Monitoring Evidence from Eight Countries [J] . Road and Transport Research, 2012 (21): 23-14.

[31] Ke, X., H. Chen, Y. Hong, and H, Cheng. Do China's High-speed-rail Projects Promote Local Economy? -New Evidence from a Panel Data Approach [J] . China Economic Review, 2017 (44): 203-226.

[32] Levinson, D. M. Accessibility Impacts of High Speed Rail [J] . Journal of Transport Geography, 2012 (22): 288-291.

[33] Li, Z., and Y. Chen. Estimating the Social Return to Transport Infrastructure: A Price-difference Approach Applied to a Quasi-experiment [J] . Journal of Comparative Economics, 2013, 41 (3): 669-683.

[34] Preston, J. High Speed Rail in Britain: about Time or a Waste of Time? [J]. Journal of Transport Geography, 2012 (22): 308-311.

[35] Qin, Y. "No County Left Behind?" the Distributional Impact of High-speed Rail Upgrades in China [J] . Journal of Economic Geography, 2017, 17 (3): 489-520.

[36] Rietveld, P., and F. Bruinsma. Is Transport Infrastructure Effective? Transport Infrastructure and Accessibility: Impacts on the Space Economy [M] . Springer Science & Business Media, 2012.

[37] Shaw, S. L., Z. X. Fang, S. W. Lu, and R. Tao. Impacts of High Speed Rail on Railroad Network Accessibility in China [J] . Journal of Transport Geography, 2014 (40): 112-122.

[38] Wang, Y., and B. Z. Wu. Railways and the Local Economy: Evidence from Qingzang Railway [J] . Economic Development and Cultural Change, 2015 (63): 551-588.

[39] Bak, X. F., and G. J. D. Hewings. Measuring Foreclosure Impact Mitigation: Evidence from the Neighborhood Stabilization Program in Chicago[J] . Regional Science & Urban Economics, 2016 (63): 38-56.

[40] Zheng, S., and M. E. Kahn. China's Bullet Trains Facilitate Market Integration and Mitigate the Cost of Megacity Growth [J] . Proceedings of the National Academy of Sciences, 2013, 110 (14): 1248-1253.

第九章　土地市场化与产业结构调整

第一节　引言

　　研究土地市场化问题具有重要的理论意义和政策意义。如果说在经济高速增长阶段，发育不完全、不充分的要素市场尚可支持当时的发展，在高质量发展阶段，要素市场不健全已经成为降低资源流动的成本、实现要素合理配置的主要制约（张军扩等，2019）。党的十九大报告提出，经济体制改革必须以完善产权制度和要素市场化配置为重点。然而，与资本和劳动相比，中国土地要素市场化相对滞后。在国有土地一级市场政府垄断的前提下，政府一直试图通过一系列制度改革，推进土地要素市场化。2002年通过的《招标拍卖挂牌出让国有建设用地使用权规定》，推动了土地出让公开市场的发展。2006年国土资源部制定了《全国工业用地出让最低价标准》，推动工业用地公开出让。2014年，国家发改委和国土资源部联合下发《关于开展深化工业用地市场化配置改革试点工作的通知》，选择辽宁阜新、浙江嘉兴、安徽芜湖、广西梧州4市为试点，深化工业用地市场化配置改革。

　　回顾改革开放以来，中国土地市场化的进程，以下问题需要给出明确的回答：与资本和劳动要素不同，土地生产要素具有特殊性，如何量化土地要素市场化程度，影响土地要素市场化程度的关键因素是什么，土地要素市场化又对经济发展产生了怎样的影响？

　　因此，科学、系统评估土地市场化的效果，有利于凝聚共识，进一步推动土地市场化改革。在现有文献中，李力行等（2016）以城市协议土地出让占比衡量土地配置非市场化程度，讨论了土地市场化对企业层面资源错配的影响，发现协议占比越高，企业资源错配越严重。徐升艳等（2018）讨论了土地市场化对经济增长的影响，认为土地出让市场化通过融资效应和资源配置效应影响经济增长。然而，已有文献缺少对中国土地要素市场化水平的详细评估，特别是缺少讨论土地要素市场化与中国高质量发展之间关系的研究。党的十九大报告将高质量发展界定为"转变发展方式、优化经济结构、转换增长动力"，并赋予了丰富的内涵和外延，其大致可以归结为"产业结构调整"和"经济增长"两个经济学术语。因此，本书试图系统考察中国土地要素市场化水平及其对产业结构调整和经济增长的影响。

本书首先构建了一个土地市场化影响产业结构和经济增长的模型，基于此模型本书提出了三个待验证的假说：第一，随着土地市场化程度的提升，地方政府在土地要素供给方面给予特别待遇部门的相对规模将会下降；第二，如果以劳动生产率的离散程度来表征产业结构的不合理程度，那么，随着土地市场化程度的提升，经济体产业结构的合理化水平将会上升；第三，随着土地市场化程度的提升，经济体的总经济规模会增加，土地市场化程度与经济增长正相关。

其次，本书利用省级面板数据，对上述理论假说进行了验证。虽然在中国不能买卖土地，但可以出让一定期限内的土地使用权。因此，本书土地要素市场化主要指出让方式的市场化。根据已有研究，本书评估了几种度量中国土地市场化程度的指标，尽管这些衡量指标存在缺陷，但是这些指标能够一定程度上反映土地市场化水平。本书发现，平均看中国土地要素市场化程度在不断加深。截至2015年，土地招拍挂宗数占全部出让宗数超过90%，招拍挂出让面积占比接近80%。利用分省分行业的工业发展数据，计算泰尔指数来衡量各省份产业合理化水平，并对土地市场化作回归。实证结果表明土地市场化显著改善了产业结构。控制其他变量后，土地市场化每提高1个标准差则带动泰尔指数降低0.01，是其年均变化值的66.7%。本书使用不同指标衡量产业结构合理化水平，尽可能控制其他影响因素，结果仍然成立。

为检验土地市场化影响产业结构的作用机制，本书研究了土地市场化与投资数量和投资效率之间的关系，发现土地市场化并未提高资本形成率，甚至还降低了资本形成率，说明土地带动的投资数量有所下降；而土地市场化显著增加了企业进入率，表明各市场主体可以更加公平便利地进入土地市场，这激发了竞争效率。因此，土地市场化对产业结构的优化效应，主要来自市场竞争效率的提高。进一步使用中国工业企业数据进行检验，发现土地市场化每提高一个标准差，地区的企业资源错配率降低0.014~0.037，是其标准差的16%~43%，说明土地市场化可以显著提高资源配置效率。

最后，本书考察土地市场化与高质量发展的之间的关系。高质量发展与经济增长并不冲突，高质量发展意味着在优化产业结构的前提下，继续保持经济快速增长。[①] 通过检验了土地市场化、产业结构调整与经济增长的关系，本书发现土地市场化程度每提高 1 个百分点将带动经济增长 0.3%~0.8%。并且，加入产业结构变量后，土地市场化的系数显著性和系数大小均有所下降，说明产业结构调整具有显著的中介作用，土地市场化通过改善产业结构，进而推动经济增长。这表明，土地市场化是推动中国经济高质量发展的一个重要因素，应该进一步大力推动土地要素市场化改革。

本书的边际贡献体现在以下三点：

第一，进一步推动要素市场化配置是重要的经济学课题，已有文献主要关注资本和劳动的市场化配置及其影响，本书重点研究了土地要素市场化及其对产业结构的影响。在中国要素市场化配置方面，已有研究主要关注宏观制度（樊纲等，2011）、金融资本（林毅夫等，2004；Chen 等，2011；王勋和 Johansson，2013；）、劳动力（Chan 和 Zhang，1999；Cai 等，2002；Bosker 等，2018）的市场化。林毅夫等（2004）认为，政策性负担是造成信贷配置"预算软约束"的主要原因。Chen 等（2011）发现，行政干预降低了资本投资效率。王勋和 Johansson（2013）发现，金融抑制阻碍了产业转型。Chan 和 Zhang（1999）发现，户籍制度是中国城市化。工业化战略的重要内容。Cai 等（2002）发现，劳动力市场扭曲造成了区域经济发展不平衡。Bosker 等（2018）发现，废除户籍制度可以提高经济活动集聚，其效果甚至超过高速公路建设。本书则着重考察了作为经济活动（尤其是工业）主要载体——土地的市场化。相对资本和劳动，土地市场化改革进展相对缓慢。许实等（2012）利用 2003~2009 年土地一级市场交易数据，发现全国土地市场化程度总体上升趋势明显，但是区域间差距明显，东部地区市场化程度最高。钱忠好和牟燕（2012）指出，市场化改革的初期（2003~2008 年），城乡土地市场化差异程度较大。本书利用最近的省级面板数据分析土地市场化，进一步从理论和数量上明确土地市场化配置的重要意义。

第二，本书丰富了产业结构影响因素的相关文献。在高质量发展的背景下，产业结构调整问题成为学术研究的一个热点。韩永辉等（2017）讨论了产业政策对产业结构优化的影响，发现产业政策能够提高产业合理化和高度化水平。彭俞超和方意（2016）、张同斌和高铁梅（2016）等文献考察了货币政策和财政政策对产业升级的影响；高波等（2012）、周茂等（2016）关

---

① 一些观点把高质量发展和经济增长对立起来，认为高质量发展必然意味着低速的经济增长。本书并不认同这一观点，本书认为，高质量发展是优化经济结构，继续保持经济增长。如果没有经济增长，很难实现真正的高质量发展。增长速度与发展质量不是此消彼长，相互对立的关系。

注房价变化、贸易自由化与产业升级之间的关系。本书关注要素市场化与产业结构的关系，重点研究土地要素市场化与产业结构转型之间的关系。本书发现，土地要素市场化对产业结构合理化具有重要影响，进一步推动土地要素市场化配置，可以提高产业结构合理化水平。

第三，中国"以地谋发展"的模式，低价出让工业用地，招商引资；高价出让商住用地，弥补财政缺口，通过经营土地促进发展的模式亟待转型。本书认为，这种转型的方向是进一步推动土地要素市场化配置。学术界基本达成共识，要素市场化配置有利于经济增长。但是，关于要素市场化配置影响经济增长的具体机制，仍然没有确切的答案。本书为土地市场化影响经济增长提供了渠道分析。徐升艳等（2018）认为，土地出让市场化通过融资效应和资源配置效应影响经济，本书发现，土地市场化并未显著提高地区的投资数量，但促进了企业更自由进入市场，即在投资数量维持不变（甚至略有降低）的情况下增强了竞争效率。同时，本书还用中国工业企业数据测算了各地区的企业资源错配率，发现土地市场化可以显著提高企业配置效率。面临"土地谋发展"模式的大变局，唯有进一步推进市场化改革。

第二节　土地市场化的文献综述与理论模型

一、关于土地市场化的研究

土地要素市场化配置，是中国经济市场化改革的重要组成部分。在中国，土地主要分为农地和建设用地。本书主要关注城市建设用地市场化问题。在计划经济时期，中国城市建设用地全部由政府通过无偿划拨进行计划性配置。20世纪80年代中期开始，中国城市经营性建设用地逐步由无偿划拨转为有偿出让。2001年中国城市土地出让制度改革全面开启，2002年颁布实施商业用地和住宅用地出让全面招拍挂，2006年底严格要求工业用地的出让招拍挂，中国城市经营性建设用地出让由此正式进入全面市场化阶段。2014年，发改委和国土部下发《关于开展深化工业用地市场化配置改革试点工作的通知》，进一步推动工业用地市场化改革。

一些学者也指出，土地出让市场化带来了丰厚的"土地制度红利"，有利于提高土地资源配置效率，从而促进经济发展（陶然等，2007；刘守英，2018）。徐升艳（2018）等通过构建多个土地出让市场化指标，基于1999~2015年地级市面板数据，指出土地出让市场化不仅通过资源配置效应促进经济增长，还能通过融资效应促进经济增长。但也有学者指出，当前中国土地市场化的进展仍然存在诸多问题。

（1）宏观上，土地指标区域分配不平衡。陆铭等（2015）指出，2003年以来，政府开始实行倾向于中西部的土地供应政策，相应压缩东部的土地供应，造成东部地区房价快速上升，并进而推升了东部地区的工资上涨，而这一效应在中西部地区和2003年前的东部地区则不显著。韩立彬和陆铭（2018）进一步指出，房价上涨分化之谜在于土地的供需错配。

（2）土地市场化带来的地方政府土地财政依赖。土地成为地方政府财政收入的重要来源（蒋省三等，2007）。地方政府通过对土地一级市场的垄断，以低价格取得农业用地，进行平整开发后以高价格出让，可以从中获得数量巨大的土地出让金（孙秀林和周飞舟，2013）。2001~2017年，全国土地出让金总额达到了35.65万亿元，土地出让金占地方政府财政收入的比重迅速走高，其间有13年超过了40%，有7年超过了50%，2010年更是达到了71.7%。另外，地方政府融资平台和企业还通过土地使用权的转让和抵押，获得比土地出让金更多的信贷融资（徐升艳等，2018）。

（3）土地市场化不完善带来的廉价土地引资。地方政府为了追求经济增长进行以地引资，逐底竞争问题（孙秀林和周飞舟，2013；杨其静等，2014）。一些研究发现，在晋升锦标赛体制下，地方官员可能出于发展辖区经济的强烈追求而大量低价出让土地（陶然等，2007；张莉等，2011）。范剑勇和莫家伟（2014）在低价出让背景下，考察了地方政府债务与工业用地之间的关系。

（4）土地市场分割定价可能导致严重的资源错配。地方政府将建设用地分割为工业用地和商业及住宅用地两个市场并采取不同的定价机制，这可能加剧资源配置扭曲（刘凯，2018）。其中，工业用地低价供给、充足供给，而商业及住宅用地的定价逐步由市场决定，商业及住宅用地出让收入成为地方政府收入的重要来源（赵扶扬等，2017）。谢冬水（2018）基于2009~2013年地级土地供给数据，研究认为，大量低价供给工业用地、少量高价供给商住用地造成土地供给结构扭曲，是导致城市化滞后于工业化的一个重要原因。并且，工业用地、商业及住宅用地的市场化程度还存在差异，具体来说，商业及住宅用地的土地市场化程度逐年平稳上升，而工业用地的土地市场化程度相对缓慢（许实等，2012）。

二、关于产业结构变动的文献

产业结构是整个国民经济中全部经济资源在各产业的配置结构，是各产业的构成及各产业之间的联系和比例关系。随着改革的深入和经济发展，越来越多的人认识到，产业结构的合理化与高度化对经济有着不可或缺的作用。

产业结构调整受政府和市场两种力量的交织影响。从政府角度出发的相关研究，主要关注财政分权、产业保护、产业政策等方面，得出的结论不尽相同。沈立人和戴园晨（1990）提出，20世纪80年代实行"分灶吃饭""财政包干"后出现了地方各自为政、各据一方、自求发展的"诸侯经济"格局。马光荣等（2010）也发现，财政分权激励地方政府采取保护政策，影响了中国地区间分工的深化。同时，也有文献证明，产业政策的出台与实施显著促进了产业结构合理化（韩永辉等，2017）。周亚虹等（2015）发现，行政干预对产业初期有利，但在产业扩张阶段却抑制企业研发投入导致同质化竞争。

从市场角度出发的相关研究，主要论证放松管制、市场化改革对产业升级的作用。周业安和赵坚毅（2004）发现，产业发展与市场化程度有着长期均衡关系，市场化进程差异造成了不同地区的产业结构差距。杨继东和杨其静（2018）发现，制度环境显著改善了工业用地在行业间的配置效率。吴利学和刘诚（2018）发现，行政审批改革可以降低政府的干预，从而使得产能更加顺乎市场而不是听命于行政指令，从而化解产能过剩。

也有研究重点关注生产要素的市场化对产业结构和经济效率的影响。Olley 和 Pakes（1996）研究发现，减少政府规制会使得资本流向更有效率的生产领域，提高资源配置效率。王勋和 Johansson（2013）研究发现，金融抑制政策阻碍了经济资源从工业向服务业的流动，造成服务业占比偏低，导致中国产业结构失衡。Garicano 等（2016）发现，法国劳动市场管制使得高效率企业雇用更少的劳动力，限制了企业规模分布。Aghion 等（2008）研究表明，印度强制工业许可制度的取消这一政策对不同地区产生的影响是不同的，在那些劳动市场制度更偏向于雇主的地区，制造业实现了更快速的增长。然而，此类文献也鲜有涉及土地市场对产业结构的影响。

三、土地市场化影响产业结构和经济增长的理论模型

也有文献关注了政府供地与产业结构的关系。李勇刚和罗海艳（2017）发现，土地资源错配强化了以中低端制造业为主导的产业结构刚性，抑制了产业结构从低级形态向高级形态的转变。也有研究发现，地方政府致力于向开发区（贺灿飞等，2010）、重点产业（张莉等，2018）加大招商引资或增加供地，导致地区产业布局分散。但这些文献并未分析土地市场化问题。刘守英（2018）认为，经济发展的内涵是结构变迁，但已有研究主要关注劳动

力配置和资本积累对结构变迁的作用，土地配置在产业结构变迁中的重要性被忽视。

因此，这一节将构建一个简单的理论模型，从理论上证明土地市场化对产业结构和经济增长的影响，并基于此给出本书实证研究将要验证的假说。考虑一个两部门模型，第一部门为地方政府在土地要素方面给予优惠待遇的部门（如大量的制造业企业），即该部门的土地要素以非招拍挂形式出让，土地租金低于市场价格；第二部门为地方政府使用市场化方式（如招拍挂）向其提供土地要素的部门，其土地租金由市场机制来确定。假定两部门的代表性厂商分别采取如下柯布道格拉斯形式的生产函数：

$$Y_1 = A_1 \cdot (K_1)^{\alpha} \cdot (L_1)^{\beta} \cdot (T_1)^{1-\alpha-\beta} \quad\quad (9-1)$$

$$Y_2 = A_2 \cdot (K_2)^{\alpha} \cdot (L_2)^{\beta} \cdot (T_2)^{1-\alpha-\beta} \quad\quad (9-2)$$

其中，Y_i 为第 i 部门的产出，A_i 为第 i 部门的全要素生产率（TFP），K_i、L_i 和 T_i 分别为第 i 部门所投入的资本、劳动以及土地这三种生产要素的数量（i=1，2）。这里假定两部门的要素产出弹性相等是为了简化模型和分析。因为本模型想要证明土地要素供给的非市场化因素会导致产业结构及资源配置效率的扭曲，所以假定：政府向两个部门提供土地要素的市场是分割的（与刘凯（2018）等研究一致），第二部门的土地租金为 r，由相应市场的竞争机制所决定，第一部门的土地租金为 $\theta \cdot r$（$0 < \theta \leq 1$），给定这一低于市场价格的土地租金后，第一部门代表性企业根据利润最大化原则决定土地需求，然后政府根据该需求提供相应的土地供给。因此，参数 θ 可以表征土地要素的市场化程度，其值越大，土地市场化程度越高，当 $\theta=1$ 时，即两部门的土地要素价格都等于市场价格时，土地要素是彻底市场化的。

本书还假定，资本要素可以在两部门之间自由流动。后文中，本书将会介绍，土地要素的非市场化也会影响资本要素在两部门之间的配置，进而影响整体经济效率。为了简化分析，假定两部门的劳动要素需求固定不变：$L_1 = \rho \cdot L$，$L_2 = (1-\rho) \cdot L$，其中 L 是外生给定的总劳动供给，ρ 即为第一部门劳动力所占比重。

因为资本要素可以在两部门之间自由流动，所以，均衡时两部门的资本边际产出应该相等，都等于由市场竞争所决定的资本租金率。做这样的假设是为了简化模型和分析、重点考察土地市场因素对产业结构和经济产出的影响，现实中存在的利率管制等因素自然会导致资本流动受阻和资本错配，但这些因素并不是本书要重点研究的对象，因此本书进行了适当抽象和简化。所以，下列等式应该成立：

$$\alpha \cdot A_1 \cdot (K_1)^{\alpha-1} \cdot (L_1)^{\beta} \cdot (T_1)^{1-\alpha-\beta} = \alpha \cdot A_2 \cdot (K_2)^{\alpha-1} \cdot (L_2)^{\beta} \cdot (T_2)^{1-\alpha-\beta} \quad (9-3)$$

求解两部门的利润最大化问题，可得每一部门的土地边际产出应该要等于相应的土地要素价格，即如下一阶条件应该成立：[①]

$$(1-\alpha-\beta) \cdot A_1 \cdot (K_1)^{\alpha} \cdot (L_1)^{\beta} \cdot (T_1)^{-\alpha-\beta} = \theta \cdot r \qquad (9-4)$$

$$(1-\alpha-\beta) \cdot A_2 \cdot (K_2)^{\alpha} \cdot (L_2)^{\beta} \cdot (T_2)^{-\alpha-\beta} = r \qquad (9-5)$$

根据式（9-3）、式（9-4）、式（9-5），可以推导得到如下两个等式：

$$\frac{K_1}{K_2} = \theta \cdot \frac{T_1}{T_2} \qquad (9-6)$$

$$\frac{T_1}{T_2} = \left[\frac{A_1}{A_2} \cdot \left(\frac{\rho}{1-\rho} \right)^{\beta} \cdot \theta^{\alpha-1} \right]^{\frac{1}{\beta}} \qquad (9-7)$$

另外，资本要素和土地要素的市场出清条件分别为：

$$K = K_1 + K_2 \qquad (9-8)$$

$$T = T_1 + T_2 \qquad (9-9)$$

其中，K 和 T 分别为外生给定的资本总供给和土地总供给。

土地供给的市场化对产业结构和经济增长的影响如何呢？从直观上看，政府以低于市场价格的土地租金向第一部门供给土地要素，似乎有利于第一部门的发展，但第二部门可能面临土地供给不足的问题。另外，式（9-6）表明，土地供给会影响到资本要素的流动，进而对两个部门的产出产生影响。因此，土地市场化对产业结构以及整体经济增长的影响并不是显而易见的，下面本书将在上述模型框架下严格证明，以下 3 个假说是成立的。

假说 1：随着土地市场化程度的提升，地方政府在土地要素供给方面给予特别待遇的部门（即第一部门）的相对规模（无论以资本规模还是产出规模来衡量）将会下降，即：$\dfrac{\partial(K_1 / K_2)}{\partial \theta} < 0$，$\dfrac{\partial(Y_1 / Y_2)}{\partial \theta} < 0$。

证明：根据式（9-3）、式（9-6）和式（9-7），本书可以得到：

$$\frac{K_1}{K_2} = \left(\frac{A_1}{A_2} \right)^{\frac{1}{\beta}} \cdot \frac{\rho}{1-\rho} \cdot \theta^{\frac{\alpha+\beta-1}{\beta}} \qquad (9-10)$$

联立上式以及式（9-1）、式（9-2）、式（9-6），可以得到：

$$\frac{Y_1}{Y_2} = \left(\frac{A_1}{A_2} \right)^{\frac{1}{\beta}} \cdot \frac{\rho}{1-\rho} \cdot \theta^{\frac{\alpha+\beta-1}{\beta}}$$

---

① 本书模型中，二阶条件均满足。

因此可得：

$$\frac{\partial\left(K_1 / K_2\right)}{\partial\theta} = \frac{\partial\left(Y_1 / Y_2\right)}{\partial\theta} = \frac{\alpha+\beta-1}{\beta} \cdot \left(\frac{A_1}{A_2}\right)^{\frac{1}{\beta}} \cdot \frac{\rho}{1-\rho} \cdot \theta^{\frac{\alpha-1}{\beta}}$$

因为，$\alpha+\beta<1$，$0<\theta\ll1$，所以 $\frac{\partial\left(K_1 / K_2\right)}{\partial\theta}<0$，$\frac{\partial\left(Y_1 / Y_2\right)}{\partial\theta}<0$，即假说 1 成立。

假说 1 的直观含义是，随着土地市场化程度的提升，政府给予了土地优惠政策的第一部门所获得的土地要素总量减少、土地要素价格上升，而第二部门所获得土地要素总量上升，这将提升第二部门的资本边际产出。第二部门资本边际产出的增加，会使得资本要素在两部门之间重新进行配置、从第一部门流入第二部门，最终使得第二部门的相对规模（无论以资本规模还是产出规模来衡量）提升。

在现实经济中，正如上文所述，非市场化土地供给的一个重要方面是工业用地，因此假说 1 意味着，土地市场化程度越高，工业部门的相对规模就会越小。在下文的实证研究中，将会看到这些推论与现实情况是相符的。

假说 2：如果以劳动生产率的离散程度来表征产业结构的不合理程度（与下文实证研究所构建的指标在逻辑上一致），那么，在一些合理的模型假定之下，随着土地市场化程度的提升，经济体产业结构的合理化水平将会上升，即：$\frac{Y_1 / L_1}{Y_2 / L_2} \geqslant 1$，且 $\frac{\partial\left(\frac{Y_1 / L_1}{Y_2 / L_2}\right)}{\partial\theta}<0$。

证明：根据式（9-1）、式（9-2）、式（9-6）、式（9-7），本书可以得到两部门的劳动生产率之比满足如下等式：

$$\frac{Y_1 / L_1}{Y_2 / L_2} = \left(\frac{A_1}{A_2}\right)^{\frac{1}{\beta}} \cdot \theta^{\frac{\alpha+\beta-1}{\beta}}$$

正如上文所述，非市场化土地供给的一个重要方面是工业用地，而中国工业企业（或制造业企业）的劳动生产率一般高于服务业部门（王燕武等，2019），也就是说：Y_1/L_1 一般要大于 Y_2/L_2。本书可以通过假设 $A_1 \geqslant A_2$ 得到这一结果：因为 $\alpha+\beta<1$，$0<\theta\leqslant1$，所以 $\theta^{\frac{\alpha+\beta-1}{\beta}}\geqslant1$，当 $A_1 \geqslant A_2$ 时，$\frac{Y_1 / L_1}{Y_2 / L_2} \geqslant 1$ 恒成立。而 $A_1 \geqslant A_2$（即第一部门的 TFP 高于或等于第二部门的 TFP）的假设是较为合理的，因为不少研究表明中国制造业企业的 TFP 的确

是高于服务业部门的（王燕武等，2019；王恕立和刘军，2014）。

另外，本书还可得：

$$\frac{\partial\left(\dfrac{Y_1/L_1}{Y_2/L_2}\right)}{\partial\theta}=\frac{\alpha+\beta-1}{\beta}\cdot\left(\frac{A_1}{A_2}\right)^{\frac{1}{\beta}}\cdot\theta^{\frac{\alpha-1}{\beta}}$$

给定 $\alpha+\beta<1$，$0<\theta\leqslant1$，$A_1\geqslant A_2$，可以证明上式严格小于 0。因此，当土地要素市场化不彻底时，即 $0<\theta<1$ 时，$\dfrac{Y_1/L_1}{Y_2/L_2}$ 严格大于 1，产业结构不尽合理，随着土地要素市场化程度的提升（即 θ 增大），$\dfrac{Y_1/L_1}{Y_2/L_2}$ 不断减小，即两部门劳动生产率的离散程度不断缩小、产业结构的合理化水平不断提升。证毕。

假说 2 的直观含义是，随着土地市场化程度的提升，政府给予了土地优惠政策的第一部门所获得的土地要素总量减少、土地要素价格上升，这通过资源配置效应降低了第一部门的总产出和人均产出，推升了第二部门的总产出和人均产出。两部门的人均产出（或者说劳动生产率）的差距减小，因此以劳动生产率离散程度来表征的产业结构不合理程度会下降。

假说 3：随着土地市场化程度的提升，经济体的总经济规模会增加，土地市场化程度与经济增长正相关，即 $\dfrac{\partial\left(Y_1+Y_2\right)}{\partial\theta}>0$。

证明：为了简化分析，先作如下定义：

$$\left[\frac{A_1}{A_2}\cdot\left(\frac{\rho}{1-\rho}\right)^{\beta}\cdot\theta^{\alpha-1}\right]^{\frac{1}{\beta}}\triangleq\eta$$

$$\left(\frac{A_1}{A_2}\right)^{\frac{1}{\beta}}\cdot\frac{\rho}{1-\rho}\cdot\theta^{\frac{\alpha+\beta-1}{\beta}}\triangleq\lambda$$

根据式（9-7）、式（9-8）、式（9-9）、式（9-10）以及式（9-1）、式（9-2），可以计算得到两部门的均衡产出：

$$Y_1=\left[A_1\cdot\rho^{\beta}\cdot\left(\frac{\lambda}{1+\lambda}\right)^{\alpha}\cdot\left(\frac{\eta}{1+\eta}\right)^{1-\alpha-\beta}\right]K^{\alpha}\cdot L^{\beta}\cdot T^{1-\alpha-\beta}$$

$$Y_2=\left[A_2\cdot\left(1-\rho\right)^{\beta}\cdot\left(\frac{1}{1+\lambda}\right)^{\alpha}\cdot\left(\frac{1}{1+\eta}\right)^{1-\alpha-\beta}\right]K^{\alpha}\cdot L^{\beta}\cdot T^{1-\alpha-\beta}$$

根据上文结论可知，η 和 λ 均为 θ 的减函数，因此上式说明：Y_1 是 θ 的减函数，而 Y_2 是 θ 的增函数，即随着土地市场化程度的增加，第一部门的产出会下降，而第二部门的产出会上升，这与直觉是一致的。那么经济体的 GDP（即 $Y_1 + Y_2$）会如何变化呢？虽然本书的模型已充分简化，但 $\dfrac{\partial(Y_1 + Y_2)}{\partial\theta}$ 的显示解仍然过于复杂、不便于分析，因此本书使用数值模拟的方法来探究土地市场化程度提升对经济总量的净效应。

不失一般性，可假设 $\rho=0.5$，$\alpha=0.5$，$\beta=0.3$，可将 K、L、T 以及 A_2 均标准化为 1。如上文所述，$A_1 \geqslant A_2$ 是合理假设，所以不妨考虑 A_1 取值为 1 或者 1.2 两种情况。随着土地市场化程度不断提升（θ 从 0.1 增加到 1）经济总量如何变化的数值模拟结果如图 9–1 所示。结果显示，无论 A_1 取值为 1 还是 1.2，经济总量皆为土地市场化程度的增函数，即 $\dfrac{\partial(Y_1 / Y_2)}{\partial\theta}>0$。证毕。

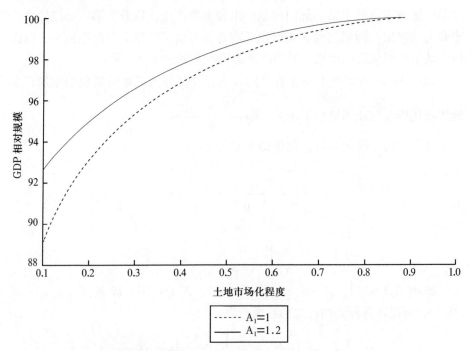

图 9–1　土地市场化程度与 GDP 之间的关系 [1]

假说 3 意味着，随着土地市场化程度的提升，土地要素在两部门之间

---

[1] 土地要素完全市场化情形下的 GDP 被标准化为 100。

的配置将发生变化，由此导致资本要素在两部门之间的配置发生变化，虽然第一部门的产出会下降，但整体资源配置效率得到提升，第二部门产出的增加量要大于第一部门产出的减少量，经济体的总产出因资源配置效率改进而增加。

第三节　土地市场化的数据测度与识别策略

一、估计方程

本书试图利用省级面板数据，讨论土地市场化对产业结构的影响。本书构建如下基本回归方程：

$$industry\_structure_{it} = \beta_0 + \beta_1 landmarket_{it-1} + \lambda X_1 + \alpha_i + t + \varepsilon_{it} \qquad (9-11)$$

式中，$industry\_structure_{it}$ 表示省份 i 在年份 t 的产业结构合理化程度。$landmarket_{it-1}$ 表示省份 i 在年份 t-1 的土地市场化强度，为降低内生性作了滞后一期处理。X_{it} 表示一系列控制变量。α_i、t 分别表示省份和时间固定效应。

二、土地市场化的识别

研究土地市场化的一个难点在于，如何衡量土地要素市场化。已有文献在土地出让市场化程度测度方面做了很多探索工作（钱忠好和牟燕，2012；Liu 等，2016；徐升艳等，2018）。归纳起来，土地出让市场化程度的测度指标包括比例法和权重法两种方法。

（1）比例法。用招拍挂形式出让的土地占全部出让土地的比重来计算。考虑到土地供应不仅有出让（含协议出让与招拍挂出让），也有划拨、租赁等其他方式①，比例法相应有出让比例法和供应比例法两种。另外，该指标既可以用宗数占比，也可以用面积占比。由此可形成 4 种土地市场化测度指标。李力行等（2016）主要使用城市土地出让协议出让占比，研究协议占比土地企业资源配置的影响。

（2）权重法。相较于比例法对市场化指标的度量只考虑土地供应方式与市场化标准的偏离，权重法还考虑土地实际供应价格与市场化标准的偏离。其假设是，如果地方政府干预了土地的出让，那么这种干预程度可以通过土地出让价格与其潜在市场价值的偏离程度反映出来。权重法的具体思路

---

① 非出让方式的土地供应一般都是公共用地、教育用地、基础设施用地等非经营性建设用地。

是，运用土地供应方式和价格加权平均计算土地市场化指标。计算公式为：

$R_t = \sum_{i=1}^{n} Z_i f_i / \sum_{i=1}^{n} Z_i$。其中，$Z_i$ 为城市一级土地市场上各种交易方式供应的土地，f_i 为各种交易方式的价格权重。价格权重的计算，是以某一种市场交易价格为基准，计算其他交易方式实际交易价格与基准交易价格的比值。钱忠好和牟燕（2012）、Liu 等（2016）采用拍卖出让土地价格为基准，本书将各个城市招拍挂出让土地的平均价格作为基准。值得指出的是，工业用地的价格往往不能反映实际拿地成本，因此，权重法虽然在理论层面成立，实际中的局限可能更大。本书把权重法计算的指标作为稳健性检验。

结合中国土地市场化改革以招拍挂制度为代表的现实，6 个指标从不同角度测量了招拍挂的各种占比，以衡量土地市场化程度（见表 9-1）。基于国土资源统计年鉴和中国土地市场网（http://www.landchina.com）土地供应的结果公告数据，计算以上指标。

表 9-1　土地市场化指标定义

变量名	代码	说明
土地出让市场化指标 1	Landmarket 1	比例法，土地招拍挂宗数 / 土地出让宗数
土地出让市场化指标 2	Landmarket 2	比例法，土地招拍挂面积 / 土地出让面积
土地出让市场化指标 3	Landmarket 3	比例法，土地招拍挂宗数 / 土地供应宗数
土地出让市场化指标 4	Landmarket 4	比例法，土地招拍挂面积 / 土地供应面积
土地出让市场化指标 5	Landmarket 5	权重法，按宗数，变化价格权重
土地出让市场化指标 6	Landmarket 6	权重法，按面积，变化价格权重

从图 9-2 可以看出，土地市场化在样本期间总体上处于上升趋势。由于《中国国土资源年鉴》2003 年前只公布招拍挂分项数据的宗数，无面积和价格，故土地市场化指标 1 和指标 3 时间区间介于 1999~2015 年，指标 2 和指标 4 介于 2003~2015 年。1999 年，土地市场化水平较低，取值仅为 0.1 上下，2003 年，4 个指标已经提高到 0.3~0.4，2003~2006 年，土地市场化发展趋稳。2006~2008 年，土地市场化各变量均出现了跳跃式发展，可能原因是 2006 年强化了土地出让政策。[①]2009~2015 年，招拍挂出让占比稳步攀升，2015 年土地招拍挂宗数占全部出让宗数超过 90%，出让面积占比也接近

---

① 杨其静等（2014）发现，国务院在 2006 年发布《国务院关于加强土地调控有关问题的通知》要求"工业用地必须采用招标拍卖挂牌方式出让"，使得工业用地的协议出让比例从 2006 年的 96% 下降为 2008 年的 20%。

80%；招拍挂供应占比涨幅较小，甚至出现在部分年份下滑的现象。同时，可以发现，供应占比衡量的市场化明显低于出让占比，说明无论宗数上还是面积上，均存在大量非出让方式的土地供应，拉低了土地市场化水平。

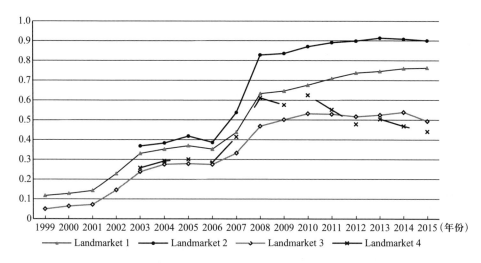

图 9-2　1999~2015 年中国土地市场化水平

三、产业结构合理化的度量

参考已有文献，产业结构合理化是指在现有技术和资源条件下，生产要素得到合理配置，各产业间能协调发展，并能产生良好经济效益的过程。衡量产业结构的三个指标构建的数据来源均为历年《中国工业统计年鉴》，不同于干春晖等（2011）、韩永辉等（2017）使用三大产业数据进行测算，本书计算涵盖工业制造业的 29 个 2 位数行业[①]，测算相对更加精细和准确。

（一）结构偏离度（E）

产业结构合理化指的是产业间的聚合质量，它一方面是产业之间协调程度的反映，另一方面是资源利用效率的展现。有学者用结构偏离度这个指标

[①] 这 29 个行业具体为：专用设备制造业、仪器仪表制造业、农副食品加工业、化学原料和化学制品制造业、化学纤维制造业、医药制造业、印刷和记录媒介复制业、家具制造业、废弃资源综合利用业、文教、工美、体育和娱乐用品制造业、有色金属冶炼和压延加工业、木材加工和木、竹、藤、棕、草制品业、橡胶和塑料制品业、汽车制造业、烟草制品业、电气机械和器材制造业、皮革、毛皮、羽毛及其制品和制鞋业、石油加工、炼焦和核燃料加工业、纺织业、纺织服装、服饰业、计算机、通信和其他电子设备制造业、通用设备制造业、造纸和纸制品业、酒、饮料和精制茶制造业、金属制品业、铁路、船舶、航空航天和其他运输设备制造业、非金属矿物制品业、食品制造业、黑色金属冶炼和压延加工业。

对产业结构的合理化进行衡量。该指标公式如下：

$$E = \sum_{i=1}^{n} \left| \frac{Y_i / L_i}{Y / L} - 1 \right| = \sum_{i=1}^{n} \left| \frac{Y_i / Y}{L_i / L} - 1 \right|$$

其中，E 代表结构偏离度，Y 代表产值，在计算中用产业销售值代替，L 代表平均就业人数，i 代表行业。Y/L 即代表生产率，Y_i/Y 代表产出结构，L_i/L 代表就业结构。如果经济处于均衡状态，那么 $Y_i/L_i=Y/L$，E=0。当 E 越大，代表经济越偏离均衡状态，产业结构越不合理。靳涛和陈嘉佳（2013）用这个指标分析了中央转移支付对地区产业结构的影响。

（二）泰尔指数（TL）

由于结构偏离度指标对各产业"一视同仁"，忽视了各产业在经济中的重要程度存在差别，干春晖等（2011）引入了泰尔指数并将其进行重新定义，作为度量产业结构合理化的指标。具体计算公式如下：

$$TL = \sum_{i}^{n} \left(\frac{Y_i}{Y} \right) \ln \left(\frac{Y_i}{L_i} / \frac{Y}{L} \right)$$

其中，Y 代表产值，在计算中用产业销售值代替，L 代表平均就业人数，i 代表行业，n 代表数据中的总行业数量。Y/L 即代表生产率，Y_i/Y 代表产出结构。同样地，如果经济处于均衡状态，那么 $\frac{Y_i}{L_i} = \frac{Y}{L}$，就会有 TL=0。泰尔指数不为 0，则意味着产业结构偏离了均衡状态，产业结构不合理。

（三）产业结构合理度（SR）

泰尔指数可能忽视了绝对值的真正作用，出现不同产业的偏离度相抵消的情况。韩永辉等（2017）使用如下公式计算一个新指标。

$$SR = -\sum_{i=1}^{n} \left(\frac{Y_i}{Y} \right) \left| \frac{Y_i}{L_i} / \frac{Y}{L} - 1 \right|$$

其中，Y 代表产值，在计算中用产业销售值代替，L 代表平均就业人数，i 代表行业，n 代表数据中的总行业数量。Y/L 即代表生产率，Y_i/Y 代表产出结构。当经济处于平衡状态时，同样有 SR=0。SR 值越大，经济越偏离均衡状态；SR 越小，产业结构越合理。

三个指标的计算方法不同，经济含义也略有差异。干春晖等（2011）、韩永辉等（2017）认为，TL 侧重产业比例关系方面的产业高度化（高级化），E 和 SR 侧重产业间资源配置方面的产业合理化，但他们都将三个指标作为产业结构变迁和产业升级的度量指标。本书借鉴他们的做法，不刻意区分产业高度化和合理化，统一将其视为产业优化的指标。

图 9-3 和图 9-4 使用上述测度，展现了中国工业产业结构合理化程度的

走势。不难看出，样本期间中国各省份产业结构逐渐趋于合理。泰尔指数从期初的 0.3 波动式下滑到期末的 0.15，且在 2012 年后泰尔指数降幅加快。E 和 SR 也呈现相似走势，产业结构在 2007 年出现短暂恶化，2008~2012 年在震荡中改善，而 2012 年后出现直线式改观。

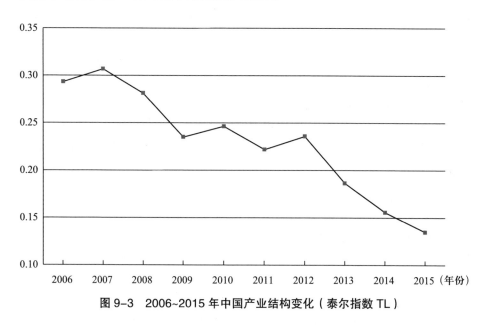

图 9-3　2006~2015 年中国产业结构变化（泰尔指数 TL）

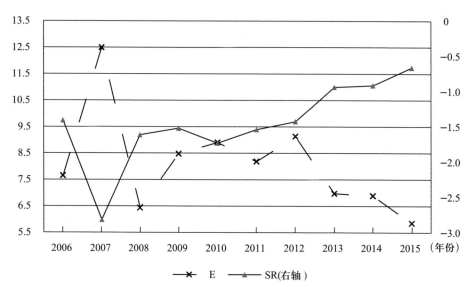

图 9-4　2006~2015 年中国产业结构变化（E 和 SR）

四、其他变量

参照韩永辉等（2017）、彭俞超和方意（2016）等文献，本书控制了可能影响产业合理化程度的其他变量：物价（CPI），各地区消费者物价指数；就业（employment），等于平均就业人数（人）的对数；财政缺口（deficit），等于预算支出–预算收入；出口（export），等于出口总额（万美元）的对数；FDI，即外商投资企业数目的对数。此外，本书还使用了如下变量：企业资源错配率（TFP），使用各地区工业企业生产率离散程度来表示；地理区位（coast），用省会城市到大港口（上海、深圳、天津）的最近直线距离表示；资本形成率（capital）；市场进入率（entry）；工业占比（industry）；经济增长（lngdp）。这些数据来自历年《中国统计年鉴》和中国工业企业数据库。

五、描述性统计

尽管土地市场化测度时间开始于 1999 年，但限于产业结构数据可得性，本书描述性统计和计量回归中所有变量都统一使用 2006~2015 年面板数据。观察表 9–2 结果，比较土地市场化的 4 个指标可以看出，土地招拍挂与土地出让的比值 Landmarket 1 和 Landmarket 2，明显大于土地招拍挂与土地供应的比值 Landmarket 3 和 Landmarket 4，表明土地出让（招拍挂与协议出让）外还存在较多的其他供地方式，而且它们在供应面积和宗数方面的占比都不低，这直接拉低了 Landmarket 3 和 Landmarket 4 的取值。4 个指标的均值介于 0.4~0.8，最大值都接近 1，表明中国各省份土地市场化水平已经较高。

表 9–2　变量描述性统计

变量名称	代码	观察值	均值	标准差	最小值	最大值
土地出让市场化 1	Landmarket 1	300	0.603	0.245	0.070	0.991
土地出让市场化 2	Landmarket 2	300	0.789	0.214	0.085	0.994
土地出让市场化 3	Landmarket 3	300	0.420	0.172	0.060	0.798
土地出让市场化 4	Landmarket 4	300	0.443	0.167	0.042	0.863
土地出让市场化 5	Landmarket 5	300	0.521	0.177	0.088	1.318
土地出让市场化 6	Landmarket 6	300	0.486	0.169	0.098	0.897
泰尔指数	TL	300	0.230	0.223	0.035	1.609
产业结构合理度	E	300	10.934	41.921	−9.385	636.455
产业结构偏离度	SR	300	−1.458	3.599	−29.474	−0.209
物价	CPI	300	0.030	0.021	−0.023	0.101

续表

变量名称	代码	观察值	均值	标准差	最小值	最大值
就业	employment	300	14.146	1.202	11.385	16.514
财政缺口	deficit	300	0.724	0.390	0.050	1.909
出口	export	300	14.308	1.641	10.134	17.984
FDI	FDI	300	8.711	1.343	4.812	11.619
地理区位	coast	300	688.1	510.6	0	2482
资本形成率	capital	300	0.600	0.156	0.359	1.396
市场进入率	entry	238	0.031	0.034	0.001	0.233
工业占比	industry	300	0.474	0.078	0.197	0.590
企业资源错配率	TFP	238	0.936	0.087	0.737	1.271
经济增长	lngdp	300	9.308	0.934	6.475	11.196

由于指标设计不同，3 个产业结构合理化变量的取值差异较大。它们的最大值与最小值之间差距很大，表明地区间差异较大。其中，TL 取值相对平稳，标准差与均值差异不大，E 和 SR 的标准差都是均值的若干倍。其他变量的描述性统计结果如表 9-2 所示，不再赘述。

第四节　土地市场化与产业结构调整

一、基本回归

三个产业合理化指标 TL、E 和 SR 的大致趋势相同，具有一定的相关性，完全重复相关检验的必要性不大。同时，TL 的数值较小、波动也较小，数据较为平稳，而 E 和 SR 的标准差和极差都非常大，故相比较而言 TL 回归过程中较少受到异常值以及其他潜在冲击的影响。因此，本书主要使用泰尔指数 TL 进行检验，E 和 SR 作为稳健性检验使用。

基本回归结果如表 9-3 所示。可以发现，上文提出的假说 2 是成立的，土地市场化促进产业结构合理化，4 个市场化指标都显著为负，系数在 0.05 左右，说明土地市场化每提高 1 个标准差（约 16.7~24.5 个百分点）则带动泰尔指数降低 0.01。实际上，泰尔指数变化较为平缓，2006~2015 年平均仅从 0.30 降到 0.15，平均每年下降约 0.015，可见土地市场化大约可以解释 66.7% 的产业结构合理化升级。正如本书在上文理论模型中所阐释的，土地要素市场化能够促进产业结构合理化的关键机制是，它促进了土地要素在不同部门之间的优化配置，并进而带动了资本要素在不同部门之间的优化配置，这使得不同部门之间的劳动生产率差距不断缩小。

表 9-3　土地市场化对泰尔指数的影响

	（1）	（2）	（3）	（4）
	TL	TL	TL	TL
Landmarket1	−0.045*			
	（0.023）			
Landmarket2		−0.066***		
		（0.024）		
Landmarket3			−0.051*	
			（0.029）	
Landmarket4				−0.034*
				（0.021）
CPI	0.692***	0.628***	0.747***	0.575***
	（0.176）	（0.178）	（0.172）	（0.138）
employment	−0.039	−0.024	−0.037	−0.050*
	（0.034）	（0.035）	（0.034）	（0.027）
deficit	0.0770	0.100*	0.083	0.045
	（0.057）	（0.057）	（0.057）	（0.047）
export	−0.036***	−0.033***	−0.038***	−0.033***
	（0.011）	（0.011）	（0.011）	（0.009）
FDI	−0.030**	−0.018	−0.032**	−0.022**
	（0.013）	（0.014）	（0.013）	（0.011）
cons	1.461***	1.122***	1.470***	1.534***
	（0.397）	（0.430）	（0.400）	（0.548）
年份固定效应	yes	yes	yes	yes
省份固定效应	yes	yes	yes	yes
R^2	0.532	0.516	0.456	0.438
观测值 N	300	300	300	300

注：括号中报告的是稳健标准误，Cluster 到省份。"yes" 表示控制了相关变量，*、**、*** 分别表示 10%、5% 和 1% 的显著性水平，R^2 是组内 R 平方。

控制变量的系数总体上较为显著，也基本上与经济学直觉相吻合。出口、FDI 可以显著提升产业合理化水平，与韩永辉等（2017）结果相一致。

商品价格的系数为正，说明扩大了产业结构不合理的程度，即对产业结构合理化的作用为负，韩永辉等（2017）使用居民消费变量也发现相似结论。本书还发现，财政赤字、就业人数对产业结构的影响并不显著。

二、异质性检验

土地市场化对产业结构合理性的影响可能具有异质性。从时间上来看，样本期间（2006~2015 年）主要发生了 2008 年全球金融危机和 2012 年底党的十八大召开两件大事，本书分别检验 2008 年和 2013 年前后土地市场化的不同影响。设立 year2008 和 year2013 两个虚拟变量，它们分别在 2008~2012 年和 2013 年后取值为 1，并将它们与市场化变量交乘后放入计量方程，实证结果如表 9-4 所示。

表 9-4 土地市场化对产业结构调整的动态效应

	（1） TL Landmarket 1	（2） TL Landmarket 2	（3） TL Landmarket 3	（4） TL Landmarket 4
土地市场化	−0.035 （0.029）	−0.082** （0.038）	−0.042 （0.037）	−0.062* （0.033）
土地市场化 *year2008	0.016 （0.019）	0.024 （0.015）	0.021 （0.029）	0.040 （0.029）
土地市场化 *year2013	−0.054*** （0.013）	−0.044*** （0.011）	−0.081*** （0.022）	−0.077*** （0.024）
控制变量	yes	yes	yes	yes
年份固定效应	yes	yes	yes	yes
省份固定效应	yes	yes	yes	yes
R^2	0.467	0.490	0.464	0.456
观测值 N	300	300	300	300

注：括号中报告的是聚类在省份层面的稳健标准误，"yes"表示控制了相关变量，*、**、*** 分别表示 10%、5% 和 1% 的显著性水平。

计量结果显示，2008 年前后土地市场化对产业结构合理性的作用并无显著变化，说明在地方政府大量释放土地拉动投资以保增长的政策冲击下，土地市场化对产业结构的作用却未受其影响，表明短期政策波动不会对长期市场化改革产生干扰。

2013年后，各级政府深化了土地要素市场改革，尤其是增强了改革的实际执行力度，对于涉及腐败者严惩不贷。表9-4结果显示，2013年后土地市场化对产业结构的优化作用显著增强。这说明，尽管随着改革步入深水区，土地市场化程度已经较高，进一步改革的步伐也趋于平稳（见图9-2），但土地市场化的作用不降反升。由此发现，土地市场化改革的作用会随着改革的深化而递增。

三、稳健性检验

（一）内生性讨论

上述回归中，土地市场化可能存在内生性问题。比如，产业结构合理化可能对土地市场化具有反向因果，也可能存在共同影响产业结构和土地市场化的遗漏变量。同时，本年度产业结构可能受到上年度影响，所以需要控制产业结构的滞后项。为此，本书使用两种方法处理内生性：一是系统GMM方法；二是工具变量2SLS方法。

表9-5结果显示，上一年度的产业结构对当年的产业结构合理化程度的影响为正，但显著性不高，只有当年土地出让宗数比值的两个变量Landmarket 1和Landmarket 3作为主要解释变量时，滞后一期产业合理化变量（L.TL）的系数才在5%和10%水平上显著。4个土地市场化变量在系统GMM估计下，全部显著为负，显示了结果的稳健性。相较于表9-3，宗数比值的两个变量Landmarket 1和Landmarket 3系数绝对值明显增大，面积比值的两个变量Landmarket 2和Landmarket 4系数绝对值却降低。这也说明，不同土地市场化指标的作用趋势相同，都能提高产业结构合理化，但具体作用大小存在一定差异。

表 9-5　系统 GMM 回归结果

	（1） TL	（2） TL	（3） TL	（4） TL
L.TL	0.149*** （0.047）	0.065** （0.033）	0.101* （0.054）	0.029 （0.052）
Landmarket 1	−0.139*** （0.027）			
Landmarket 2		−0.027** （0.012）		

续表

	（1） TL	（2） TL	（3） TL	（4） TL
Landmarket 3			−0.146*** （0.035）	
Landmarket 4				−0.030** （0.014）
控制变量	yes	yes	yes	yes
年份固定效应	yes	yes	yes	yes
省份固定效应	yes	yes	yes	yes
观测值 N	270	270	270	270
AR（2）	0.2801	0.2696	0.2453	0.1822
Hansen	0.9469	0.9543	0.9152	0.4680

注：AR（2）表示二阶序列相关的 Arrelano-Bond 检验的 p 值，该检验的原假设为误差项的一阶差分不存在序列相关。Hansen 表示工具变量有效性的 Hansen 检验的 p 值，该检验的原假设为所选取的工具变量满足矩条件。

　　本书使用到海岸线距离（coast）作为土地市场化的工具变量。Hall 和 Jones（1999）把各个国家到赤道的距离作为制度的工具变量，他们认为到赤道的距离大致反映了各国受西方影响的深浅，从而可以反映不同制度的变化。王媛和杨广亮（2016）基于 2003~2008 年中国地级市数据，使用到大港口或中心城市的地理距离作为城市经济禀赋的外生变量，发现地理禀赋越差，地方政府越多干预土地出让。参照许政等（2010）、王媛和杨广亮（2016）的做法，测算省会城市到大港口（上海、深圳、天津）的最近直线距离，表示地区的地理禀赋。

　　2SLS 回归结果如表 9-6 所示。从第一阶段回归可以发现，省会城市到大港口距离显著降低了土地市场化程度；从第二阶段回归结果看，土地市场化指标的系数基本都显著为负，证明了在工具变量回归下，土地市场化显著提高产业结构合理化水平。

表 9-6　2SLS 回归结果

	（1）	（2）	（3）	（4）	（5）	（6）	（7）	（8）
	Landmarket 1		Landmarket 2		Landmarket 3		Landmarket 4	
	第一阶段	第二阶段	第一阶段	第二阶段	第一阶段	第二阶段	第一阶段	第二阶段
Ⅳ：coast	−0.00017*** （0.00004）		−0.00009** （0.00004）		−0.00013*** （0.00003）		−0.00005* （0.00003）	

续表

	（1）	（2）	（3）	（4）	（5）	（6）	（7）	（8）
	Landmarket 1		Landmarket 2		Landmarket 3		Landmarket 4	
	第一阶段	第二阶段	第一阶段	第二阶段	第一阶段	第二阶段	第一阶段	第二阶段
土地市场化		−0.070***		−0.133		−0.092***		−0.128***
		（0.015）		（0.159）		（0.012）		（0.025）
控制变量	yes	yes	yes	yes	yes	yes	yes	yes
年份固定效应	yes	yes	yes	yes	yes	yes	yes	yes
观测值 N	300	300	300	300	300	300	300	300

注：由于工具变量 coast 仅随省份个体而变化，故 2SLS 回归未控制省份固定效应，只控制时间固定效应。

（二）更换产业结构变量的结果

本书计算的 E、TL、SR 三个指标都被广泛作为产业结构的度量方法（干春晖等，2011；靳涛和陈嘉佳，2013；韩永辉等，2017），都可以表示产业结构的合理化程度，但又有一定的差异（韩永辉等，2017）。本书主要以 TL 作为被解释变量进行实证分析，为保持结论稳健性，在此呈现 E 和 SR 的部分结果，如表 9-7 所示。可以看出，使用 E 和 SR 表示产业结构时，土地市场化指标的系数仍然非常显著，大多在 1% 水平之上。从系数大小来看，当 E 作为被解释变量时，土地市场化变量系数都为负，绝对值大小介于 30~60，说明土地市场化每增加一个标准差（约 0.2）则 E 减小 6~12，是其均值（10.934）的 55%~110%，是其标准差（41.921）的 14%~28%；当 SR 作为被解释变量时，土地市场化变量系数都为正，大小介于 0.4~5.2，分别是其均值和标准差的 27%~357%、11%~144%，充分表明不论相对于产业结构合理化的均值还是标准差，土地市场化的作用系数均较大。

表 9-7 E 和 SR 对土地市场化的回归结果

	FE				GMM			
	（1）E	（2）E	（3）SR	（4）SR	（5）E	（6）E	（7）SR	（8）SR
Landmarket 1	−45.62***		2.713***		−59.57***		0.381***	
	（15.340）		（0.892）		（4.629）		（0.110）	
Landmarket 2		−45.19***		2.320**		−33.40***		5.194***
		（16.044）		（0.937）		（6.135）		（0.369）
控制变量	yes	yes	yes	yes	yes	yes	yes	yes
观测值 N	300	300	300	300	270	270	270	270

此外，本书还使用价格权重计算 Landmarket 5 和 Landmarket 6 两个土地市场化指标重复上文主要回归，进行稳健性检验。遗憾的是，这两个指标显著性较低，与上文结论并不完全一致。表明价格权重下的土地市场化并未充分提升产业结构合理性，对比前 4 个市场化指标，其原因可能是工业用地的价格往往不能反映实际拿地成本，以此扭曲的价格对权重计算市场化程度有很大的局限性，并不能反映真实的土地市场化程度。本书在实际调研中发现，虽然 2006 年工业用地出让最低限价政策出台后，地方政府出让工业用地受到约束，但地方政府面临招商引资的压力，表面上工业用地出让价格以市场化价格进行，但引资后通常会进行相应补贴，表现为直接提供政府补贴、税收减免等形式。因此，本书认为，以价格权重计算土地市场化指标很可能失真，这一点也有待未来进一步讨论。

第五节　土地市场化影响产业结构的机制分析

一些学者指出，土地出让市场化，带来了丰厚的"土地制度红利"，有利于提高土地资源配置效率，从而促进了经济发展（陶然等，2007；刘守英，2018）。徐升艳等（2018）认为，土地出让市场化通过融资效应和资源配置效应影响经济。结合本书的理论模型，本书从土地市场化对投资数量、竞争效率展开分析，并从企业层面检验土地市场化与资源配置效率的关系。

一、扩大了投资还是提高了竞争效率

一方面，土地市场化推高了地价，这可能增加土地出让金和土地抵押融资额（Qin 等，2016），带来融资规模扩张（徐升艳等，2018），从而促进产出规模扩张和规模经济效应。刘守英（2018）认为，中国经济发展经历了以地引资、以地生财、以地融资等多个阶段，土地资本化始终是产业结构跃迁的重要力量。

另一方面，土地市场化使得不同企业可以较公平地获取土地，企业基于自身发展需要选择地块，遵循"价高者得"的市场规律，增加了市场竞争。一直以来，中国地方政府的行政资源配置往往倾向于大企业，尤其是国有企业，是特惠制（Bai 等，2014）。因此，土地市场化在事实上降低了行业准入门槛，一些高效率的企业不再因土地方面的壁垒而对某些行业望而却步。2019 年 10 月 22 日，国务院颁布《优化营商环境条例》明确指出，最大限度减少政府对市场资源的直接配置，最大限度减少政府对市场活动的直接干预，保障各类市场主体平等使用土地等生产要素、平等享受国家在土地供应等方面的支持政策。

因此，土地市场化提高产业结构合理化的具体渠道可能有两个：一是"扩张效应"，即提高了投资数量，这可能带来规模经济；二是"竞争效应"，即降低了企业准入门槛，进而提高了市场进入率。需要说明的是，此处的"竞争效应"并非"选择效应"。不可否认，如果只是选择部分潜质企业进入市场，那么即便没有土地市场化改革，这些企业照样也会提高整体经济的发展质量，也即存在"选择效应"而非"因果效应"。但事实恰恰相反，市场化改革的本质正是打破少数企业在土地获取方面的特权，摒除歧视性的人为选择，赋予各类市场主体在土地市场的同等竞争权力。也就是说，如果没有市场化改革，享有补贴优势的企业占据土地优势，一些高质量企业因存在较高的土地壁垒，只有通过改革才能释放这些企业进入市场。因此，市场化改革导致高效率企业进入市场这一"选择效应"，并未否定改革对经济发展的因果关系。

本书对这两个渠道进行实证检验，依次使用资本形成率（capital）和市场进入率（entry）两个变量作为被解释变量，其中，entry 采用 2007~2013 年中国工业企业数据库，参照毕青苗等（2018）、Brandt 等（2012）的做法，使用各省份当年开工企业数量与企业总数量的占比表示。从表 9-8 可以发现：①土地市场化之后，投资率反而降低了，说明"扩张效应"并不成立；②上文提出的假说 1 得到了验证，土地市场化促进了企业市场进入，这可能具有选择效应，使得更高效的企业进入市场，导致市场竞争效率提高，证明了"竞争效应"。当然，这里直接证明的是土地市场化可以促进企业进入市场，并不能将其与产业结构优化简单地画等号，下面需要继续从市场资源配置角度进行检验。

表 9-8　土地市场化对资本形成率及市场进入的影响

	（1）capital	（2）capital	（3）capital	（4）capital	（5）entry	（6）entry	（7）entry	（8）entry
Landmarket 1	−0.125***（0.028）				0.026***（0.004）			
Landmarket 2		−0.139***（0.047）				0.008*（0.004）		
Landmarket 3			−0.156***（0.039）				0.017***（0.003）	

续表

	（1）capital	（2）capital	（3）capital	（4）capital	（5）entry	（6）entry	（7）entry	（8）entry
Landmarket 4				0.065				0.029***
				（0.048）				（0.005）
控制变量	yes	yes	yes	yes	yes	yes	yes	yes
年份固定效应	yes	yes	yes	yes	yes	yes	yes	yes
省份固定效应	yes	yes	yes	yes	yes	yes	yes	yes
R^2	0.617	0.619	0.614	0.615	0.465	0.466	0.465	0.464
观测值 N	300	300	300	300	238	238	238	238

注：括号中报告的是聚类在省份层面的稳健标准误，"yes"表示控制了相关变量，*、**、*** 分别表示 10%、5% 和 1% 的显著性水平。

二、产业间的土地配置效率

历史地看，非市场化土地供给更多地表现在工业用地供应上。为了招商引资和拉动经济增长，地方政府倾向于低价出让工业用地（陶然等，2007；张莉等，2011；孙秀林和周飞舟，2013；杨其静等，2014；刘凯，2018）。也就是说，工业部门比服务业更容易获得更多土地，产业间存在差别化待遇。那么，土地市场化改革则让不同产业的土地准入趋于平等。相对服务业而言，工业用地的价格提高、数量降低，这可能抑制工业部门过度扩张，最终表现为工业增加值占 GDP 的比重下滑、服务业占比提升，改善土地在产业间的配置效率。

为此，以工业占比（industry）作为被解释变量进行实证检验，回归结果如表 9-9 第（1）~（4）列所示。4 个土地市场化指标均显著为负，系数大小差别不大，都约为 0.03，表明土地市场化每提高一个标准差（约 0.2）则工业占比降低 0.6 个百分点，证明土地市场化确实可以改变二三产业间的土地配置，并促使土地流向服务业，优化产业结构。这一结果进一步证实了上文提出的假说 1 及相关推论。

表 9-9　土地市场化对产业、企业资源配置的影响

	（1）industry	（2）industry	（3）industry	（4）industry	（5）TFP	（6）TFP	（7）TFP	（8）TFP
Landmarket 1	−0.027**				−0.068**			
	（0.012）				（0.029）			

续表

	（1）industry	（2）industry	（3）industry	（4）industry	（5）TFP	（6）TFP	（7）TFP	（8）TFP
Landmarket 2		−0.027*				−0.186***		
		（0.015）				（0.057）		
Landmarket 3			−0.037**				−0.112***	
			（0.014）				（0.040）	
Landmarket 4				−0.026**				−0.106**
				（0.012）				（0.044）
控制变量	yes	yes	yes	yes	yes	yes	yes	yes
年份固定效应	yes	yes	yes	yes	yes	yes	yes	yes
省份固定效应	yes	yes	yes	yes	yes	yes	yes	yes
R^2	0.570	0.567	0.572	0.569	0.301	0.265	0.264	0.249
观测值 N	300	300	300	300	238	238	238	238

注：括号中报告的是聚类在省份层面的稳健标准误，"yes"表示控制了相关变量，*、**、*** 分别表示 10%、5% 和 1% 的显著性水平。

三、企业资源配置效率

土地非市场化配置，将扭曲市场机制，使企业不能有效捕捉市场机会，导致企业资源配置效率较低。田传浩和方丽（2019）发现，中国在供地方式、用地价格等方面偏向大企业，具有累退税性质，形成"伪规模经营"，导致配置效率损失。上文也已证实土地市场化提高了市场进入率，可能提高了竞争效率。在此，本书使用 2006~2013 年中国工业企业数据，检验土地市场化对企业资源配置效率的影响。

参考聂辉华等（2012）、李力行等（2016）、江艇等（2018）的做法，计算企业生产率离散程度来度量配置效率，离散程度越高表示配置效率越低。首先，使用 OP 方法计算企业全要素生产率。由于 OP 方法采用半参数估计，规避了普通 OLS 方法的生产函数形式设定问题，并且解决了同时性偏差和选择性偏差问题。其次，计算各个地区两位数行业的生产率离散程度。进而，以地区各个行业的收入份额作为权重，将地区行业的生产率离散指标加总到地区层面，作为企业资源配置效率的代理变量（TFP），显然该值越大，说明该地区企业生产率差异越大、资源配置效率越低。需要说明的是，对企业生产率离散程度指标，常见的是使用生产率的标准差和分位差（Syverson，2004；江艇等，2018），本书选择标准差作为反映企业生产率离散程度的被解释变量。

表9-9第（5）~（8）列呈现了回归结果，4个土地市场化变量的系数都显著为负，表明土地市场化可以显著降低地区的企业生产率离散程度，提高企业资源配置效率。系数大小介于0.068~0.186，表明土地市场化每提高一个标准差则企业资源错配率降低0.014~0.037，是其均值（0.936）的1.5%~4.0%，是其标准差（0.087）的16%~43%，说明土地市场化可以较大程度上解释企业配置效率的地区差异。这一结果与上文市场进入率的检验相一致，证明土地市场化使得不同企业可以公平进入土地市场及各行业，提高了企业投资竞争效率，使得市场资源配置更加高效，最终导致产业结构更加合理。

四、经济增长

改善产业结构，归根结底是为了经济高质量发展。当土地由廉价的协议出让转变为高价的招拍挂时，是否动摇了中国经济增长的廉价要素红利？有学者认为，廉价劳动力、廉价土地恰是中国改革开放以来长期增长的"比较优势"。那么，土地市场化真的是放弃了赖以增长的优势吗？会影响中国的增长前景吗？

本书使用GDP自然对数（lngdp）对土地市场化作回归，结果如表9-10的Panel A所示。不难发现，土地市场化的4个指标全部在1%水平上显著为正，系数大小在0.3~0.8，表明土地市场化程度每提高1个百分点将带动经济增长0.3%~0.8%，证明了土地市场化可以促进整体经济增长，上文提出的假说3得到验证。

本书进一步考察产业结构合理化的中介作用。参照Baron和Kenny（1986）的经典方法，具体分为三步：①产业结构合理化对土地市场化作回归；②经济增长对土地市场化作回归；③经济增长同时对土地市场化和产业结构合理化作回归。其中，第一步在表9-3已经详述，第二步即表9-10的Panel A。本书重点观察第三步的结果，如果土地市场化对经济增长的作用减少但仍处于显著水平，说明产业结构合理化存在部分中介作用；如果土地市场化对经济增长的作用不再显著，说明产业结构合理化存在完全中介作用。

加入产业结构作为中介变量后，回归结果如表9-10的Panel B所示。可以发现，土地市场化的系数值均略有下降，说明产业结构具有部分中介效应。根据土地市场化对TL的作用系数约为0.05，从表9-10可知TL对经济增长的作用系数约为1.2，两者相乘可以得出土地市场化通过提升产业结构而促进增长的作用系数约为0.06，即土地市场化程度每提高1个百分点则可通过产业结构合理化而拉动经济增长 0.06%。郑若谷等（2010）发现，第三产业增加值占 GDP 比重每增加 1 个百分点则可以拉动经济规模扩大 0.06 个百分点。可见，土地市场化通过提高产业结构合理化而拉动经济增长，与第三产业占比提高对经济增长的作用相当。本书还进行了 Sobel 检验，4 个土地市场化指标对应的 Sobel 检验 Z 统计量均较大，都在 1% 水平上显著，证明了中介效应的存在。

而且，泰尔指数的系数均显著为负，表明泰尔指数越低、产业结构越趋于合理时，对经济增长拉动力越强，这证明了产业结构调整和经济增长之间并不矛盾。

表 9–10　土地市场化对经济增长的影响

	（1） lngdp	（2） lngdp	（3） lngdp	（4） lngdp
Panel A：土地市场化对经济增长的直接作用				
Landmarket 1	0.647*** （0.060）			
Landmarket 2		0.738*** （0.060）		
Landmarket 3			0.807*** （0.077）	
Landmarket 4				0.398*** （0.077）
Panel B：产业结构的中介效应				
TL	−1.136*** （0.285）	−1.033*** （0.233）	−1.133*** （0.275）	−1.297*** （0.310）
Landmarket 1	0.600*** （0.084）			
Landmarket 2		0.682*** （0.083）		
Landmarket 3			0.746*** （0.091）	
Landmarket 4				0.353*** （0.099）

续表

	（1） lngdp	（2） lngdp	（3） lngdp	（4） lngdp
控制变量	yes	yes	yes	yes
年份固定效应	yes	yes	yes	yes
省份固定效应	yes	yes	yes	yes
观测值 N	300	300	300	300
Sobel Z	4.074*** （0.0000）	4.545*** （0.0000）	3.552*** （0.0004）	2.664*** （0.0077）

注：括号中报告的是聚类在省份层面的稳健标准误，"yes"表示控制了相关变量，*、**、***分别表示 10%、5% 和 1% 的显著性水平。Sobel Z 表示 Sobel 检验的 Z 统计量结果，括号中报告的是 P 值。

第六节　结论

改革开放以来，中国产业结构的调整几乎与市场化改革同步进行，1981年的"六五"规划到现在的"十三五"规划均将产业升级作为经济发展的重要内容，改革一直在路上，调整结构也一直没有间断。市场化改革对增长的作用毋庸置疑，相关研究也汗牛充栋，但对于产业结构的作用又如何呢？本书通过度量土地市场化程度，讨论土地市场化对产业结构合理化和经济高质量发展的影响。

资本、劳动和土地是最重要的生产要素。与资本和劳动相比，土地要素市场化相对滞后。然而，在国有土地一级市场政府垄断的前提下，中国通过一系列制度改革，稳步推进土地要素市场化。本书构造了土地招拍挂宗数占出让宗数的比例、土地招拍挂面积占出让面积的比例、土地招拍挂宗数占供应宗数的比例、土地招拍挂面积占供应面积的比例 4 个土地市场化指标，发现在 2006~2015 年中国各省市土地市场化程度稳步攀升，4 个指标的均值介于 0.4~0.8，最大值都接近 1，表明中国各省份土地市场化水平已经较高。

本书利用分省分行业的工业发展数据，计算泰尔指数等指标，以此衡量各省份产业合理化水平，并对土地市场化作回归，结果发现，土地市场化每提高 1 个标准差则带动泰尔指数降低 0.01，是其年均变化值的 66.7%，证明土地市场化显著改善了产业结构，这与本书理论模型的预测也是一致的。本书进而检验了 2008 年和 2013 年前后土地市场化作用的动态差异，发现

2008 年后实施的产业振兴和经济刺激等政策并未影响土地市场化改革的作用；2013 年后，随着改革的全面深化，土地市场化的作用得以增强。对工业和商业用地分别进行检验后发现，工业用地市场化对产业结构的推动作用总体上更强，但商业用地在面积占比市场化指标上的实际作用更大。本书进一步考察了各地区产业和市场特征对土地市场化作用的异质性影响，并用系统GMM 和 2SLS 方法处理了内生性问题。

土地市场化通过何种机制或途径影响产业结构呢？本书认为有两种潜在可能：一是土地市场化推高地价，增加土地出让金和土地抵押融资额，带来融资规模扩张，从而促进产出规模扩张和规模经济效应，即"扩张效应"；二是土地市场化在事实上降低了私营企业的行业准入门槛，一些高效率的私企不再因土地方面的壁垒而对某些行业望而却步，即"竞争效应"。经过实证检验发现，土地市场化后，投资率反而降低了，即否认了"扩张效应"，并且促进了企业进入市场，这可能具有选择效应，导致投资效率提高，即更高效的企业进入市场，支持了"竞争效应"。为进一步验证这一机制，本书使用 2006~2013 年中国工业企业数据，检验土地市场化对企业资源配置效率的影响，发现土地市场化可以显著降低地区的企业生产率离散程度，提高企业资源配置效率。这表明土地市场化使得不同企业可以公平进入土地市场及各行业，提高了企业投资竞争效率，使得市场资源配置更加高效，最终导致产业结构更加合理。

最后，本书考察了土地市场化对经济增长的影响。改善产业结构，归根结底是为了经济高质量发展。一些观点认为土地市场化可能会提高地价，损害中国长期所依赖的廉价生产要素这一"比较优势"，也有学者认为，结构调整必然以牺牲增长为代价。但本书发现，土地市场化对经济增长的作用是正向的，说明其总体上并未破坏"比较优势"，而且更重要的是，本书发现，产业结构合理化水平的提高可以显著拉动经济增长率，结构调整和经济增长之间并不矛盾。同时，对于经济增长而言，产业结构对土地市场化具有部分中介效应，即土地市场化通过产业结构优化而推动经济高质量增长。

本书通过理论模型和实证研究证明了，中国土地要素供给的市场化改革在过去促进了产业结构调整和经济增长。本书的研究有如下政策含义：

第一，发挥市场在配置资源中的决定性作用，不可忽视土地市场的作用，在土地改革滞后于劳动力、资本等其他要素市场改革的情况下，土地改革的潜力较大。

第二，2001 年城市土地改革开启、2002 年商业和住宅用地全面招拍挂、

2006年工业用地招拍挂，这些改革举措对产业结构改进和经济增长的效果非常好，但最近几年土地市场化改革进入深水区，相关部门应下更大的改革决心，需对土地市场化作出更加深入和细致的改革，因地制宜地推出更多土地市场化举措。

第三，招拍挂占土地出让的比例已经达到90%，但土地出让之外还存在划拨、租赁等多种方式的土地供应，所以下一步土地市场化改革应尽量覆盖包括非出让方式在内的所有土地供应。

第四，加强服务业相对于工业、民营企业及国有企业在土地获取上的公平性，加大产业竞争和企业竞争，提高土地市场竞争效率，以促进经济高质量发展。

参考文献

［1］樊纲，王小鲁，马光荣.中国市场化进程对经济增长的贡献［J］.经济研究，2011（9）.

［2］范剑勇，莫家伟.地方债务，土地市场与地区工业增长［J］.经济研究，2014（1）.

［3］干春晖，郑若谷，余典范.国产业结构变迁对经济增长和波动的影响［J］.经济研究，2011（5）.

［4］高波，陈健，邹琳华.区域房价差异、劳动力流动与产业升级［J］.经济研究，2012（1）.

［5］贺灿飞，朱彦刚，朱晟君.产业特性，区域特征与中国制造业省区集聚［J］.地理学报，2010（10）.

［6］韩立彬，陆铭.供需错配：解开中国房价分化之谜［J］.世界经济，2018（10）.

［7］韩永辉，黄亮雄，王贤彬.产业政策推动地方产业结构升级了吗——基于发展型地方政府的理论解释与实证检验［J］.经济研究，2017（8）.

［8］靳涛，陈嘉佳.转移支付能促进地区产业结构合理化吗——基于中国1994—2011年面板数据的检验［J］.财经科学，2013（10）.

［9］蒋省三，刘守英，李青.土地制度改革与国民经济成长［J］.管理世界，2007（9）.

［10］江艇，孙鲲鹏，聂辉华.城市级别、全要素生产率和资源错配［J］.管理世界，2018（3）.

［11］雷潇雨，龚六堂.基于土地出让的工业化与城镇化［J］.管理世界，

2014（9）.

[12] 李力行，黄佩媛，马光荣.土地资源错配与中国工业企业生产率差异 [J].管理世界，2016（8）.

[13] 李勇刚，罗海艳.土地资源错配阻碍了产业结构升级吗——来自中国 35个大中城市的经验证据 [J].财经研究，2017（9）.

[14] 林毅夫，刘明兴，章奇.政策性负担与企业的预算软约束：来自中国的 实证研究 [J].管理世界，2004（8）.

[15] 刘诚，杨继东.土地策略性供给与房价分化 [J].财经研究，2019（4）.

[16] 刘凯.中国特色的土地制度如何影响中国经济增长——基于多部门动态 一般均衡框架的分析 [J].中国工业经济，2018（10）.

[17] 刘守英.土地制度变革与经济结构转型 [J].中国土地科学，2018（1）.

[18] 陆铭，陈钊，严冀.收益递增、发展战略与区域经济的分割 [J].经济 研究，2004（1）.

[19] 马光荣，杨恩艳，周敏倩.财政分权，地方保护与中国的地区专业化. 南方经济，2010（1）.

[20] 陆铭，张航，梁文泉.偏向中西部的土地供应如何推升了东部的工资 [J].中国社会科学，2015（5）.

[21] 聂辉华，江艇，杨汝岱.中国工业企业数据库的使用现状和潜在问题 [J].世界经济，2012（5）.

[22] 彭俞超，方意.结构性货币政策、产业结构升级与经济稳定 [J].经济 研究，2016（7）.

[23] 钱忠好，牟燕.中国土地市场化水平：测度及分析 [J].管理世界， 2012（7）.

[24] 沈立人，戴园晨.我国"诸侯经济"的形成及其弊端和根源 [J].经济 研究，1990（3）.

[25] 孙秀林，周飞舟.土地财政与分税制：一个实证解释 [J].中国社会科 学，2013（4）.

[26] 陶然，袁飞，曹广忠.区域竞争，土地出让与地方财政效应：基于 1999—2003年中国地级城市面板数据的分析 [J].世界经济，2007（10）.

[27] 田传浩，方丽.累退税，土地市场与地权配置 [J].中国土地科学， 2019（7）.

[28] 王恕立，刘军.中国服务企业生产率异质性与资源再配置效应：与制造 业企业相同吗？[J].数量经济技术经济研究，2014（5）.

[29] 王勋，Johansson A.金融抑制与经济结构转型 [J].经济研究，2013（1）.

［30］王燕武，李文溥，张自然.对服务业劳动生产率下降的再解释——TFP还是劳动力异质性［J］.经济学动态，2019（4）.

［31］王媛，杨广亮.为经济增长而干预：地方政府的土地出让策略分析［J］.管理世界，2016（5）.

［32］吴利学，刘诚.项目匹配与中国产能过剩［J］.经济研究，2018（10）.

［33］谢冬水.土地供给结构扭曲与中国城市化滞后［J］.经济学报，2018(1).

［34］徐升艳，陈杰，赵刚.土地出让市场化如何促进经济增长［J］.中国工业经济，2018（3）.

［35］许实，王庆月，谭永忠，余倩倩.中国土地市场化程度的时空差异特征研究［J］.中国土地科学，2012（12）.

［36］许政，陈钊，陆铭.中国城市体系的"中心—外围模式"［J］.世界经济，2010（7）.

［37］杨继东，杨其静.以制度环境优化驱动产业转型升级——基于工业用地出让的分析［D］.中国人民大学经济学院工作论文，2018.

［38］杨其静，卓品，杨继东.工业用地出让与引资质量底线竞争——基于2007—2011年中国地级市面板数据的经验研究［J］.管理世界，2014(11).

［39］张军扩，侯永志，刘培林，何建武，卓贤.高质量发展的目标要求和战略路径［J］.管理世界，2019（7）.

［40］张莉，王贤彬，徐现祥.财政激励，晋升激励与地方官员的土地出让行为［J］.中国工业经济，2011（4）.

［41］张莉，朱光顺，李夏洋，王贤彬.重点产业政策与地方政府的资源配置［J］.中国工业经济，2018（8）.

［42］张同斌，高铁梅.财税政策激励，高新技术产业发展与产业结构调整［J］.经济研究，2012（5）.

［43］赵扶扬，王忏，龚六堂.土地财政与中国经济波动［J］.经济研究，2017（12）.

［44］郑若谷，于春晖，余典范.转型期中国经济增长的产业结构和制度效应——基于一个随机前沿模型的研究［J］.中国工业经济，2010（2）.

［45］周茂，陆毅，符大海.贸易自由化与中国产业升级：事实与机制［J］.世界经济，2016（10）.

［46］周亚虹，蒲余路，陈诗一，方芳.政府扶持与新型产业发展——以新能源为例［J］.经济研究，2015（6）.

［47］周业安，赵坚毅.市场化，经济结构变迁和政府经济结构政策转型——中国经验［J］.管理世界，2004（5）.

[48] Aghion, P., Burgess, R., Redding, S. J., and Zilibotti, F.The unequal effects of liberalization: Evidence from dismantling the License Raj in India [J].American Economic Review, 2008, 98 (4): 1397-1412.

[49] Bai, C., Hsieh, C. and Song, Z.Crony capitalism with Chinese characteristics [R].Working Paper, 2014.

[50] Baron, R. and Kenny, D.The moderator - mediator variable distinction in social psychological research: Conceptual, strategic, and statistical considerations [J].Journal of Personality and Social Psychology, 1986, 51 (6): 1173-1182.

[51] Bosker, M., Deichmann, U. and Roberts, M.Hukou and highways the impact of China's spatial development policies on urbanization and regional inequality [J].*Regional Science and Urban Economics*, 2018, 71 (7): 91-109.

[52] Cai, F., Wang, D. and Du, Y.Regional disparity and economic growth in China: The impact of labor market distortions [J]. *China Economic Review*, 2002, 13 (2-3): 197-212.

[53] Chan, K. and Zhang, L.The hukou system and rural-urban migration in China: Processes and changes [J].*China Quarterly*, 1999 (160): 818-855.

[54] Chen, S., Sun, Z., Tang, S. and Wu, D.Government intervention and Investment Efficiency: Evidence from China [J] .*Journal of Corporate Finance*, 2011, 17 (2): 259-271.

[55] Garicano, L., Lelarge, C. and Van Reenen, J.Firm size distortions and the productivity distribution: Evidence from France [J].American Economic Review, 2016, 106 (11): 3439-3479.

[56] Hall, R. E. and Jones, C. I.Why do some countries produce so much more output per worker than others?[J].Quarterly Journal of Economics, 1999, 114 (1): 83-116.

[57] Liu, T., Cao, G., Yan, Y. and Wang, R.Urban land marketization in China: Central policy, local initiative, and market mechanism [J].Land Use Policy, 2016 (57): 265-276.

[58] Olley, G., and Pakes, A.The dynamics of productivity in the telecommunications equipment industry[J] .Econometrica, 1996, 64 (6): 1263-1297.

[59] Qin, Y., Zhu, H. and Zhu, R.Changes in the distribution of land prices

in urban China during 2007–2012 ［J］. Regional Science and Urban Economics，2016，57（3）：77–90.

［60］Syverson，C.Product substitutability and productivity dispersion ［J］. Review of Economics and Statistics，2004，86（2）：534–550.

第十章　土地要素市场化配置的历史演进

第一节　引言

当前，我国经济逐步由高速增长转向高质量发展，经济转型和产业优化升级的任务日益迫切。为了推动经济高质量发展，必然要求进一步优化生产要素配置，提高生产要素利用效率，促进经济高质量发展。和劳动、资本、技术一样，土地是一种重要的生产投入要素。土地具有非流动性和不可复制性，以及某种程度的垄断性，导致土地作为生产要素具有特殊性。改革开放以来，资本、劳动要素的市场化配置程度日益提高，相比之下，由于土地要素的特殊性以及中国经济体制的特殊性，土地要素市场化发展相对滞后。如何加快推动土地要素市场化配置，成为急需研究的重要课题。

新中国成立以来，在计划经济时代，土地国有，生产和经营性土地无偿划拨，土地作为生产要素没有进行市场化配置。改革开放后，伴随农业在国民经济中的重要性下降，土地作为生产要素的整体重要性减弱，但工业化和城市化仍然需要土地支撑，因此土地在中国经济结构转变过程中仍然发挥了重要作用。随着中国经济向社会主义市场经济转型，逐步开始建立土地市场，优化土地资源配置要求日益迫切，进而自20世纪90年代开始，中国土地市场开始逐步确立起来。

总体上，中国的土地市场化进程从农村和城市分别展开。农地产权制度历经农地集体所有权与农地承包经营权"两权分离"到新时代农村土地集体所有权、农户承包权、土地经营权"三权分置"的历史变迁。与此同时，20世纪80年代中期开始，中国城市经营性建设用地逐步由无偿划拨转为有偿出让（丁成月，2003）。经过一系列改革，逐步建立起招拍挂的市场化出让制度。

不断演进的土地制度与中国的工业化和城市化，地方政府土地财政和中国经济高速增长密切相关。由于土地国有，国家通过计划指标控制土地供应。地方掌握实际土地的配置权。通过农用地征收，在不超过原土地用途收益30倍的土地补偿制度下，快速的经济发展为地方政府土地出让带来较高收益，土地出让收益进一步支持城市基础设施建设，利于地方政府招商引

资，进而推动中国的工业化和城市化。

本章并不试图具体描述土地制度变迁或土地在经济结构转型中的作用。本书重点是从高质量发展的要求出发，土地是企业生产过程中重要的投入要素，高质量发展必然要求推动土地要素市场化配置水平，通过价格机制，市场交易优化资源配置。那么，当前土地要素市场化配置的现状如何，土地要素市场化配置的关键障碍是什么？如何更好地推进未来中国土地要素配置的市场化？重点需要解决哪些体制机制问题？

第二节　土地要素市场化的历史进程

严格说来，中国土地供应一直是政府垄断的，土地要素供给很难说实现了要素配置的市场化。土地市场化更多是前进的方向和目标。但在宽泛市场化的意义上，比如土地供应方式公开透明，引入更多土地需求者的竞争，考虑土地供应的成本和收益等。在这些意义层面，中国土地制度仍然发生了重大的历史变革，仍然朝着市场化的方向不断迈进。因此，本书所说的土地市场化，是较为宽泛意义的市场化，而不是完全竞争市场条件下的市场化。

改革开放以来，随着中国建立社会主义市场经济体制改革目标的确立，我国土地资源的配置更多地依赖于市场机制，呈现出典型的渐进市场化改革特征。中国政府逐步开放土地市场，不断放松对土地交易权的限制（冀县卿等，2010），在市场规则的指引下合理配置土地资源（原玉廷和杨素青，2005），但是，城乡分割的土地市场结构使城乡土地资源在空间结构和价值上被割断（王克强等，2010），潜伏着效率的损失（钱忠好等，2007），城乡土地市场化改革的进程也存在不同的特征。

一、农村土地市场化改革：明晰产权，增进农民土地权利

农村土地的市场化进程主要表现在农地产权结构的演变以及农民土地权利的强化。中国农地产权制度历经从人民公社制度下农地集体所有权与农地使用权"两权合一"（1978年前）到家庭经营制度下农地集体所有权与农地承包经营权"两权分离"（1978~2012年）再到新时代农地集体所有权、承包权、经营权"三权分置"（2013年至今）的历史变迁（冀县卿和钱忠好，2019）。而在这一过程中，农民获得了更多的土地权利，并增加了农民的土地收入。

第一阶段："两权分离"确立阶段（1978~1983年）。人民公社时期，农地集体所有权与农地使用权"两权合一"，该产权制度虽然利于地方政府获得工业化和城市化的资金，但缺乏有效的监督和激励，农业生产效率十分

低下（钱忠好，1999）。为此，中央推行农地集体所有权与农地承包经营权"两权分离"的产权制度。然而该制度确立之初，农民基于承包合同获得的土地权利极为有限。表现为：第一，农地使用权排他性较弱。土地承包期大多为1~3年，土地调整频繁。第二，农地交易权受到严格限制。比如，1982年的《中华人民共和国宪法》规定，"任何组织或者个人不得侵占、买卖、出租或者以其他形式非法转让土地"。第三，农地收益权极为有限。"交够国家的，留足集体的，剩下是自己的"合约安排使农民获得的农业剩余极为有限，仅仅解决了部分农民的温饱问题。

第二阶段："两权分离"调整阶段（1984~1997年）。为解决上述问题，中央政府进行了如下调整：第一，关于农地使用权。1984年中央一号文件规定土地承包期为15年，1993年的《关于当前农业和农村经济发展的若干政策措施》中规定，耕地承包期到期之后再延长30年。第二，关于农地交易权。农民逐渐获得较充分的农地农用交易权。1984年中央一号文件开始放松对农地农用交易的限制，鼓励土地逐步向种田能手集中。1988年4月的宪法修改在法律层面上明确了土地交易的合法地位，为农民农地交易权的获得奠定了法律基础。[①] 1995年，农业部的《关于稳定和完善土地承包关系的意见》中明确规定，"土地转包、转让、互换、入股等受法律保护"。第三，关于农地收益权。20世纪80年代中期起，政府逐渐开放农产品交易市场，农户获得农产品自由处置权。

第三阶段："两权分离"深化调整阶段（1998~2012年）。21世纪以来，中央高度关注农地制度的稳定性问题，不断强化赋予农民长久而有保障的土地承包经营权。第一，关于农地使用权。2002年的《中华人民共和国农村土地承包法》规定，"任何单位和个人不得干涉农民正常的生产经营活动，农民有权自主组织生产经营和处置土地产品"。第二，关于农地交易权。国家逐渐放松农地非农化的交易限制。1998年的《中华人民共和国土地管理法》第60条规定，"农村集体经济组织如果以土地使用权入股、联营等形式与其他单位、个人共同举办企业，可以在符合土地利用规划，通过行政审批的条件下，合法将农地转为非农建设用地"。第三，关于农地收益权。2004年，国家全面建立农业直接补贴制度；2006年，国家取消了农业税等。这些政策有效地增加了农民收入。

---

① 第七届全国人大常委会将《中华人民共和国宪法》第10条第4款"任何组织或者个人不得侵占、买卖、出租或者以其他形式非法转让土地"修改为"任何组织或者个人不得侵占、买卖或者以其他形式非法转让土地。土地的使用权可以依照法律的规定转让"。

第四阶段："三权分置"阶段（2013年至今）。进入21世纪后，中央政府适时推出"三权分置"的农地产权制度，农地产权得到进一步明晰，农民拥有的农地产权得以进一步强化和拓展。第一，通过明确土地承包权和经营权归属、拓展使用权权能等进一步强化农地使用权。2016年的《关于完善农村土地所有权承包权经营权分置办法的意见》规定，"土地承包权归属于农民家庭，土地经营权在合同期内归经营主体，合同期外承包期内归承包农户"，并赋予经营权抵押、担保权能。第二，通过保护农地经营权交易、建立城乡统一的建设用地市场使农民拥有更加充分的农地交易权。2013年的《中共中央关于全面深化改革若干重大问题的决定》（以下简称《决定》）明确提出，"要建立城乡统一的建设用地市场，使农村集体建设用地与国有土地同等入市、同权同价"；2016年的《关于完善农村土地所有权承包权经营权分置办法的意见》明确农地经营权可以入股流转，并赋予经营主体优先续租及再流转的权利。第三，农地收益权界定更加清晰、规范。如2016年的《关于完善农村土地所有权承包权经营权分置办法的意见》明确界定了承包农户和经营主体的各自收益权。合同期内农地收益权归经营主体、合同期外归承包农户；承包农户有权有偿退出承包地。

显然，与改革之初相比，当下农地集体所有者、承包者、经营者之间的土地产权关系更加明晰，并且通过增强农地使用权排他性、放松农地交易权限制、扩充农地收益权，农民拥有的土地权利更加充分（冀县卿等，2010）。

二、城市土地市场化改革：逐步构建城市土地市场，政府垄断一级土地市场

在计划经济时期，中国城市用地全部由政府通过无偿划拨进行计划性配置。20世纪80年代中期开始，中国城市经营性建设用地逐步由无偿划拨转为有偿出让（丁成月，2003）。20世纪，中国城市土地出让制度改革全面开启，2002年，规定商住用地必须招拍挂（王媛和杨广亮，2016）。2006年，工业用地的出让也要求招拍挂，中国城市经营性建设用地出让由此正式进入全面市场化阶段（徐升艳等，2018）。具体过程如下：

第一阶段：无偿划拨供应，提出"节约用地"的基本国策（1978~1987年）。根据1982年的《中华人民共和国宪法》相关规定，国有土地要素的配置方式是行政划拨。这种资源分配方式不可避免带来了土地利用的低效率，1985年是新中国成立以来的用地高峰，耕地减少达100多万公顷[1]。1982年

---

[1] Ding C. Land Policy Reform in China: Assessment and Prospects[J]. Land Use Policy, 2003, 20（2）: 109-120.

颁布的《国家建设征用土地条例》明确提出"节约土地"是基本国策。1986年和1987年颁布的政策、法规等对行政划拨土地的范围实施严格限制。

第二阶段：建立国有土地有偿使用制度（1988~2000 年）。在深圳、上海等城市试点的基础上，1986 年，中央政府颁布的《土地管理法》将土地使用权有偿出让合法化，中国城市经营性建设土地逐步由无偿划拨向有偿出让转变。1988 年 4 月，颁布实施的《宪法修正案》删除了土地不得转让的规定，增加了"土地使用权可以依照法律的规定转让"的条文。随后颁布的政策、法规构建了建设用地审批制度，加大土地有偿使用力度等。20 世纪 90 年代的中国城市土地有偿出让，以协议出让为主。由于协议供地不公开不透明，存在大量的腐败和寻租空间，而且导致土地利用浪费，利用效率低下（陶坤玉等，2010；Cai 等，2013）。为了改变这种情况中央政府推动了土地出让的进一步市场化改革。

第三阶段：招拍挂出让改革（2001~2012 年）。2001 年 4 月，国务院颁布《关于加强国有土地资产管理的通知》，以提出了"各地要大力推行土地使用权招标、拍卖出让"为标志，21 世纪中国土地出让市场化改革启动。第一阶段，标志性文件是 2002 年 5 月国土资源部的《招标拍卖挂牌出让国有土地使用权规定》（即"11 号令"）。该文件明确规定，"商业、旅游、娱乐和商品住宅等各类经营性用地"都必须以招拍挂形式进行出让，从 2002 年 7 月开始实施。2004 年 3 月，国土资源部和监察部联合下发《关于继续开展经营性土地使用权招标拍卖挂牌出让情况执法监察工作的通知》（即"71 号令"），要求 2004 年 8 月 31 日后商业、旅游、娱乐和商品住宅等城市经营性建设用地均只能通过招拍挂方式出让，即所谓的"8.31"大限。第二阶段，中央政府的土地出让市场化改革的重心转到工业用地。2006 年 8 月，国务院发布了《国务院关于加强土地调控有关问题的通知》（国发〔2006〕31 号文），提出"建立工业用地出让最低价标准统一公布制度"和"工业用地必须采用招标拍卖挂牌方式出让"。2007 年 9 月，国土资源部修订后重新颁布《招标拍卖挂牌出让国有建设用地使用权规定》（即"39 号令"），明确规定工业用地（不含矿山），以及同一宗地有两个以上意向用地者的其他用地也要采用招拍挂的方式出让，规定从同年 11 月正式实施。

第四阶段：深化土地市场改革（2013 年至今）。相关文件提出"建立城乡统一的建设用地市场；扩大国有土地有偿使用范围，减少非公益性用地划拨；建立兼顾国家、集体、个人的土地增值收益分配机制，合理提高个人收益；完善土地租赁、转让、抵押二级市场"。2014 年 12 月底，国家发改委和国土资源部联合下发《关于开展深化工业用地市场化配置改革试点工作的通知》（发改经体〔2014〕2957号），选择辽宁阜新、浙江嘉兴、安徽芜湖、广西梧州4市为试点地区，开展以探索健全工业用地多途径多方式市场供应体系、多主体供应工业用地市场流转体系、工业用地租价均衡、居住与工业用地比价合理的价格体系等为主要内容的改革试点，推动工业用地存量优化、增量提质，促进资源配置效益最大化和效率最优化。

从上述制度梳理中可以看出，目前我国土地这一生产要素在制度规定上基本实现了各类土地均采用招拍挂、各类市场主体均可公平参与竞拍、政府有偿出让土地使用权的制度体系，土地资源的市场化配置机制已基本形成。但是，也存在城乡土地市场分割严重、工业用地市场化滞后、政府主导土地供给、资源配置效率低下（李力行等，2016）等问题。

第三节　土地市场化与中国经济增长的关系

从农村土地制度变革的影响来看，农村的土地市场化改革进一步解放了生产力，保障了粮食的稳定和农民的增收。1978年以来的农村土地市场化改革大幅提升了农民的积极性。从图10-1中可以看出，人均粮食产量从1978年的318.74千克，增长至2017年的477.21千克，增长49.72%。而农村居民人均可支配收入大幅提升，从1978年的133.57元，增长至2017年的13432.43元，增长了100.56倍。

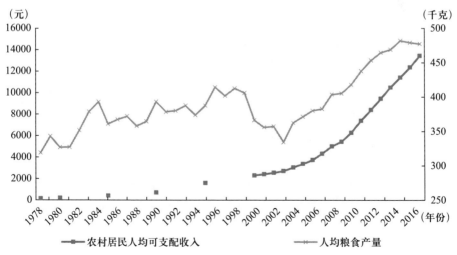

图 10-1　1978~2017 年农村居民人均可支配收入和人均粮食产量变化情况
资料来源：中经网统计数据库。

　　农地产权制度促进人地关系的松绑。在传统乡土中国，农民被土地束缚，他们被排斥在工业化外；家庭承包制后，农民可以离开农业参与本地乡村工业化、继而可以离开农村参与异地工业化，成为促进中国结构革命的重要力量。

　　从城市土地制度变革来看，以招拍挂出让的土地占总出让土地的比重[①]，2001 年土地出让市场化改革启动之后，城市土地出让的市场化水平快速上升（见图 10-2）。以出让宗数计算，1999~2015 年招拍挂比重从 11.70% 上升到 76.29%；以出让面积计算，2003~2015 年招拍挂比重从 36.81% 上升到 90.04%。受工业用地出让的市场化改革启动影响，2007 年后土地的市场化出让水平有一个显著的跳跃式上升。

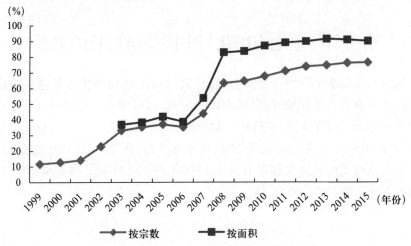

图 10-2　1999~2015 年城市土地出让的平均市场化水平

资料来源：《中国国土资源年鉴》。

　　城市土地出让通过公开市场化实现竞争性定价后，地价出现持续快速上涨。1999 年全国城市出让土地的均价为 113.31 万元 / 公顷，2015 年上涨至 1388.28 万元 / 公顷，增长了 12.25 倍[②]。政策改革第二年后，地价猛涨。2002 年，商住用地出让市场化政策推出，次年全国出让土地的均价上涨 35.70%；2006 年，政策要求工业用地市场化出让，次年工业用地出让均价上涨 30.49%。

　　分省份看，各省份间的土地出让市场化程度存在一定的差异。图 10-3

[①]　总出让土地，包括协议出让和招拍挂出让的土地。总出让土地，再加上划拨、出租和其他供应，为地方政府的总土地供应。由于土地出让市场化是出让方式由协议向招拍挂转变，因此采用总出让占比指标。

[②]　资料来源：根据《中国国土资源年鉴》数据，计算得出。

显示，各省份中，如果按照招拍挂比例衡量土地市场化，2016 年土地出让市场化程度最高的重庆、贵州、江苏、海南，土地出让招拍挂面积比例都超过97.50%，而西藏、北京、青海均低于 70%，最低的青海为 50.17%。北京土地出让市场化程度相对较低，主要是近年来北京房地产市场调控较严，地方政府通过协议出让部分住宅用地的方式严控地价。另外，近年来北京推行的棚户区改造使得大部分住宅用地也通过协议方式出让，拉低了招拍挂面积比例。而对于重庆、贵州等地来说，一则房地产市场调控不严，二则棚户区改造比例不大，住宅用地更多使用招拍挂的方式出让。当然，这种衡量方法可能存在问题，但从一个层面反映出不同地区土地制度的差异性。

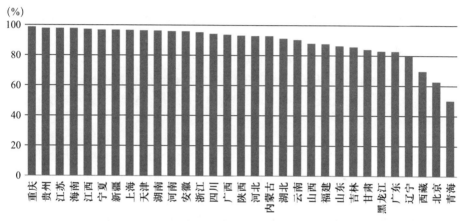

图 10-3　2016 年各省份土地出让招拍挂面积比例

资料来源：《中国国土资源年鉴》。

　　土地市场化进程中，地方政府获得巨额的土地出让收入。由于地方政府是唯一合法的征地主体，也是土地一级市场供给的唯一卖方，享有绝对的垄断地位。"低价征地、高价出让"对地方政府扩大征地规模形成了有效激励，地方政府一边遵从《土地管理法》的规定以土地原用途为标准对农民进行补偿，一边按照市场价值出让土地，从中获取极大的价差。1999~2017年，地方政府通过土地一级市场[①]出让国有土地使用权而获得的土地出让收入从 1999 年的 519.07 亿元，上升到 2017 年的 43745.42 亿元，达 100.29 倍。"土地财政"成为分税制下地方财政的典型特征。2001~2017 年，全国土地

---

① 土地一级市场是城市土地使用权首次交易市场，具体由地方政府指定的部门将城市国有土地或将农村集体土地征收或征用为国有土地后，出让或出租给土地使用者。土地二级市场是城市土地使用权二次交易市场，土地受让主体获得土地以后，在不改变用途和符合相关规定的前提下可以进行的转让、出租或抵押融资。

出让金总额达到了 35.65 万亿元，土地出让金占地方政府财政收入的比重迅速走高，其间有 13 年超过了 40%，有 7 年超过了 50%，2010 年更是达到了 71.7%，如图 10-4 所示。

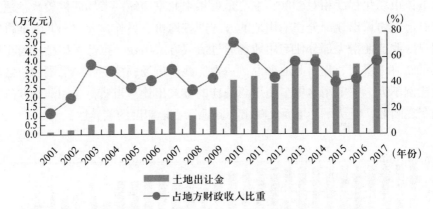

图 10-4　地方政府土地出让金及其占地方财政收入的比重

资料来源：土地出让金数据引自国土资源部和财政部，地方财政收入数据引自国家统计局。

　　土地市场化进程中，地方政府融资平台和企业还通过土地使用权的转让和抵押，获得比土地出让金更多的信贷融资。土地使用权可以在土地二级市场上转让，也可以通过抵押从银行等金融机构获得信贷融资。广义上的土地融资包括土地一级市场上的出让金、租金和其他收入和土地二级市场上的转让金、租金和抵押信贷。土地融资组成结构在各年度间呈现明显的波动。平均而言，2000~2008 年，地方政府在土地一级市场获得的土地出让收入只占社会土地总融资总和的 38.20%[1]，地方政府融资平台和企业在土地二级市场的融资资金之和远大于地方政府的土地出让收入。

　　土地市场化是中国经济市场化改革的重要组成部分，对中国经济发展影响深远。学术界也对中国土地市场化的进程和影响进行了大量研究。大部分学者认为，土地出让市场化，带来了丰厚的"土地制度红利"，有利于提高土地资源配置效率，从而促进经济发展（陶然等，2009；刘守英，2012）。徐升艳等（2018）通过构建多个土地出让市场化指标，基于 1999~2015 年地级市面板数据，进一步指出，土地出让市场化不仅通过资源配置效应促进经济增长，还能通过融资效应促进经济增长。资源配置效应指土地出让市场化可以通过减少寻租腐败活动，减少经济效率损失（陶坤玉等，2010；Cai 等，2013）以及竞争

---

[1]　资料来源：根据《中国国土资源年鉴》数据，计算得出。

性定价的筛选机制（李力行等，2016）两个渠道改善土地要素的配置效率，进而改善经济整体的配置效率。融资效应指土地市场化能够增加土地出让金和土地抵押融资额（Qin 等，2016），带来城市融资规模扩张，从而促进经济的产出规模增长。然而，融资效应在促进经济增长的同时，也引发了土地财政问题。

部分学者指出，价高者得之的土地出让市场化，带来了土地财政和高房价问题，对经济发展和社会民生都产生了负面影响（蒋省三等，2007）。梅冬州等（2018）指出，地方政府的土地出让行为联结了房价变动与地方政府的收入，而地方政府在基础设施投资上的偏向和金融加速器效应放大了房价对投资及整个经济的影响。

随着土地有偿使用制度的逐步建立，中国的非农业用地被地方政府分割成工业用地和商住用地（包括商服用地和城市住宅用地）两个市场（刘凯，2018）。其中，工业用地低价供给、充足供给，而商业及住宅用地的定价逐步由市场决定，商业及住宅用地出让收入成为地方政府收入的重要来源（赵扶扬等，2017）。工业用地市场化进程缓慢，主要在于地方政府为了追求经济增长低价出让工业用地招商引资（孙秀林和周飞舟，2013）。杨其静等（2014）发现，地方政府增加工业用地的出让面积，可显著拉动当地非房地产城镇固定资产投资、工业增加值、GDP 和财政收入；但是，若地方政府以协议出让工业用地的方式吸引投资，则会显著抑制上述拉动作用；这暗示，协议出让工业用地所引来的项目质量较差，据此认为地方政府存在着竞相降低引资质量的底线竞争行为。

第四节　土地要素市场化配置面临的关键挑战

一、利益平衡的挑战：农民土地被廉价征收，征地矛盾严重

为了满足工业化和城镇化对土地的大量需求，地方政府不断低价征用农民的土地，导致社会上产生了大量失地农民[1]。尽管中国政府努力完善征地制度，在征地范围、补偿标准、征地程序等方面加大改革的力度，但征地矛盾仍然非常尖锐，社会民众普遍对现行征地制度不满意。冀县卿等（2011）对失地农民的调查结果显示，有 64.39% 的人对征地补偿表示不满意，53.73%

---

[1] 1987~2001 年，全国非农建设占用耕地累计达 3395 万亩，由此导致至少 3400 万农民失去土地，如果再将违规占用耕地在内，失地农民的数量更是高达 4000 万~5000 万人。资料来源：韩俊，失地农民的就业和社会保障，中国经营时报，2005 年 6 月 24 日。

的人对安置方式不满意。

二、产权不完整的挑战：农村土地流转发展缓慢

随着工业化和城镇化水平的提高，很多农民选择进城务工。他们希望将自己的土地流转出去，这样可以获得更多的收入，但由于土地使用权不完整，农村土地流转并不顺畅。叶剑平等（2010）调研数据显示，截至 2008 年，有 16.5% 的农户家庭租过土地，有 15% 的农户家庭转包或出让过土地。虽然近些年来土地流转率有所加快，但直到 2016 年，土地流转率也仅为 36%[1]。

三、地区发展差距的挑战：不同地区之间土地市场化程度差异较大

从全国招拍挂出让面积占总出让面积比重[2]来看，2007 年土地市场化程度不高，2008 年后迅速上升，并稳定在 80% 以上。从四大区域来看，土地市场化程度存在较大的差异。东部和中部地区土地市场化程度相对较高，西部地区土地市场化程度较低。并且，近几年，东北地区的土地市场化程度甚至表现出明显的下降趋势。这可能由于东北地区近年来经济下滑严重，地方政府被迫以协议的方式低价出让工业用地以吸引投资，如图 10-5 所示。

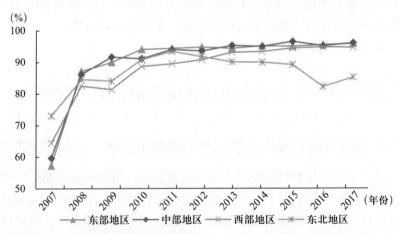

图 10-5　2007~2017 年中国及四大区土地市场化进程（招拍挂面积占比）
资料来源：中国土地市场网。

---

[1] 资料来源：《中国农业统计资料》。

[2] 利用中国土地市场网的土地出让数据，使用土地招拍挂面积／土地出让面积作为土地市场化的度量方式，本书测算了商服用地、工业用地、住宅用地（含普通商品房用地）三种不同类型 2007~2017 年的土地市场化程度。

四、土地财政的挑战：城市不同类型土地市场化程度差异较大

从主要用地类型的土地市场化进程来看，工业用地的土地市场化进程有较大幅度上升，2007 年为 32.36%，2008 年达到 79.65%，比 2007 年上升了近 146.12%。工业用地的市场化程度出现如此大幅度的变化，究其原因，主要受土地政策的影响[①]。

商服用地虽然上升幅度相对较小，但表现出平稳上升趋势。2007~2017 年上升了 12.60%，年均上升 1.26%。就住宅用地来说，近年来市场化水平略有下滑，2016 年下降了 2.58%。可能在于近年来棚户区改造实施过程中协议用地出让比例增加所致，如图 10-6 所示。

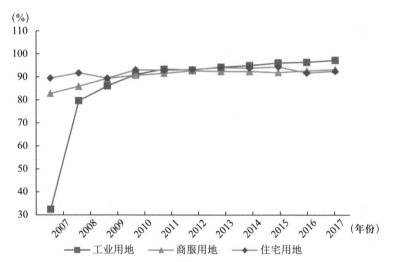

图 10-6　2007~2017 年中国主要用地类型的市场化进程（招拍挂面积占比）
资料来源：中国土地市场网。

虽然工业用地的市场化程度近年来大幅提高，甚至高于商住用地水平。但可以看到，政府依然凭借其在土地市场上的垄断地位低价出让大量的工业用地。中国的土地市场是高度扭曲的。2004~2017 年，工业用地价格从 493 元 / 平方米涨到了 806 元 / 平方米，只上涨了 1.63 倍。[②] 而同期商业用地和住宅用地价格分别上涨了 3.61 倍和 5.44 倍。

---

① 2006 年，国务院发布了《国务院关于加强土地调控有关问题的通知》，随后国土资源部发布了《国土资源部关于发布实施全国工业用地出让最低价标准的通知》，对工业用地招标拍卖挂牌出让行为进行了规范，使得以协议方式出让的工业用地数量和面积大为减少。

② 资料来源：中国地价监测网。

五、资源错配的挑战：土地资源错配严重拖累市场化

土地指标区域分配不平衡导致资源错配。陆铭等（2015）指出，2003年以来，政府开始实行倾向于中西部地区的土地供应政策，相应压缩东部地区的土地供应，造成东部地区房价快速上升，并进而推升了东部地区的工资上涨，而这一效应在中西部地区和2003年前的东部地区则不显著。韩立彬和陆铭（2018）进一步指出，房价上涨分化之谜在于土地的供需错配，具体来说，2004~2013年，与土地供给相对放松的城市相比，土地供给相对收紧城市的房价平均要高10.6%，而且仅仅在土地供给相对收紧的城市出现了房价—工资比率的上升。

政府出于经济增长目标，土地出让向国企倾斜。杨继东等（2016）通过构建理论模型，使用2003~2010年地级市土地出让数据实证发现，在刺激计划的背景下，为了实现稳定经济的政策目标，国企倾向于增加土地投资；同时，国企为了实现保值增值的利润目标，倾向于以较低的价格获得土地。具体来说，从出让面积看，刺激计划后城市国企资产占比每增加1个百分点，土地出让总面积增加0.5个百分点，协议出让面积增加1.3个百分点；从出让方式看，国企资产占比每增加1个百分点，协议出让占比增加1.4个百分点，招拍挂占比下降1.3个百分点。

国有土地出让主要提供给大企业，发展的中小企业需要土地，但很难获得土地资源。从近两年房地产拿地数据看，一线城市土地多由大型企业获取，中小型企业逐渐失去参与权。如图10-7所示，2015年至2017年1月，民营房地产企业在北京获得的土地面积仅占27%，上海这一数据较高，但仍然未及五成。这表明，近两年来，大量的土地集中到了央企、国企和大型企业。普通民营企业如果没有强大的融资能力根本无法在一级市场获得土地。

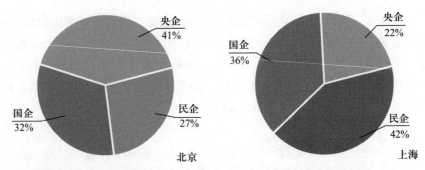

图10-7 2015年至2017年1月在京、沪拿地企业性质（按拿地面积分）

资料来源：CREIS中指数据。

第五节　土地要素市场化配置面临的体制机制问题

如何实现土地要素市场化配置，目前没有形成统一意见。本书试图从"明晰产权—促进交易—科学管理—可持续发展"的逻辑视角，审视土地要素市场化面临的体制和机制问题，理清土地市场化的基本思路。

一、产权不够明晰

我国土地实行社会主义公有制，即全民所有制和劳动群众集体所有制。与其他多数国家不同，我国土地制度的基本特征是城乡分割的土地制度，城市市区土地归国家所有，农村和城市郊区的土地除法律规定归国家所有外，属于农民集体所有。在这种城乡分割的土地所有制基础上，存在很多问题。例如，在产权安排上，存在权利二元和权能残缺。城市土地国有制和农村土地集体所有制并存，两种土地所有制具有完全不同的土地权利，分属不同的法律体系管理。集体土地转为国有土地只能通过征地方式，政府成为城市土地的所有者和产权控制者。国有建设用地使用权享有担保抵押权。相比之下，农村允许抵押的土地及其相关财产只限于"以招标、拍卖、公开协商等方式取得的荒地等土地承包经营权"和"以乡镇、村企业的厂房等建筑物抵押的，其占用范围内的建设用地使用权一并抵押"以及"通过招标、拍卖、公开协商等方式承包的农村土地"，明确规定乡镇、村企业的建设用地使用权以及耕地、宅基地、自留地、自留山等集体所有的土地使用权不得抵押。由于土地使用权不能抵押，很多农业大户想接手农民的承包地，但受制于融资难而难以开展规模经营①。

二、交易不公平

在市场形式上，存在不同主体的进入不平等。农村集体土地以村社为边界，集体成员可准入；不同类型农村土地（承包地、宅基地、集体建设用地）按不同准入规则进入市场。城市土地由地方政府独家垄断土地供应、转让与回收，土地交易处于卖方垄断下的买方竞争；不同类型用地（公共目的用地、工业用地、经营性用地）按不同方式出让。由此造成土地价格扭曲和

---

① 比如，2013年浙江登记各类家庭农场7500余家，但是多达87%的农场主因为资金不足无法扩大农场规模，农场主融资难最主要的原因是土地使用权不能抵押，因此缺少贷款抵押物。资料来源：家庭农场遭遇融资难，凤凰网，2014年4月11日。

资源配置低效。在增值收益分配上，存在相关利益主体得失不公。土地增值收益的分配原则是，农民得到农业用途的倍数补偿；土地用途转换时的增值收益归地方政府获得、使用与支配；土地未来增值收益主要归土地占用者，部分归地方政府。这造成原集体所有者合法获得的补偿过低，无增值收益，政府获得土地一次性增值收益过高但未来增值收益流失[1]，土地占用者支付一次性土地出让费用过高、获得未来土地增值收益过高。不同地区间的农民、拥有不同类型的土地的农民之间，在土地增值收益分享中存在显著差异。

三、管理不科学

在管理体制上，存在目标冲突和职能错位。用途管制和规划管制的具体办法是用地总规模控制、年度计划指标和审批管理，造成保耕地和保发展的目标冲突，在下达各项指标时，中央与地方博弈、寻租与土地腐败。一直以来，中国实施严格的建设用地指标管理。在宏观层面形成了以土地利用总体规划为约束，以年度土地利用计划、基本农田保护为主要内容的管理体系。这些政策的核心特点是土地供给的计划指标管理。土地利用总体规划对各省在规划期间内的建设用地总规模做了明确分配。同时，要求各省和各地区都要编制土地利用总体规划，确定规划期内的土地利用指标分配方案。每一年中央还会发布土地利用年度计划，分配当年的各省建设用地指标，要求土地利用指标不能突破。每一年的新增建设用地指标由中央以计划指标形式分配到省，再由省分配给地方，而且建设用地指标无法跨市进行交易，导致用地指标紧张地区和用地指标富裕地区并存。

四、发展难以持续

供地方式单一，流转机制不畅。按照法律规定，国有建设用地有偿使用方式包括出让、租赁、土地使用权作价出资或入股等。现行普遍的做法是一律采取招拍挂方式出让，除处置国有企业原划拨土地使用权有作价出资入股的外，租赁等供地方式十分少见。新建项目基本上都是申请新增建设用地，大量闲置、低效的存量建设用地无人问津，原因在于土地流转机制不畅，土地二级市场不完善，存量土地转让、分割、出租限制因素多、信息不对称，附着在土地上的法律、经济关系较为复杂。

地方政府为了经济发展，在招商引资中非理性竞争，各地争相设立各类

---

[1] 叶剑平和田晨光（2013）的调查结果表明，失地农民平均得到的补偿款是 1.7 万元/亩（中位数为 1.2 万），而地方政府出让被征土地的平均价格却高达 77.8 万元（中位数为 20 万）。

开发区、产业园区，重复建设，加剧了土地供需矛盾；用地控制标准执行不严，工业用地价格偏低；囿于工业用地必须以招标拍卖挂牌方式出让的政策规定，不少地方只好为挂牌而"挂牌"，有的采取"量体定做""定向出让"等人为限制公平竞争的非市场手段；"重审批、轻监管"问题突出，普遍缺乏对新供工业用地市场准入条件的落实情况、开工竣工情况、建设周期及达产后利用效率情况的跟踪监管，多部门共同考核监管机制不够健全。

第六节　土地要素市场化改革的政策措施

生产要素市场化配置资源是一个系统工程，需要外部环境和内部各个环节相互配合，单纯地推动某个环节或者某个层面，比如推进要素供给侧改革或者需求侧的改革，或者单纯的价格改革，可能都很难实现要素的市场化配置。这是因为，相比产品价格市场化，要素市场化配置的一个核心难题在于，要素价格市场化不仅受到旧有制度的约束，而且随着中国市场经济不断发展，要素配置在一定程度上或明或暗地成为一种寻租和设租的工具，导致要素配置扭曲没有随着市场化发展而减弱，反而随着市场化的演进，不同程度上不同的生产要素配置扭曲普遍存在或者伴随寻租动机的波动而不断加深。因此，推动生产要素配置市场化，能够解决真问题，能够出实招，迫切需要在减少各种利益部门的寻租激励上做文章，通过内部激励重构和外部监管，降低利益相关者通过要素配置获取租金的激励，奠定要素交易的制度环境。

一、明确的产权安排

给定制度化和法治化的外部环境，良好的履约精神，实现市场交易的一个前提是清晰的产权安排。核心是利用法律制度进行确权，明确权利的具体内容和边界。如果产权模糊，交易就无法实现。在资本市场上，要对投资者的权利进行界定和保护。尽管随着中国资本市场发展，比如股票市场上不断强调保护中小投资者的利益，但大股东损害小股东的利益仍然不断上演，这种情况必然导致小股东的投资积极性减弱，导致资本配置扭曲。相比之下，劳动力的权利界定更为容易和清晰，虽然受到一些法规和双轨制的限制，劳动力要素市场化配置不断加深。而作为重要生产要素之一的土地，由于城乡土地权利不统一，一方面，导致政府作为城市建设的唯一土地供给者，导致土地财政发展模式侵蚀经济内生动力；另一方面，农村土地权利长期弱化，不仅导致资源配置效率下降，也在一定程度上损害了农民的利益。因此，党的十九大提出：经济体制改革必须以完善产权制度和要素市场化配置为重点。完善产权制度要先行。但是，权利的完善的实质是利益的调整和重构，因此，随着改革进入深水区，必然要求"真刀真枪"推动改革。为此，需在以下方面推进改革：

（一）推进以"三权分置"为核心的农地改革

未来中国农地产权制度的改革要按照"落实土地集体所有权、稳定农户承包权、放活土地经营权"的要求，妥善处理"三权分置"后农村集体、承包农户、土地经营者之间的关系，要让农民拥有更多更充分的土地权。

一是明确集体所有权是农民集体的所有权，村集体经济组织或村民委员会、村民小组等经济组织只是代表行使土地所有权。

二是土地承包权是赋予集体成员的财产权，土地承包权人对承包土地依法享有占有、使用和收益的权利；通过转让、互换、出租（转包）、入股或其他方式流转承包地并获得收益；就承包土地经营权设定抵押；自愿有偿退出承包地等。

三是土地经营权是各类农业经营主体享有的耕作权，土地经营权的宗旨是为耕笔者提供稳定的土地使用和投资预期，在明确承包权和经营权关系的前提下，对经营权单独设权、赋权，并逐步增大和保障其权能。

（二）明确界定城市土地产权内涵

城市建设用地管理中存在多种土地使用权类型，包括出让土地使用权、出租土地使用权、转让土地使用权、划拨土地使用权等。各使用权的权能不一样，需要进一步明确区分。如划拨土地使用权的权能与出让土地使用权相比，划拨土地使用权是一种残缺程度很高的产权，表现为对土地的排他性的实际使用，而不包含独占的收益权、自由的转让权。因此，有必要把土地使用权区别分类，界定清楚土地产权各种权能，避免交叉混淆。另外，目前我国城市土地产权体系过于粗略，难以适应市场经济对土地资源优化合理配置的要求。建议按照"一权一主"的原则细分土地产权，例如将其进一步细分为占有权、使用权、控制权、收益权、处分权、租赁权、赠予权、抵押权等。

（三）构建城乡统一的宅基地产权制度

相关文件提出，"保障农户宅基地用益物权，改革完善农村宅基地制度，选择若干试点，慎重稳妥推进农民住房财产权抵押、担保、转让，探索农民增加财产性收入渠道"。以相关文件为指导，构建城乡统一的宅基地产权制度，可在以下方面进行改革：

一是保障农户宅基地用益物权，按照物权中用益物权的要求，赋予宅基

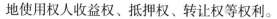

地使用权人收益权、抵押权、转让权等权利。

二是构建农村宅基地与城镇住宅用地统一的产权体系。改变过去农村宅基地产权与城镇住宅用地产权两套产权体系的做法，赋予农村宅基地与城镇住宅用地同样的产权及权能。

三是构建农村宅基地与城镇住宅用地相统一的产权交易平台和交易规则体系，形成城乡融合的住宅用地市场，提高住宅用地的效率。

二、建立城乡统一的建设用地市场和交易场所

党的十八届三中全会赋予了农村集体经营性建设用地与国有建设用地平等的地位和相同的权能。同等入市意味着农村集体经营性建设用地可以在更多的市场主体间、在更宽的范围内、在更广的用途中进行市场交易，为完善农村集体经营性建设用地权能指明了方向；同权同价意味着农村集体经营性建设用地享有与国有建设用地相同的权能。在一级市场中可以出让、租赁、入股。在二级市场中可以租赁、转让、抵押等，为完善农村集体经营性建设用地权能提供了具体明确的政策依据。长期以来，农村集体土地所有权与国有土地所有权地位不对等、集体建设用地产权不明晰、权能不完整、实现方式单一等问题已经成为推进城乡融合发展的制度性障碍，对农村土地制度进行改革也成为我国增量式改革最具潜力的领域，也是实施乡村振兴战略、推进新型城镇化发展的重要内容。

另外，市场需要有交易的场所，交易场所可能是有形的或者无形的。改革开放以来，我国要素交易场所已经得到了充分发展，多层次的资本市场逐步确立，各种劳动力招聘机制建立，土地交易机制也不断完备，但与经济高质量发展要求相适应的市场交易仍然需要进一步完善。以土地交易为例，城市国有建设用地土地出让交易较为清晰，但随着农村集体土地入市，需要建立农村集体土地交易的形式和场所。发展交易场所，相当于构建交易的基础设施。核心是两个要点：一是扩大和升华原有的交易机制；二是利用互联网和信息技术的发展，扩大交易参与的主体和交易范围，不断提升交易效率。为此，有必要构建城乡统一的建设用地市场。

三、透明的交易体系

生产要素市场化需要交易双方共同参与。通过完善供应体系，需求体系和价格体系，建立透明的交易体系推动要素价格市场化改革。在供应体系方面，建立多元的多层次的要素供应体系。多元意味着减少要素供应的垄断。相比竞争性市场，垄断市场或多或少地产生效率损失。为了适应需求者的多

层次需要，应该建立多层次的供应体系。以城市工业土地要素为例，应该根据需求者的特征，采取出让、租赁等差异化供应方式。要扩大需求者体系，通过信息公开，消除市场分割、区域协调发展等手段，所有制中性等原则，培育竞争性的要素需求体系。在竞争性供应体系和需求体系下，有效率的交易价格机制就会不断形成。

四、有效的政府监管

市场配置资源同样存在一些不足。市场配置资源可能存在一定的自发性、盲目性和滞后性，这需要政府进行有效的监管。在完善要素供应方面，需要政府推动监管的改革，在推动劳动力资源配置改革方面，需要政府在解决信息不对称方面做出努力。在土地市场上，需要政府协调不同利益相关者。

五、建立整个要素市场的有机统一体

资本、劳动、土地和技术等生产要素市场化改革应该协调统筹推进，如果忽视了某个生产要素市场化，其他要素市场化的加深可能进一步带来某一要素配置的扭曲更加严重。比如，在土地资源配置方面，工业用地价格长期较低，而住宅用地价格居高不下，这与资本市场发展下，资本逐利的本质具有一定联系，大量资金涌入土地市场不断推高住宅用地价格。这并不是说应该发展资本要素市场化，而是需要进一步协调整体要素市场化的发展。同样，技术市场发展的落后与资本和劳动市场发展的相对充分，也存在不匹配的特点。这说明，要素市场化配置，绝不是单个部门的改革，而需要各个部门之间相互统筹，协调推进，构建要素市场化配置的有机统一体。

六、优化用地结构

优化土地利用的结构，以此推动国民经济结构的改革。

一是减少基础设施和公共用地供应，缓冲依赖投资拉动增长的惯性。经过近30年的基础设施大规模投资以后，中国的基础设施投资高峰已过，不适宜为了保投资和保增长，继续加大基础设施投资。

二是继续减少工业用地比例，改变地方政府土地园区化招商引资的发展方式。随着经济结构的优化，制造业的转型升级，工业用地供地量及占比下降还有很大空间，是下一步以工业用地配置促结构改革的主要方面。

三是改变园区低价供地招商引资方式促进园区转型升级。中国的园区工业化为中国成为世界制造工厂做出了历史性贡献，但是，由此导致工业用地价格扭曲，企业因土地成本低占地过多，以及园区土地投机等弊端，这些弊端在近年来中西部地区表现尤为明显。

四是增加房地产用地比例，改变住宅用地供地方式，抑制房地产市场泡沫化。总体上要增加住宅用地供地总量，提高住宅用地在建设用地中的比重。对投资性住房和居住性住房采取不同的供地方式，前者继续采取招拍挂方式，土地价格和住宅价格完全由市场配置；居住用地由政府配给，无论是产权房还是租赁房只能用于居住，与市场性住房通道阻断；在城中村和城边村开放集体建设用地市场，允许农民集体利用集体建设用地盖租赁房，实现农民工和部分低收入者的住有所居。

五是建立建设用地结构优化的利益分享机制。现有产权拥有者的土地转化为居住、商业服务业以及容积率更高的用地，土地级差收入会大幅上升，应该根据级差收入生成原理，考虑城市更新和产业升级中的公共用地来源、资金需求和资金平衡、合理确定原产权拥有者的分享比例。

参考文献

［1］丁成日.中国城市土地利用、房地产发展、城市政策［J］.城市发展研究，2003（5）.

［2］韩立彬，陆铭.供需错配：解开中国房价上涨分化之谜［J］.世界经济，2018（10）.

［3］冀县卿，钱忠好.改革30年中国农地产权结构变迁：产权视角的分析［J］.南京社会科学，2010（10）.

［4］冀县卿，钱忠好.市民化后的失地农民对征地制度评价：基于江苏省的调查数据［J］.农业技术经济，2011（4）.

［5］冀县卿，钱忠好.中国农地产权制度改革40年——变迁分析及其启示［J］.农业技术经济，2019（1）.

［6］蒋省三，刘守英，李青.土地制度改革与国民经济成长［J］.管理世界，2007（9）.

［7］李力行，黄佩媛，马光荣.土地资源错配与中国工业企业生产率差异［J］.管理世界，2016（6）.

［8］刘凯.中国特色的土地制度如何影响中国经济增长——基于多部门动态一般均衡框架的分析［J］.中国工业经济，2018（10）.

［9］刘守英.以地谋发展模式的风险与改革［J］.国际经济评论，2012（2）.

[10] 陆铭，张航，梁文泉.偏向中西部的土地供应如何推升了东部的工资 [J].中国社会科学，2015（5）.

[11] 梅冬州，崔小勇，吴娱.房价变动，土地财政与中国经济波动[J]. 经济研究，2018（1）.

[12] 钱忠好.中国农村土地制度变迁和创新研究［M］.北京：中国农业出 版社，1999.

[13] 钱忠好，马凯.我国城乡非农建设用地市场：垄断，分割与整合［J］. 管理世界，2007（6）.

[14] 孙秀林，周飞舟.土地财政与分税制：一个实证解释[J].中国社会 科学，2013（4）.

[15] 陶坤玉，张敏，李力行.市场化改革与违法：来自中国土地违法案件 的证据［J］.南开经济研究，2010（2）.

[16] 陶然，陆曦，苏福兵，汪晖.地区竞争格局演变下的中国转轨：财政 激励和发展模式反思［J］.经济研究，2009（7）.

[17] 王克强，赵露，刘红梅.城乡一体化的土地市场运行特征及利益保障 制度［J］.中国土地科学，2010（12）.

[18] 徐升艳，陈杰，赵刚.土地出让市场化如何促进经济增长［J］.中国 工业经济，2018（3）.

[19] 杨继东，赵文哲，刘凯.刺激计划、国企渠道与土地出让［J］.经济学： 季刊，2016（3）.

[20] 杨其静，卓品，杨继东.工业用地出让与引资质量底线竞争——基于 2007—2011 年中国地级市面板数据的经验研究［J］.管理世界，2014 （11）.

[21] 叶剑平，丰雷，蒋妍，罗伊·普罗斯特曼，朱可亮.2008 年中国农村 土地使用权调查研究——17 省份调查结果及政策建议［J］.管理世界， 2010（1）.

[22] 叶剑平，田晨光.中国农村土地权利状况：合约结构、制度变迁与政策 优化——基于中国 17 省 1956 位农民的调查数据分析［J］.华中师范 大学学报（人文社会科学版），2013（1）.

[23] 原玉廷，杨素青.我国市场化进程及研究动态［J］.江汉论坛，2005(11).

[24] 赵扶扬，王忓，龚六堂.土地财政与中国经济波动［J］.经济研究， 2017（12）.

[25] Cai, Hongbin, J. V. Henderson, and Q. Zhang .China's land market auctions: evidence of corruption? ［J］.The RAND Journal of Economics,

2013，44（3）：488–521.

［26］Ding，Chengri.Land policy reform in China：assessment and prospects［J］.
Land Use Policy，2003，20（2）：109–120.

［27］Qin，Yu，H. Zhu，and R. Zhu .Changes in the distribution of land prices
in urban China during 2007—2012［J］.Regional Science & Urban
Economics，2016（57）：77–90.

第十一章　推动工业用地市场化改革

新中国成立 70 年以来，尤其是改革开放 40 多年以来，中国的经济发展取得了巨大的成就，其中工业化进程的大力推进和基础设施的逐步完善是"中国经济增长奇迹"的两个重要表现。而无论是工业的发展，还是基础设施建设，土地要素的有效供给都必不可少。中国特色的土地制度和土地供给模式在保障土地要素较为有效的供给、促进中国经济快速发展方面发挥了重要作用。

党的十九大报告指出，深化经济体制改革的重点之一是完善产权制度和要素市场化配置。与劳动、资本等生产要素不同，土地要素具有非流动性和不可复制性，以及某种程度的垄断性。正是由于土地要素的特殊性以及中国经济体制的特殊性，土地要素市场化改革相对滞后。在计划经济时期，中国城市用地全部由政府通过无偿划拨进行计划性配置。从 20 世纪 80 年代中期开始，中国城市经营性建设用地逐步由无偿划拨转为有偿出让。进入 21 世纪以来，中国城市土地出让制度改革全面开启，2002 年规定商住用地必须招拍挂出让，2006 年进一步完善了工业用地出让招拍挂制度，城市经营性建设用地出让进入全面市场化阶段。

目前，我国经营性建设用地在制度规定上基本实现了各类土地均采用招拍挂、各类市场主体均可公平参与竞拍、政府有偿出让土地使用权的制度体系，土地要素的市场化配置机制已基本形成。但是，土地市场，特别是工业用地市场，仍然存在市场化程度滞后、资源配置效率较低、供给与需求不匹配等问题。随着中国经济由高速增长转向高质量发展阶段，经济结构转型和产业优化升级的任务日益迫切，这必然要求进一步推动土地要素市场改革，以提高土地要素利用效率和整体资源配置效率。

第一节　工业用地要素配置存在的主要问题

第一，工业用地土地指标区域分配不平衡，导致土地资源区域错配。目前，我国每年的新增建设用地指标由中央以计划指标形式分配到省，再由省分配给地方，而且建设用地指标无法跨省进行交易，导致用地指标紧张地区和用地指标富裕地区并存，资源配置存在区域错配。偏向于中西部的土地供应政策，相应压缩了东部的土地供应，东部城市用地相对紧张，这是造成东部地区土地价格快速上升的重要原因。与此同时，即使在同一省份，也存在用地指标区域内分配不平衡问题。

第二，工业用地土地出让使用权期限仍然缺乏足够弹性，土地要素存在期限错配。目前，我国各地的工业用地出让大多采用了最高年限（即50年），真正实施工业用地弹性出让、灵活确定土地出让年期的土地占比仍然相对较少。这带来的直接后果是，在现有法律法规下，不同企业的经营波动和土地使用无法有效衔接，一些企业尽管存在经营困难，但其使用的工业用地很难转移给其他企业。现行工业用地出让的期限安排，阻碍了低效用地的盘活利用和土地资源的有效配置，缺乏对企业低效用地的制约机制，难以协调受让人土地使用权益与公共利益之间的矛盾。

第三，土地出让以较低成本向特定企业倾斜，土地要素存在一定程度的企业错配。低价工业用地出让仍然是当前地方政府招商引资的重要手段。特别是当经济出现下行压力时，地方政府为了实现稳定经济的政策目标，往往以较低的价格将土地出让给相应企业，通过稳定投资、吸引投资来保持经济增长。但是，在招商引资过程中，一方面，受到政府产业指导目录限制；另一方面，地方政府更偏好大型企业，由此导致不同行业、不同规模企业在土地市场上存在差别待遇，工业用地土地出让主要提供给了大型企业。很多中小企业有强烈的用地需求，但地方政府土地出让的规模偏好导致中小企业很难获得土地资源。因为不同地区经济发展阶段不同，所以上级政府统一制定的产业指导目录未必适应各地区的经济发展需要，大型企业也未必能够实现集约用地并真正起到稳经济和稳就业的作用。

第四，工业用地二级市场发育不够，土地要素的流动性较差。当前，工业用地供地方式单一，流转机制不畅。现行国有建设用地有偿使用普遍采取招拍挂方式出让，租赁等供地方式十分罕见。在存量土地方面，用地监管不到位，"重审批、轻监管"问题较为突出，土地利用粗放、产出不高以及不按合同约定的投资强度履约使用土地的现象屡见不鲜。更重要的是，存量工业用地再开发以及工业用地二次流转相关的法律与制度建设不到位，土地要素有效流转的激励机制还没有建立起来。

第二节　工业用地市场化配置与经济高质量发展

可以看到，当前工业用地配置方面的主要问题归结起来，是其市场化配置程度有待提高、土地要素因为各种制度摩擦而不能充分流向其边际使用效率最高的地方。而进一步推动工业用地市场化改革，可通过以下几个渠道促进经济高质量发展：

首先，工业用地进一步市场化改革，可以优化土地要素的配置效率。土地要素市场化，能够带来丰厚的"土地制度红利"，有利于提高土地资源配置效率，从而促进经济发展。第一，土地出让市场化可以通过减少寻租腐败活动以及竞争性定价的筛选机制两个渠道改善土地要素的配置效率，使土地要素流向更高效的企业，进而改善经济整体效率。第二，土地市场化可以通过调节土地市场供需结构，显化土地价值，有利于提高土地利用效率，促进企业集约用地。

其次，工业用地进一步市场化改革，可以提高土地要素的融资效应，进而在一定程度上缓解地方政府的财政压力和高债务风险。工业用地进一步市场化，不仅能够增加土地出让金，直接缓解地方政府的财政压力和债务风险，而且可以通过完善土地要素的相关权利配置，实现土地抵押融资，带来城市融资规模扩张。一直以来，尽管存在种种争议，但不可否认，国有土地出让收入有力支撑了中国城市化进程。2017年，全国地方本级一般公共预算收入为91469亿元，而政府性基金预算收入中，国有土地使用权出让金收入为49997亿元。国有土地使用权出让金收入与地方本级一般公共预算收入之比达到0.55。此外，地方政府融资平台和企业通过土地使用权的转让和抵押，获得了比土地出让金更多的信贷融资。因此，土地出让市场化带来的高额收入，一方面能够缓解地方政府的财政压力，另一方面能为地方政府和企业进行经济建设提供一定资金支持。

再次，工业用地进一步市场化改革，可以通过一般均衡效应引导资本、劳动等其他生产要素有效配置，进而有助于提高经济的整体资源配置效率并助推产业结构升级。土地市场化使得土地要素价格相较于其他要素发生变化，在减少成本和增加利润的驱动下，生产者会不断调整要素投入比例，产生要素替代，这将促进企业的技术、组织形式和产品结构同步变化，进而推动行业内部升级。而某些企业或行业一旦跟不上这种变动将步入衰退并最终被淘汰，或是转而进入后发地区去寻找相对成本较低的土地要素。同时，工业在中国经济中的比重不断下降，服务业比重不断上升，工业用地市场化将有利于调整工业——服务业结构，遏制某些低效工业部门的发展。

最后，工业用地进一步市场化改革，有利于抑制土地廉价竞争，推动区域协调发展。地方政府为了经济发展，在招商引资过程中非理性竞争，各地争相设立各类开发区、产业园区，重复建设，加剧了土地供需矛盾。另外，一些地方用地控制标准执行不严，工业用地价格偏低。囿于工业用地必须以招拍挂方式出让的政策规定，不少地方只好为挂牌而"挂牌"，有的采取"量体定做""定向出让"等人为限制公平竞争的非市场手段。因此，进一步推动土地要素市场化配置，将有利于保证土地出让的公开透明，抑制地方政府恶性竞争，推动区域经济协调发展。

第三节　工业用地市场化改革的政策建议

鉴于上文的分析，针对如何进一步推动工业用地市场化改革，本书提出如下政策建议：

第一，要构建弹性供地机制，推动跨地区用地指标协调。土地供给应该实行动态调整，减少行政干预，减少土地供给在空间上的扭曲。同时，可适时加快推行工业用地弹性出让，灵活调整土地使用年限。可以进一步加大建设用地指标的跨地区交易，优化土地空间配置结构，让土地要素的配置同人口流动方向一致，实现土地资源的供给和需求在空间上相匹配。

第二，要合理利用土地资源，通过加快培育更加成熟的土地二级市场来充分开发存量工业用地。城市管理者在进行城市规划时应该根据预期的人口变化情况和产业发展态势合理地配置土地资源。一方面，着力提升土地利用效率，盘活土地存量资源，尤其是加快培育更加成熟的土地二级市场；另一方面，在土地市场的管理中，要完善相关的监管制度，提升土地市场运行的透明度，减少土地出让中的寻租空间。另外，有必要探索以合理的土地增值税等方式公平分配土地增值收益。

第三，要建立透明的工业用地交易体系。生产要素市场化需要交易双方共同参与。通过完善供应体系、需求体系和价格体系，建立透明的交易体系是推动要素价格市场化改革的关键。在供应体系方面，要建立多元、多层次的要素供应体系。"多元"意味着要减少要素供应的垄断程度。"多层次"是为了适应需求者的多样化需要。就城市工业土地而言，应该根据需求者的特征，采取出让、租赁等差异化供应方式。要扩大需求者体系，通过信息公开、消除市场分割、区域协调发展等手段，并坚持所有制中性等原则，以培育竞争性的要素需求体系。在竞争性供应体系和需求体系下，有效率的交易价格机制就会自然形成。

第四，要规范地方政府行为，合理界定地方政府在土地市场中的角色和地位。虽然近年来工业用地招拍挂出让的面积占比大幅提升，但相对于商服用地和住宅用地，低价出让工业用地的行为依旧非常明显。其原因在于，地方政府之间为了招商引资而存在激烈的竞争，相继压低了地价，导致工业用地的价格一直处于极低水平。对此，应逐步改变以 GDP 为导向的地方官员考核模式，加大对产业升级和环境污染等指标的考核。要发挥市场配置土地资源的基础性作用，明确政府角色和规范政府行为。可以尝试建立由地方政府、中介、公证和法律机构等多方共同参与的新的土地出让机制。

致　谢

　　本书是笔者过去一段时间对土地出让研究成果的一个总结。本书得以呈现，首先要感谢过去的论文合笔者。按照姓氏字母顺序排名，他们包括：黄阳华、罗路宝、刘诚、刘凯、王薇安、杨其静、周方伟、周玉龙。没有合笔者的辛苦付出，无法完成本书的写作。部分章节发表情况如下：第四章发表在《世界经济文汇》，第五章发表在《产业经济评论》，第六章和第八章发表在《中国工业经济》。为了便于前后逻辑保持一致，论文发表时的题目与本书收录题目略有差异。例如，第八章高铁城市与土地出让，发表时的论文题目是《高铁对城市地价的影响及其机制研究》。

　　感谢国家社科基金项目的资助。本书的一些章节是在国家社科基金一般项目《基于微观土地交易数据分析视角下的地方政府土地出让行为研究》（项目号：17BJL072）资助下完成的。在项目的推动下，课题组进一步完善了微观土地交易数据，并基于微观数据对地方政府土地出让行为进行多角度分析，深化了对中国特色土地制度的理解。

　　感谢各位学术朋友们的大力帮助和支持。最近几年，土地问题也逐渐成为经济学研究的一个热点。有的学者从宏观经济视角，研究土地资源对经济增长和经济波动的影响；有的学者关注土地收入对地方政府行为的影响；有的学者关注土地出让方式，土地拍卖过程中存在的问题。伴随乡村振兴的推动，城乡土地一体化问题也广受关注。在本书研究和写作过程中得到很多学术同仁的帮助和支持。

　　写作期间，笔者参加了很多学术会议，感谢会议参与者的宝贵意见和建议。感谢第五届中国组织经济学研讨会（2017.08）、第三届"大宏观·全国论坛"（2017.09）、首都经贸大学第八届哈博·高校（经管）博士学术论坛（2017.11）、东北大学工商管理学院经济学系学术报告会（2018.05）、第二届中国开放与发展研究论坛（2018.05）、第十八届中国青年经济学者论坛参与者的评论，《中国工业经济》高端前沿论坛（2018·春季），首届"中国宏观经济学者论坛"（2019），"中国土地制度变革70年学术研讨会"（2019.09）。"中国发展经济学前沿暨中国发展经济学七十年"研讨会（2019.10）。